AF474027

# MANUEL

# DES ASSOCIÉS POUR LA CONVERSION

# DE

# L'EMPIRE DU JAPON.

## APPROBATION

*De Mgr l'Evêque de Saint-Claude.*

---

Nous, Évêque, de Saint-Claude,

Donnons avec empressement notre approbation à la nouvelle édition du MANUEL DES ASSOCIÉS, pour la conversion du Japon, publié par M. l'abbé Robin, curé de notre diocèse, directeur de l'Association.

† LOUIS-ANNE.
*Ev. de Saint-Claude.*

# PRÉFACE.

Lors du voyage en Angleterre de M. Girard, pro-vicaire apostolique de la mission du Japon, S. E. le cardinal Wiseman lui dit : « Votre passage à Londres est tout providentiel. Les catholiques anglais avaient formé le dessein de » fonder une maison de mission pour évangéliser le Japon, à l'instar du séminaire des missions étrangères de Paris. Votre présence les » a décidés à se mettre immédiatement à l'œuvre, et je les appuierai de toutes mes forces. » On m'a objecté que la plus grande partie de » l'Angleterre étant encore protestante, il faudrait commencer par convertir tout notre pays. » J'ai répondu : Dieu a dit : « *Date et dabitur vobis;* » en faisant l'œuvre de Dieu, Dieu lui-même fera la mienne. »

Le Directeur de l'Association de prières pour la conversion du Japon écrivant à cet illustre cardinal, après lui avoir rappelé ces paroles, ajoutait : C'est bien là aussi ma pensée depuis tantôt vingt ans, de travailler selon mes moyens et mes forces à introduire le christianisme dans une contrée où il produirait les plus beaux fruits, pour obtenir par là que Dieu rende les brebis qui me sont confiées dociles à ma voix, comme j'entends être docile à celle du vicaire de J.-C. Un général un peu habile ne va pas se heurter contre des bastions à peu près inexpugnables et hérissés de canons; il n'attaque pas en face une armée plus nombreuse et bien retranchée. Il cherche à surprendre la place en la tournant, ou à en approcher par des tranchées; il partage ses troupes et fait de longs détours pour venir tomber sur l'ennemi en flanc et par derrière. Oui, Eminence, je suis allé tourner jusqu'au Japon, à 5,000 lieues, n'ayant pas trouvé plus près à mieux faire, pour tâcher de lutter avec quelques succès contre un monde qui, ayant le malheur de n'être plus chrétien, se persuade de l'être toujours; qui est sans cesse à vouloir imposer ses conseils au Pape et aux évêques, à prétendre faire de ses pasteurs les adulateurs et les complices de son rationalisme, de sa corruption et de son aveugle cupidité.

L'Association de prières pour la conversion du Japon a eu ses épreuves et ses défaillances; mais elle ne s'est pas dissoute; et l'intrépide Société des missions étrangères, malgré tous les obstacles imaginables, n'a pas déserté l'apostolat de ce si intéressant empire. Dieu lui-même a voulu toutes ces épreuves, comme il en fera encore subir d'autres : on doit s'y attendre. Mais des personnes, même d'une intelligence très-commune, commencent à concevoir ce zèle qui va si loin, qui va jusqu'au Japon chercher ce qui pourrait sauver leurs âmes, et elles disent avec émotion : « Vous nous aimiez donc bien pour aller jusqu'au bout du monde chercher ce que vous pensez qui nous convertira. » D'autre part, les fondations de la mission du Japon sont jetées sur le roc de la tribulation, et par la puissante médiation des 26 martyrs canonisés en 1862 et des deux millions d'autres martyrs du même pays, qui ont combattu les mêmes combats contre Satan et le monde, ces fondations resteront pour recevoir les larges assises du magnifique édifice spirituel qui va s'élever, cimenté avec les sueurs d'ouvriers intrépides et persévérants.

Ames catholiques, désolées des doctrines infernales et des crimes monstrueux de notre époque, voilà un magnifique théâtre pour tenter enfin avec quelque confiance de satisfaire ces élans du zèle qui vous consume, pour procurer la gloire de Dieu et le salut des pauvres âmes qu'il a créées et rachetées de son sang. Mais, de grâce, hâtez-vous! Il y aurait le plus grand danger dans la moindre négligence. En voyant le grand ébranlement religieux, qui agitait le Japon au moment de la canonisation des 26 martyrs de ce pays, Satan s'est mis, avec autant de rage qu'il en déploie en Italie, à soulever le gouvernement pour forcer le pays à rentrer dans la politique d'isolement absolu de toutes les nations, qui fait si bien ses affaires depuis 200 ans. Dieu permet ce déchaînement de l'enfer, parce qu'il veut nous faire mériter la couronne du Ciel en ayant l'air d'avoir besoin de nous : *omnia propter electos*. Si donc nous nous hâtons de prier avec ferveur et de conquérir des masses de combattants à l'Association, pour en faire une immense armée de la foi (M. Girard en demande 300 à 400,000), quelle confiance n'aurons-nous pas de pouvoir dire, au moment de paraître devant Dieu :

Dieu très-clément, excité par votre parole et par votre grâce, j'ai eu le bonheur de contribuer, suivant mes petits et faibles moyens, à replanter la croix dans un empire qui va être le grand séminaire de l'Asie orientale, où vous allez faire germer des légions d'évêques et de lévites, et des centaines de millions d'élus. En même temps, usant de mon droit particulier comme associé, sur les 26 martyrs canonisés en 1862 et sur les deux millions de leurs compagnons, j'ai travaillé aussi à détruire l'esprit de révolte contre Dieu, ses lois et ses ministres dans ma paroisse, ma patrie et le monde occidental. Pars donc sans terreur, ma pauvre âme; va paraître avec confiance devant le tribunal de ton Dieu. Tu as bien péché, il est vrai, mais tu pleures encore tes fautes; tu n'as pas nié le Père, le Fils et le Saint-Esprit parlant par la bouche de Pierre, par la bouche du Saint-Père. Tu as cru comme lui; tu as eu le zèle de la gloire de Dieu; tu as eu le bonheur de compter parmi les manœuvres qu'il a daigné choisir pour travailler à sa dilatation et à sa conservation. Et nous rendrons l'esprit en nous laissant doucement tomber dans les bras de la miséricorde infinie.

# HISTOIRE
# DU CHRISTIANISME
## au Japon.

En 1542, trois marchands portugais, allant en Chine, furent poussés par les tempêtes sur les côtes du Japon et prirent terre à Cangoxima, dans le royaume de Saxuma, la même année que Dom Alphonse de Souza, vice-roi des Indes, fit son entrée à Goa, menant avec lui saint François-Xavier, un des dix premiers membres de la compagnie de Jésus, que le pape Paul III envoyait annoncer l'Evangile aux Indes, avec les pouvoirs de légat du Saint-Siége. Les marchands firent connaissance avec un Japonais fort riche, nommé Angeroo, qui, les ayant pris en amitié, leur confia que le souvenir des désordres de sa jeunesse lui causait de violents et continuels remords; que, pour les apaiser, il s'était en vain retiré dans une maison de bonzes; que cette retraite n'avait fait que rendre ses peines plus cuisantes.

Deux ans après, ayant fait la même confidence à Alvarez Vas, qui alla aussi trafiquer à Cangoxima, Vas qui avait vu saint François-Xavier à Malaca, engagea le Japonais à aller trouver le saint Missionnaire : « C'est, lui-dit-il un homme » chéri du Ciel qui, par les charmes de sa con- » versation et par la sagesse toute divine de ses » conseils, dissipera en un moment toutes les » tortures de votre esprit. »

Angeroo se sentit pressé de suivre cet avis; mais la pensée d'abandonner sa famille, de s'exposer sur une mer où les naufrages étaient fréquents, le retenait. Au milieu de ses perplexités, ayant tué un de ses compatriotes dans une dispute, la crainte d'être poursuivi le décida : il s'embarqua sur un vaisseau qui fit voile pour Malaca.

En sortant du navire, ayant appris que saint François-Xavier venait de partir pour les îles Moluques, Angeroo se rembarqua sur-le-champ pour le Japon. Il erra sur les mers de la Chine pendant près de deux ans, les vents contraires et ses irrésolutions l'arrêtant, tantôt dans un port, tantôt dans un autre. Enfin, Dieu qui en voulait faire le chef des prédestinés de sa nation, permit qu'au moment de prendre terre au Japon, une tempête le poussât dans une rade où il rencontra Alvarez Vas, qui s'en retournait aux Indes. Ce marchand lui reprocha avec douceur son inconstance, le prit sur son vaisseau et le ramena à Malaca, où se trouvait alors saint François-Xavier.

L'homme de Dieu, en embrassant Angeroo, lui dit que, pour obtenir ce qu'il souhaitait, il fallait rendre au souverain Seigneur du ciel et de la terre les hommages qui lui sont dûs. Angeroo demanda qu'on l'instruisît au plus tôt des vérités chrétiennes. Le saint Apôtre devant se rendre à la côte de la Pescherie, envoya son prosélyte et deux domestiques qui l'avaient suivi au séminaire de Goa. Ils y furent mis sous la direction de Come de Torrès, qui venait de quitter le grand-vicariat de Goa pour entrer dans la compagnie de Jésus. Les trois Japonais furent baptisés le jour de la Pentecôte, par l'évêque Dom Juan d'Albuquerque.

La grâce du sacrement produisit dans l'âme d'Angeroo cette paix qu'il cherchait depuis si longtemps. Saint François-Xavier fit faire aux nouveaux baptisés, Paul de Sainte-Foi, Jean et Antoine, une retraite de trente jours, pendant laquelle le ciel communiqua aux trois Japonais une grande profusion de grâces. Ensuite, à leur persuasion, le saint se décida à passer au Japon pour y prêcher la foi, répondant à ceux qui lui exagéraient le péril de cette entreprise : « La » crainte du naufrage ne saurait vous retenir un » jour pour aller chercher un peu d'or et d'ar- » gent ; et moi qui sais qu'une infinité d'âmes » rachetées du sang de J.-C., périssent faute » d'instruction et de secours, je serais assez lâ-

» che pour craindre une tempête ! Je n'ai qu'un » regret, c'est que vous m'ayez prévenu. Quelle » honte pour un ministre de Dieu d'avoir été » moins ardent et moins diligent à lui procurer » de nouveaux adorateurs que des négociants ne » l'ont été pour un petit gain temporel. »

Le serviteur de Dieu nomma pour l'accompagner le P. Come de Torrès et le F. Jean Fernandez, à qui Paul de Sainte-Foi avait appris un peu de japonais. Ils s'embarquèrent au mois d'avril 1549. Arrivé à Malaca, saint Xavier éprouva un très-grand dégoût du voyage du Japon, qu'il avait tant désiré. Mais il recouvra bientôt dans la prière la confiance et le zèle, et ne songea plus qu'à se remettre en mer. Plusieurs marchands portugais se préparaient à faire le même voyage ; mais, comme ils n'allaient pas en droite ligne au Japon, le saint apôtre préféra une jonque chinoise. Le commandant de cette barque était si décrié pour ses brigandages, que son navire n'avait pas d'autre nom que celui de jonque du voleur. Le gouverneur de Malaca n'ayant pu dissuader le serviteur de Dieu de se livrer entre les mains de ce bandit, fit jurer au corsaire de mener les missionnaires droit au Japon, et garda en ôtage quelques-uns de ses enfants.

Ils entrèrent dans le port de Cangoxima le 15 du mois d'août, après sept semaines de navigation sur la mer la plus orageuse du monde. La famille de Paul de Sainte-Foi fut ravie de le revoir. Dès les premiers entretiens, il gagna à Jésus-Christ sa femme, sa fille et la plupart de ses parents. Etant allé demander sa grâce au roi de Saxuma, pour le meurtre qui l'avait obligé de s'enfuir, le prince le questionna beaucoup sur les aventures de son voyage. Paul, à son tour, parla de la religion des Portugais, et, voyant qu'on l'écoutait avec plaisir, il montra un beau tableau de la Sainte-Vierge portant entre ses bras l'enfant Jésus. Le roi mit les deux genoux en terre pour rendre hommage au fils et à la mère dont les visages lui paraissaient respirer quelque chose de divin. La reine-mère, à qui on porta le tableau, se prosterna également devant lui avec toutes ses filles pour adorer le Dieu des chrétiens.

Paul de Sainte-Foi ayant inspiré au roi le désir de voir saint François-Xavier, le saint se rendit au palais après avoir recommandé son entreprise à Saint-Michel et mis le Japon sous la protection de ce chef de la milice céleste. Le roi et la reine-mère reçurent le missionnaire comme un homme extraordinaire; on le retint jusque bien avant dans la nuit; on ne se lassait pas de l'entendre parler des vérités du christianisme, qu'il exposait d'une manière qui ravissait, et en même temps de contempler un homme qui, avec tant de mérite, avait renoncé à tout et entrepris un si long et si pénible voyage pour donner à des inconnus la connaissance du vrai Dieu. Le roi congédia le serviteur de Dieu avec de grandes marques de respect, et lui donna ample pouvoir de prêcher dans ses Etats. Ayant fait publier un édit à ce sujet, les missionnaires convoquèrent les Cangoximains sur les places publiques. On y accourut en foule. A l'exposition des mystères de la Sainte-Trinité, de l'Incarnation et de la Rédemption, quelques auditeurs traitèrent les prédicateurs chrétiens d'hommes qui avaient perdu le jugement ; mais d'autres attendirent avant de se prononcer, ne pouvant se persuader que des gens, d'ailleurs si sensés, eussent gratuitement traversé tant de pays et couru tant de dangers pour venir débiter des fables. Cherchant la vérité, ils la trouvèrent et s'y soumirent. Le premier qui demanda le baptême fut un homme du peuple qui quitta tout pour suivre les missionnaires. Il reçut au baptême le nom de Bernard.

Une conférence de saint Xavier avec le supérieur des bonzes de Cangoxima eut de grandes conséquences pour la religion. Le prêtre idolâtre, qui passait pour être l'oracle du pays, fut surpris de trouver un homme qui en savait plus que lui, et ne put s'empêcher de dire que personne au monde ne surpassait en science et en esprit le chef des religieux d'Europe. Sur ce témoignage, tous les bonzes de Cangoxima prônèrent à l'envi saint Xavier; mais le dérèglement de leurs mœurs les retint tous dans l'idolâtrie, sauf deux, dont la conversion ne laissa pas de faire un grand effet sur le peuple.

Les bonzes, qui venaient de fermer les yeux à la lumière, les ouvrirent tout à coup sur leurs intérêts temporels; ils firent réflexion que si, de bonne heure, ils ne s'opposaient pas aux progrès de l'Evangile, ils ne recevraient plus les aumônes qu'on avait coutume de leur faire, et tomberaient dans le besoin. Aussitôt ils coururent de tous côtés décrier les missionnaires, et allèrent les insulter pendant leurs instructions. Une conduite si violente ne réussit pas : le peuple en comprit le motif, et les nombreux miracles de saint François-Xavier furent encore plus efficaces pour rendre inutiles les invectives de ces prêtres idolâtres. Le plus éclatant qu'il opéra fut la résurrection d'une fille unique que la mort venait d'enlever à un homme de condition. Cet homme fut frappé de sa perte jusqu'à faire craindre pour sa vie. Des chrétiens, touchés de son extrême douleur, lui conseillèrent de s'adresser au saint. Etant allé se jeter aux pieds du missionnaire, il lui demanda, les larmes aux yeux, qu'il lui rendît sa fille. Saint-Xavier et Fernandez s'étant prosternés, firent à Dieu une de ces ferventes prières qui pénètrent les cieux. Se sentant exaucé, le saint dit au père affligé : « Allez, vos vœux sont accomplis. » A peine avait-il fait quelques pas, qu'un de ses serviteurs accourant lui cria que sa fille vivait, et qu'elle venait au devant de lui. Au même moment, ils demandèrent le baptême.

Il y avait lieu de penser que des prodiges, que les Japonais ne croyaient pas leurs dieux capables de faire, seraient suivis de la conversion de toute la ville. Les bonzes en jugèrent ainsi, et ils allèrent trouver le roi pour lui faire proscrire les missionnaires et les chrétiens. Ce prince venait d'apprendre que les navires des Indes, qui abordaient ordinairement à Cangoxima, étaient allés mouiller à Firando comme à un port plus sûr. Pour se venger, et des Portugais et du roi de Firando, son ennemi, il défendit, sous peine de mort, d'embrasser le christianisme. Les païens cessèrent aussitôt de fréquenter les missionnaires ; mais tous les néophytes, sans exception, témoignèrent une reconnaissance infinie d'avoir été élus de préférence à tant d'autres. Saint François-Xavier les assembla pour les affermir dans leurs bons sentiments, et recommanda à Paul de Sainte-Foi de veiller à la conservation de ce petit troupeau composé d'environ cent personnes. Paul, se sentant infiniment honoré de cette charge, quitta tout pour y vaquer. Mais Dieu ne l'avait pas comblé de tant de grâces pour n'en faire qu'un chrétien ordinaire. Les bonzes voyant que le départ des missionnaires n'avait ramené au culte des idoles aucun nouveau chrétien, s'en prirent à leur chef et le firent bannir. Les fidèles de Cangoxima choisirent entre eux un autre chef, sous la conduite duquel leur église se multiplia considérablement.

Saint François-Xavier s'était mis en route pour Firando. A quelques lieues de Cangoxima, il rencontra une forteresse qui appartenait à un tono ou baron nommé Ekandono. Invité à y entrer, il fut reçu avec de grandes marques de respect. Il baptisa dix-sept personnes. La plupart des autres auraient également demandé le baptême sans l'opposition du tono, qui craignait de se compromettre auprès du roi de Saxuma dont il était vassal ; mais comme il était lui-même convaincu, il consentit que sa femme et son fils aîné fussent baptisés en secret. Saint François-Xavier recommanda cette nouvelle chrétienté à l'intendant de la forteresse, vieillard d'une rare prudence, à qui il laissa une copie d'un catéchisme romain en langue japonaise et un règlement de vie.

Les missionnaires furent reçus dans la rade de Firando au bruit de l'artillerie de tous les vaisseaux portugais, et les principaux négociants les menèrent malgré eux comme en triomphe chez le roi. S. M. les combla d'amitiés et leur donna plein pouvoir de prêcher dans ses Etats.

Le succès, dès les premiers jours, ayant surpassé leur attente, le saint se dit que si la faveur d'un petit roi pouvait tant pour la conversion de ces peuples, ce serait tout autre chose si on avait la protection de l'empereur, et il se détermina à partir pour Méaco, capitale de l'Empire. Accompagné de Fernandez et de deux chrétiens cangoximains, Mathieu et Bernard, sur la fin d'octobre, il gagna par mer Amanguchi, capitale de Naugato, ville de 100,000 âmes, alors très-commerçante et des plus déréglées du Japon.

En apprenant combien était profonde la corruption de cette cité, le saint, enflammé de zèle, se montra sur les places le crucifix à la main, et parla du royaume de Dieu avec cette liberté que Jésus-Christ a recommandée à ses apôtres. Un air surhumain, l'onction et la force de sa parole le firent goûter et admirer. Mais le jour du salut n'était pas encore venu pour Amanguchi. Peu d'infidèles demandèrent le baptême. Après un mois de séjour dans cette ville, les missionnaires poursuivirent leur route.

C'était sur la fin de décembre : la pluie et la neige avaient rendu les chemins impraticables. Le saint tomba malade d'épuisement. Il se remit néanmoins bientôt en chemin, à peine vêtu et marchant les pieds nus. Un jour, de grand matin, les voyageurs se trouvant embarrassés pour éviter des endroits dangereux, saint François aperçut un cavalier qui allait du côté de Méaco. Il courut à lui, le pria de lui servir de guide, et offrit de porter sa malle. Le cavalier y consentit. Le saint, suivant le trot du cheval, sur la fin du jour fut forcé de s'arrêter, et ses compagnons, qui l'avaient suivi de fort loin, le trouvèrent dans un état à faire compassion. Les ronces et les cailloux lui avaient brisé les pieds et déchiré les jambes en plusieurs endroits. On ne put cependant le décider à se reposer un seul jour, tant il tirait de force de son union avec Dieu. Dans toutes les villes et les bourgades qu'il traversait, il lisait toujours à ceux qu'il pouvait réunir quelque chose de son catéchisme; mais ordinairement il n'en recevait que des injures et des mauvais traitements. Plusieurs fois on menaça de le lapider.

Il arriva à Méaco sur la fin de février. N'ayant pu obtenir audience, ni de l'empereur, ni du daïri, et le peuple étant tout occupé du fracas des armes, le saint retourna sur ses pas, changea son extérieur trop négligé et rentra à Amanguchi, où il offrit au roi Oxindono quelques raretés que le vice-roi des Indes et le gouverneur de Malaca lui avaient données pour en faire des présents aux princes du Japon. Oxindono agréa les présents, et, en retour, envoya à saint Xavier une grosse somme d'argent. Le roi admira le désintéressement du missionnaire qui la refusa absolument, et lui accorda la permission de prêcher, permission qui fut affichée par toutes les rues; il lui donna en outre une maison de bonzes qui n'était pas occupée, pour en faire la demeure des Religieux européens. Le peuple, sortant de son indifférence, accourut chez les missionnaires. Du matin au soir leur logis ne désemplissait pas. Tous à la fois voulaient qu'on éclairât leurs doutes. Dieu accorda au saint de satisfaire à tant de questions par une seule réponse. Les missionnaires ayant proposé des conférences aux prêtres idolâtres, et ceux-ci ayant été confondus, cette victoire acheva ce que l'autorité et les miracles de saint Xavier avaient commencé : plus de 500 personnes, la plupart gens de marque, demandèrent le baptême. Ceux qui, dans les disputes, avaient paru le plus animés contre le christianisme, furent les premiers à l'embrasser, et travaillèrent ensuite eux-mêmes avec zèle à la conversion des infidèles. Ce zèle du salut des âmes a toujours été la vertu distinctive des Japonais.

Pendant que Fernandez prêchait sur une place, un misérable s'approcha comme pour lui parler et lui cracha au visage. Quelques-uns rirent, d'autres furent indignés. Le Religieux s'étant essuyé et continuant son discours sans faire paraître la moindre émotion, les infidèles furent touchés d'une vertu si héroïque. Un jeune docteur très-réputé demanda le baptême, et sa conversion fut la source d'une infinité d'autres. Parmi ces nouveaux prosélytes, il y en eut un dont la conversion affligea beaucoup les bonzes chez lesquels il allait s'engager : c'était un jeune homme de 25 ans, de grande naissance et d'un génie distingué. Saint Xavier lui donna le nom de Laurent, et peu après l'admit dans la Compagnie de Jésus.

La jeunesse désertait en masse les écoles des bonzes. Les missionnaires, instruits par elle des mystères d'iniquité que ces imposteurs cachaient sous les dehors de la plus austère vertu, dévoilèrent leur corruption, l'absurdité de leurs doctrines, et invitèrent les fidèles à entrer en dispute avec eux. On vit bientôt jusqu'à des femmes et des enfants les attaquer et les confondre. En vain les bonzes persuadèrent au roi de confisquer les biens de quelques fidèles. Cette iniquité ne servit qu'à augmenter le nombre de ceux qui demandaient le baptême, et à exciter la ferveur de ceux qui l'avaient reçu. Sur 3,000 chrétiens, il n'y en avait pas un qui ne fût dans la disposition de tout sacrifier pour conserver sa foi. Il arriva même que les bonzes ayant écrit de tous côtés pour décrier les missionnaires, les peuples des royaumes voisins s'informèrent de ce que c'était que ce docteur étranger qui faisait tant de bruit dans le Naugato, et, apprenant les merveilles qu'il y opérait, son nom devint célèbre dans tout l'empire.

Le saint ayant su qu'un vaisseau portugais, commandé par Gama, son ami, venait d'arriver au port de Figen, dans le Bungo, et qu'il reprendrait bientôt la route des Indes, il résolut de se rendre à Goa pour y chercher des missionnaires. Il fit venir de Firando le P. de Torrès, l'établit à sa place à Amanguchi, et partit pour Figen avec Mathieu et Bernard. A une lieue de ce port, il se trouva si mal qu'il fut contraint de s'arrêter. Ses compagnons prirent les devants pour avertir Gama de sa venue. Celui-ci alla au-devant du saint avec ses officiers et les principaux négociants. Les Portugais furent bien étonnés de voir un homme si célèbre aller à pied et porter sa chapelle sur son dos. Ils eurent beau le presser de monter sur un cheval qu'on lui avait amené, n'ayant pu le décider, ils marchèrent aussi, se faisant suivre de leurs montures. Lorsque le saint parut à la vue du port, le navire, orné d'étendards, le salua de quatre décharges d'artillerie. Le bruit du canon, entendu de Funay, capitale du Bungo, fit craindre au roi Civandono que les Portugais ne fussent attaqués par des corsaires, et il leur envoya offrir du secours. Il fut bien étonné en apprenant que l'arrivée d'un pauvre prêtre avait occasionné tout ce fracas, et que les Portugais s'estimaient plus heureux de le posséder que d'avoir leur navire chargé des plus précieuses marchandises.

Ce prince, à peine âgé de 22 ans, passait déjà pour un des plus braves, des plus spirituels et des plus sages monarques du Japon. Il avait un grand fond d'équité, de prudence et de libéralité ; mais ces vertus étaient ternies par une extrême faiblesse pour les plaisirs de la chair. Civandono avait entendu parler du christianisme à cette occasion : Un navire portugais, richement chargé, étant entré dans un port du Bungo, des courtisans engagèrent le roi, père de Civandono, à le confisquer, et le roi y était presque résolu, lorsque le jeune prince, ému de compassion pour ces étrangers, et sentant le déshonneur qu'une telle conduite attirerait sur son père, parla si fortement que le projet fut abandonné. Les Portugais, apprenant le danger qu'ils avaient couru et à qui ils devaient d'y avoir échappé, allèrent remercier Civandono, qui les reçut bien et les engagea à le voir souvent. Les discours et la conduite de ces marchands portèrent le prince à vouloir connaître leur religion. Il entendit ensuite parler de saint Xavier, et, le regardant comme un homme extraordinaire, il désirait fort le voir. Lorsqu'il eut appris son arrivée à Figen, il lui écrivit, pour l'engager à se rendre à

Funay, une lettre aussi pressante qu'aimable. Cette lettre lui fût portée par un jeune prince accompagné de trente seigneurs.

Saint Xavier fut conduit au roi par Gama et ses officiers. A la vue du missionnaire, le jeune monarque fit trois ou quatre pas et s'inclina jusqu'à terre, frappé d'un air de majesté qui se montrait dans toute sa personne. L'humble Religieux se jeta aux pieds du prince et les voulut toucher du front, selon l'usage du pays ; le roi ne le lui permit pas ; l'ayant pris par la main, il le fit asseoir à côté de lui. Le saint, invité à parler de notre religion, le fit avec tant de grâce et de force, que Civandono charmé s'écria que les bonzes ne parlaient pas ainsi, qu'ils ne débitaient que des fables et des contradictions. Au moment du repas, le roi prenant le saint par la main, lui dit gracieusement : « Les rois du Japon » ne peuvent donner une plus grande marque » de distinction à ceux qu'ils veulent honorer, » que de les faire manger à leur table ; mais pour » vous, mon cher Père, je vous demande en grâce » de me faire cet honneur. » Le saint s'inclina profondément et répondit qu'il priait Dieu de reconnaître pour lui tant de faveurs en éclairant un si grand prince de ses plus vives lumières : « Plaise au Seigneur du Ciel et de la terre, » répliqua le prince, d'accomplir vos vœux ; ce » sont aussi les miens. »

Le saint étant sorti pour prêcher en public, toute la ville accourut pour l'entendre. Il y eut beaucoup de conversions d'éclat, entre autres celle du bonze Zacaï, le plus habile de sa secte. Il s'était fait un point d'honneur de soutenir la cause de ses prétendus dieux ; mais bientôt, la grâce agissant en lui, il resta muet, puis se jeta à genoux, et, levant les yeux et les mains au ciel, il s'écria : « Je me rends à vous J.-C., fils » unique du Père éternel, je confesse que vous » êtes le Dieu tout-puissant ; et vous, mes frè» res, pardonnez-moi si, jusqu'à présent, je ne » vous ai débité que des mensonges ; j'avais été » trompé le premier. » Cette conversion émut toute la ville ; plus de 500 personnes demandèrent avec instance d'être baptisées sur-le-champ.

Le saint allait tous les jours au palais. Il fit concevoir au roi l'horreur de ses impuretés et le détrompa de plusieurs préjugés, comme de celui que la pauvreté rend les hommes criminels ; qu'on pèche en faisant du bien aux pauvres ; qu'il y a de la justice à les maltraiter. Il obtint un édit très sévère contre les femmes qui se faisaient avorter ou qui égorgeaient leurs enfants à la naissance.

Les bonzes voyant que leur crédit allait être miné, tentèrent vainement de décrier le saint, d'intimider le roi et de soulever le peuple. Ce dernier moyen eut plus de succès à Amanguchi. Le P. de Torrès, ne donnant pas moins d'alarmes à ces ministres de Satan, et ceux-ci voyant que le roi de Naugato ne voulait point d'éclat, se contentant de faire mauvais visage aux chrétiens, ils engagèrent un grand seigneur à prendre les armes. Celui-ci leva des troupes et fondit brusquement sur Amanguchi. Le roi, surpris, s'enferma dans son palais, y fit mettre le feu, poignarda sa fille unique et se fendit le ventre. Les rebelles incendièrent aussi plusieurs quartiers et tuèrent tout ce qui résista. Cependant, il ne périt aucun chrétien : le P. de Torrès et Fernandez furent protégés par une princesse païenne que les bonzes avaient intérêt à ménager. Après l'orage, on élut pour roi Facharandono, frère du roi de Bungo, qui fut aussi favorable au christianisme que Civandono.

Au mois de novembre 1551, le saint ayant arrêté le jour de son départ pour les Indes, la veille, il alla prendre congé du roi. Dans cette dernière visite, il lui remit devant les yeux tout ce qu'il lui avait dit, insistant sur la brièveté du temps et sur le terme auquel aboutissent toutes les grandeurs de la terre. Il le conjura de réfléchir sur ce qu'étaient devenus les empereurs qui avaient régné avec le plus d'éclat ; de penser que lui-même mourrait bientôt aussi, avec cette différence qu'ayant connu la vérité, il aurait un compte plus terrible à rendre à Dieu. Le roi, touché jusqu'aux larmes, embrassa tendrement le P. Xavier et se retira sans pouvoir répondre. Les Cangoximains Mathieu et Bernard s'embarquèrent avec le saint missionnaire. Le premier mourut à Goa, en arrivant, et l'autre alla saintement finir ses jours au collége des Jésuites à Coïmbre.

En arrivant à Malaca, saint Xavier fit partir pour le Japon les PP. Gago, de Sylva et d'Alcaceva. Arrivés à Funay, le P. Gago remit au roi les lettres et les présents du vice-roi des Indes. Civandonno y parut très-sensible, regardant ces dons comme un effet de la reconnaissance du saint apôtre. Les trois Religieux se rendirent de là à Amanguchi pour conférer avec le P. de Torrès. De concert avec les principaux chrétiens, on convint de soulager tous les pauvres de la ville, d'établir des hôpitaux et de confier la distribution des aumônes aux fidèles les plus considérés par leurs vertus et leur naissance.

Les nouveaux Pères ayant un peu pratiqué les fidèles d'Amanguchi, furent bien étonnés de voir ces fiers courtisans, à peine baptisés, n'avoir plus d'autre ambition que d'être au-dessous des plus pauvres; se porter à des austérités qu'on avait peine à modérer; montrer un parfait détachement de leurs parents idolâtres; avoir leurs biens comme en commun, et vivre dans une union, une charité qui charmaient les infidèles mêmes.

Tout étant réglé, le P. de Torrès demeura à Amanguchi avec le P. de Sylva et Laurent; le P. Gago se rendit à Funay avec Fernandez, et le P. d'Alcaceva retourna aux Indes chercher des missionnaires. Ils étaient d'autant plus nécessaires que la plupart des fidèles japonais exerçaient l'emploi de catéchistes, qu'en 1554 on comptait 1500 chrétiens dans le seul royaume d'Arima, où aucun prêtre n'était encore entré. Le gouverneur d'Amanguchi s'étant fait chrétien, tous ses alliés, au nombre de plus de 300, suivirent son exemple.

Deux bonzes, fort célèbres dans l'empire, étant venus de Méaco à Amanguchi pour s'opposer aux progrès de l'Evangile, ouvrirent aussi les yeux à la vérité. Un jour, le P. de Torrès racontait l'histoire de la conversion de saint Paul, Il finissait à peine que l'un d'eux s'écria : « Je » suis chrétien, et puisque j'ai imité saint Paul » persécuteur, je veux l'imiter apôtre. Et vous, » mon cher compagnon, dit-il à l'autre, suivez » mon exemple : comme nous avons été de so» ciété pour combattre la loi de J.-C., allons en» semble l'annoncer à ceux qui ne la connais» sent pas. Je prendrai le nom de Paul; vous, » celui de Barnabé. » Tous deux se jetèrent aux pieds du P. de Torrès et furent sur-le-champ baptisés. Ils tinrent la parole qu'ils avaient publiquement donnée : devenus prêtres, ils annoncèrent l'Evangile avec des fruits prodigieux, Dieu secondant leur zèle par de fréquents miracles.

Les bonzes de Funay, après d'inutiles efforts pour décrier les missionnaires qui travaillaient dans le Bungo, excitèrent une révolte qui mit en danger la vie du roi. La résolution de Civandono le tira de ce mauvais pas : étant comme assiégé dans son palais, Fernandez passa courageusement au travers des rebelles, pénétra dans le palais, et, par ses renseignements, mit Civandono en état d'agir contre eux.

Depuis près de quatre ans, Facharandono, frère de ce prince, gouvernait le Naugato plutôt en père qu'en roi. Amanguchi était redevenu florissant. Mais cette ville n'ayant pas profité de cette grâce pour se convertir, la justice divine suscita d'abord une querelle entre deux seigneurs, dont les partisans inondèrent de sang son enceinte et y brûlèrent plus de 10,000 maisons. Peu après, Morindono, prince de Sacaï, la surprit, tua le roi et passa au fil de l'épée tout ce qu'il trouva les armes à la main. Les missionnaires se réfugièrent dans le Bungo.

Le P. d'Alcaceva était arrivé à Goa avec un seigneur de la cour de Civandono, chargé par ce prince d'appuyer la demande d'un renfort de missionnaires. Le vice-roi des Indes ayant lu les lettres de Civandono, fut étonné des avances que faisait ce roi en faveur du christianisme. Au moment où il les lisait, le P. Nugnez, provincial des Jésuites, étant entré : « Que faites-vous aux » Indes, lui dit-il ; selon ce que me mande le » roi de Bungo, quand vous iriez tous au Japon, » vous ne seriez pas encore assez forts pour re- » cueillir l'abondante moisson qui s'y prépare. » — Monseigneur, répondit le provincial, je ve- » nais vous consulter sur ce voyage, que je me » sens fort porté à entreprendre. »

Le P. Nugnez prit pour l'accompagner le P. Villela et quelques religieux. Ils arrivèrent au Japon au mois d'avril 1556. Le provincial fit son entrée avec autant de magnificence et fut reçu avec autant d'appareil par Civandono que l'avait été saint François-Xavier. Le roi dit au P. Nugnez, en l'embrassant, qu'il lui semblait voir le P. François qu'il avait aimé comme un autre lui-même ; et, le prenant par la main, il l'introduisit dans son cabinet avec Fernandez. Pendant deux heures qu'ils y demeurèrent, on ne parla que de religion. Le Père engagea fortement le roi à se déclarer publiquement comme chrétien, puisqu'il était convaincu de la vérité de notre sainte loi. Mais Civandono chercha à persuader qu'il n'était ni prudent, ni de l'intérêt de la religion qu'il fît actuellement cette démarche, et il finit en disant qu'il se tenait bien assuré que Dieu, qui connaissait la droiture de ses intentions, disposerait si bien les choses, qu'elles tourneraient à sa gloire.

Le P. Nugnez ayant été peu après rappelé dans les Indes, avant son départ, il reçut dans son institut et laissa sous la conduite du P. de Torrès trois jeunes Portugais qui l'avaient suivi au Japon. Almeida, l'un d'eux, avant d'entrer en religion, donna 5,000 écus pour bâtir à Funay un hôpital pour les lépreux, et un autre pour les enfants que leurs parents ne pouvaient pas nourrir. Ce trait de charité plut tant au roi de Bungo qu'il donna de grandes propriétés pour doter les deux hôpitaux.

Le roi de Firando demandait des missionnaires et faisait espérer sa conversion. On lui envoya le P. Gago, Fernandez et Paul, l'ancien bonze. Le roi n'était nullement dans les dispositions où ils croyaient le trouver : prince très-intéressé, il avait d'autres vues ; mais ses sujets ne demandaient qu'à être instruits. En peu de temps, la chrétienté de Firando fut une des plus ferventes et des plus nombreuses du Japon. Ce qui contribua surtout à cet heureux succès, fut le zèle d'un prince de la maison royale qui, le premier des Firandais, avait embrassé le christianisme avec sa femme et son frère. Prêchant lui-même comme un apôtre, le prince Antoine conduisit les missionnaires dans ses domaines, et les seconda si bien, qu'en moins de deux mois ils baptisèrent 1,600 personnes. Le prince fit bâtir plusieurs églises. Paul mourut de fatigue entre les bras de ses confrères.

Le P. Villela fut envoyé à sa place, et le P. Gago se rendit à Facata, où il trouva une ferveur admirable dans les néophytes qui étaient tous catéchistes : il ne pouvait suffire à baptiser ceux qu'il gagnait à J.-C. Passant un jour dans une rue, un enfant accourut à lui et lui demanda le baptême. Le Père répondit qu'il le baptiserait dès qu'il serait suffisamment instruit. Ce sera donc tout à l'heure, reprit l'enfant, car je sais tout ce qu'il faut savoir. Le jésuite l'interrogea et trouva qu'il disait vrai. Il voulait pourtant remettre au lendemain ; mais l'enfant ayant protesté qu'il ne s'en irait pas qu'il n'eût été baptisé, il fallut le satisfaire. Quelques jours après, le P. Villela fut fort étonné de voir son petit néophyte lui amener père, mère, frères, sœurs qu'il avait convertis, et parfaitement instruits de nos mystères.

Les bonzes du Firando, furieux des progrès de la foi, firent abattre pendant la nuit une croix devant laquelle les fidèles allaient faire leurs prières. Ceux-ci firent grand bruit le lendemain, et quelques-uns, dans un premier mouvement d'indignation, mirent le feu à une mai-

son de bonzes et brûlèrent les idoles d'un temple. Les bonzes demandèrent au roi le bannissement du P. Villela, en menaçant de se faire eux-mêmes justice. Le roi promit de les satisfaire et fit prier le Père de s'éloigner jusqu'à ce que la fureur de ses ennemis fût un peu calmée. Le prince Antoine ne put souffrir cette espèce de triomphe accordé à ceux qui avaient les premiers torts. Se présentant devant le roi, il lui demanda à quoi il pensait de faire sortir de ses Etats un homme de mérite que lui-même y avait appelé, et cela, pour satisfaire le ressentiment de quelques séditieux. « N'avez-vous pas dé-
« fendu, ajouta-t-il, de troubler ces docteurs
« étrangers dans leurs fonctions? C'est pourtant
« ce que les bonzes n'ont cessé de faire, pous-
« sant même leur fureur jusqu'à l'outrage. Quoi!
« parce que quelques chrétiens sans aveu se
« sont crus en droit de repousser l'injure par
« l'injure, faut-il que leur prêtre soit indigne-
« ment chassé d'un Etat où il n'est venu qu'à
« la prière du roi lui-même? »

Pendant que le roi de Firando délibérait sur ce qu'il devait faire, le roi de Bungo manda au P. Villela de sortir incessamment des Etats de ce prince. Le missionnaire partit aussitôt, laissant à Fernandez le soin de cette chrétienté. Quelques jours après, elle eut le premier martyr qui ait arrosé le Japon de son sang. Les fidèles n'ayant pas d'église, allaient faire leur prière en commun au pied d'une croix dressée hors de la ville. Une femme, esclave d'un païen, y allait comme les autres. Le païen s'en étant aperçu, lui défendit d'y retourner, menaçant de la tuer. La courageuse esclave répondit que les chrétiens ne craignaient pas la mort, et se rendit vers la croix avec le plus grand calme. Le maître courut après elle, le sabre à la main. La courageuse femme se mit à genoux et reçut le coup de la mort sans s'émouvoir. Les PP. Gago et Pereyra furent aussi obligés de partir de Facata, où les bonzes introduisirent l'ancien roi qui avait perdu ses Etats pour s'être allié avec Morindono, et tous les missionnaires se réunirent à Funay.

Près de Méaco est une montagne qu'on regardait alors comme le sanctuaire du paganisme, et où se trouvaient 600 maisons de bonzes. Un des chefs de ces religieux idolâtres ayant entendu parler de notre religion, écrivit au P. de Torrès que, sans son grand âge, il serait allé le trouver; mais que, ne le pouvant, il le suppliait de se rendre à Fréxonama, ou d'y envoyer quelqu'un des siens. Le P. de Torrès lui fit passer un abrégé de la doctrine chrétienne, et lui envoya le P. Villela et Laurent. A leur arrivée, ils apprirent avec douleur que le bonze était mort. Le nouveau supérieur les assura que le défunt avait protesté qu'il mourait dans la croyance de tous les articles que le P. de Torrès lui avait marqués ; que lui-même et d'autres bonzes n'étaient pas loin d'avoir les mêmes sentiments. Le Père ayant eu plusieurs conférences avec eux, ils en furent très-satisfaits ; mais personne n'osa se déclarer ; ils dirent ne pouvoir le faire que lorsque leur grand-prêtre aurait approuvé la nouvelle loi ; qu'ils conseillaient au Père d'aller le voir. Le missionnaire n'ayant pu en avoir audience, se rendit à Méaco.

L'empereur lui fit un accueil favorable et l'autorisa à prêcher. Il parcourut la ville le crucifix à la main. Il y fut écouté avec plaisir et par les personnes les plus qualifiées. Bientôt un noble d'Amanguchi demanda le baptême avec dix de ses amis. Plusieurs autres suivirent, et toute la ville commençait à se prononcer pour le missionnaire, lorsque les bonzes parlèrent si haut et inventèrent tant de calomnies contre les apôtres de la vérité, qu'ils tournèrent l'opinion des habitants contre les missionnaires et les firent chasser. Mais la tempête cessa presque aussitôt par l'influence de Mioxindono, favori de l'empereur. Admirant la vertu des missionnaires, il obtint pour eux des patentes très-favorables à la religion. Bientôt quantité de personnes, même parmi les nobles, et de bonzes, embrassèrent le christianisme.

Le plus célèbre des néophytes fut Quenau, regardé comme un prodige de science. Ayant désiré voir le P. Villela, par vanité, il alla le trouver et lui dit en l'abordant avec un air de mépris : « Je ne me rends pas ici pour appren-« dre de toi quelque chose de nouveau, mais je « ne suis pas fâché d'entendre parler de ta re-« ligion. » A peine le Père eut-il commencé, que le Saint-Esprit éclaira l'esprit et toucha le cœur du moine idolâtre. A mesure que le missionnaire développait les vérités chrétiennes, le bonze redoublait d'attention, il pâlissait, il poussait de profonds soupirs. Enfin, la grâce prenant tout à fait possession de son âme, il s'é-cria : Je suis chrétien ; baptisez-moi? » Quinze autres bonzes suivirent cet exemple.

Les bonzes excitèrent un nouvel orage d'autant plus dangereux, que le chef de la religion de l'Empire se mit à leur tête. Le gouverneur de Méaco, gagné par argent, cherchait un prétexte pour chasser les missionnaires. Mioxindono fit avertir le P. Villela de se retirer dans une de ses forteresses jusqu'à ce qu'il pût parer le coup. Le Père ayant déféré à cet avis, s'en repentit bientôt, en apprenant que sa retraite passait pour une fuite, et que les bonzes en triomphaient. Résolu de tout braver pour leur fermer la bouche, il rentra à Méaco. Dieu bénit son courage, les bonzes furent déconcertés; Mioxindono parla à l'empereur, et ce prince défendit de molester en aucune manière les prêtres européens. Cette protection si déclarée disposa admirablement les esprits : bientôt les apôtres ne purent suffire à administrer le baptême, et la ferveur des fidèles s'accrut avec leur nombre.

La réputation du P. Villela s'était répandue dans les royaumes voisins de Méaco. Sur la pressante invitation d'un grand seigneur, ce Père s'étant rendu à Sacaï, capitale du royaume d'Izumis, il y fut reçu comme un ange du ciel par celui qui l'avait appelé, et baptisa toutes les personnes de sa maison. Une des filles du tono fut la première Japonaise qui fit vœu de chasteté perpétuelle.

Le P. Almeida visitait les églises du Ximo qui lui donnaient de grandes consolations ; il était frappé surtout de l'esprit de pénitence si grand parmi les néophytes, qu'on avait peine à les empêcher de se porter à des excès capables de ruiner leur santé, et d'un don d'intelligence tel, qu'aussitôt qu'un infidèle avait reçu le baptême, quelque grossier et ignorant qu'il fût d'ailleurs, il devenait formidable aux bonzes. Tous les jours, des artisans, des femmes, des enfants faisaient aux plus célèbres docteurs de l'idolâtrie des questions auxquelles ceux-ci ne pouvaient répondre.

Ce qui contribuait beaucoup à augmenter la ferveur des chrétiens, c'était l'union qu'on avait établie entre ceux de tout l'empire. Toutes les églises s'écrivaient pour se consoler dans l'affliction, pour s'animer à la sainteté, pour s'exciter à la persévérance et se communiquer ce qui arrivait d'édifiant dans chacune. Par ces pieuses correspondances, les exemples de vertu des particuliers devenaient publics. Un secrétaire du roi de Firando en donna un qui fit grande sensation. Cet homme, âgé de 60 ans, menait avec sa femme une vie toute angélique au milieu d'une cour dépravée. Frappée de la pensée de la mort, il résolut de se retirer dans le Bungo, où la présence du supérieur des missions, qui y résidait, rendait plus aisé l'usage fréquent des sacrements. Sa femme l'ayant encouragé dans ce pieux dessein, il s'embarqua en secret. Le roi qui aimait son secrétaire fit courir après lui. On le joignit; mais comme il n'était plus sur les terres de Firando, on n'osa le saisir; on pria seulement le tono du lieu de le faire incarcérer. Sa femme, informée de l'arrestation, lui manda de représenter au tono, par l'ordre duquel on l'avait saisi, qu'il violait le droit d'asile; mais en tout cas de tenir bon, de se souvenir que le royaume de Jésus-Christ valait mieux que tous les empires; qu'elle le suivrait dans peu. Par le crédit du roi de Bungo, le P. de Torrès fit délivrer l'illustre captif, qui se rendit à Funay, et y demeura jusqu'à sa mort avec les jésuites, uniquement occupé d'enseigner à lire et à écrire aux enfants des chrétiens et de traduire en japonais des livres de piété.

Le P. Almeida, étant passé par la forteresse d'Ekandono, trouva la maison presque toute chrétienne. Le roi de Saxuma lui donna pleine liberté de communiquer avec les fidèles de Cangoxima, leur vertu et leur dévouement ayant fait souhaiter à ce prince que tous ses sujets se fissent chrétiens. Quoiqu'ils fussent demeurés sans pasteurs depuis saint François-Xavier, ils s'étaient fort multipliés et étaient instruits. Une cure, que le P. Almeida fit sur le supérieur d'une maison de bonzes, lui gagna tous ces prêtres idolâtres. En repassant à la forteresse, il baptisa le reste des infidèles et leur donna pour chef le fils aîné du tono et un jeune homme de beaucoup d'esprit et de ferveur. Almeida demandant un jour à ce dernier ce qu'il ferait si le prince lui ordonnait d'abjurer la foi : « Je lui répon-
« drais, dit-il : voulez-vous que j'aie pour votre
« personne toute la soumission d'un sujet ;
« qu'aucun intérêt particulier ne me fasse jamais
« manquer à mon devoir ; que je souffre pa-
« tiemment tous les mauvais traitements ? Lais-
« sez-moi être chrétien ; il n'y a que d'un chré-
« tien qu'on doit attendre tout cela. »

L'île d'Omura était alors gouvernée par Sumitanda, fils puîné de Xingandono, ancien roi d'Arima. Sumitanda avait toute les qualités qui inspirent le respect et l'amour. Sa valeur, sa bonne mine, ses manières affables l'avaient fait adopter par la veuve du prince d'Omura, qui n'avait laissé qu'un fils illégitime et incapable.

Un livre sur la vérité de la religion chrétienne étant tombé entre les mains de Sumitanda, il se sentit porté à embrasser notre foi, et, afin de pouvoir conférer avec les missionnaires, il proposa à son conseil d'attirer dans les ports de l'île les vaisseaux portugais, en leur offrant de grands avantages, surtout la liberté d'avoir dans les Etats d'Omura des prêtres de leur religion. Ce projet ayant été approuvé, le prince manda au P. de Torrès que le port de Vocoxiura serait ouvert aux Portugais, exempt de tous droits; qu'on leur céderait toutes les terres à deux lieues à la ronde; qu'il y aurait une maison pour les missionnaires, et qu'aucun païen ne pourrait s'y établir de nouveau sans leur agrément.

Les PP. de Torrès et Almeida avec Fernandez se rendirent aussitôt à Vocoxiura. S'étant présentés devant le prince, Sumitanda leur dit qu'il ne voulait point le céder au roi de Bungo, en amitié pour eux, et que dès le lendemain il voulait manger dans leur logis. Il y alla en effet, et, durant le repas, il s'entretint avec les Pères et avec les officiers portugais comme il eût fait avec ses plus intimes favoris. Il entra ensuite dans la chapelle provisoire et y demeura jusqu'au soir à conférer sur la religion. Il se retira à la nuit et revint peu après avec un seigneur chrétien. Il demeura encore fort longtemps, faisant de sa main des résumés de ce que l'on traitait. Le lendemain, il fit dire au P. de Torrès qu'il était décidément chrétien et que bientôt il professerait publiquement sa foi. Il commença en effet aussitôt à porter sur ses habits une croix en broderie, et alla engager le roi d'Arima, son frère, à ouvrir aux Portugais le port de Cochinotzu, aux mêmes conditions qu'il leur avait proposées pour Vocoxiura. Le roi d'Arima consentit à tout. Sumitanda le fit savoir au P. de Torrès, qui envoya à Arima le P. Almeida. Le roi reçut le missionnaire de la manière la plus obligeante et lui fit expédier tout ce qui était nécessaire pour le nouvel établissement.

En allant à Cochinotzu, le P. Almeida passa par Ximabara où il trouva une chrétienté toute formée. Le seigneur de ce lieu, qui avait épousé la sœur du roi d'Arima et du prince d'Omura, était lui-même chrétien. Damien étant allé prêcher la foi dans cette contrée, le tono avait d'abord permis de baptiser sa fille qui, à l'âge de 4 ans, était un prodige d'esprit et de sagesse. Le peuple et la noblesse avaient suivi cet exemple, et enfin le tono et son épouse. Almeida baptisa plusieurs idolâtres qu'il trouva très-instruits. Arrivé à Cochinotzu, il fut reçu chez le gouverneur, qui, peu après, demanda le baptême avec toute sa famille. En moins de 15 jours, 300 personnes reçurent la même faveur.

Le prince d'Omura, de retour d'une expédition militaire, dont il attribua le succès à la vertu de la croix, fit demander au P. de Torrès le baptême pour lui et pour 30 seigneurs que ses exemples et ses discours avaient gagnés à J.-C. A cette nouvelle, que le missionnaire reçut dans sa chapelle, il pleura de joie, se jeta à genoux et adressa au Ciel les vœux les plus ardents pour le prince. Il se rendit au palais et conféra toute la nuit avec Sumitanda sur les moyens d'extirper l'idolâtrie du pays. Le lendemain, ce grand prince se rendit à la chapelle avec ses 30 prosélytes, tous prêts à attester de leur sang la vérité qu'ils avaient reconnue. Sumitanda prit le nom de Barthélemy.

Le jour suivant, il devait aller joindre l'armée du roi d'Arima, son frère. C'était la coutume, avant de se mettre en campagne, de consulter l'idole du dieu de la guerre. Lorsque les troupes étaient assemblées, elles se rendaient au temple où le prétendu dieu était adoré sous la figure d'un géant armé. Là, elles mettaient bas les armes et baissaient les étendards. Sumitanda, arrivé à la porte du temple, y entra avec ses gardes, leur commanda de jeter l'idole à terre et de la tirer dehors, la corde au cou. Là, en présence de l'armée, il mit la statue en pièces à coups de sabre, et ensuite il fit incendier le temple. Après ce coup d'éclat, il entreprit de convertir toute son armée. Il prêchait comme un missionnaire, en même temps qu'il remplissait tous les devoirs de général. Le vrai Dieu des armées le fit triompher de ses ennemis.

Au milieu de ces heureux événements, arrivèrent au Japon les PP. Demonte, Frôez et Gonzalès. Le P. de Torrès envoya le premier avec Almeida à Funay. Ces missionnaires ayant assuré Civandono que, sans la guerre que le roi d'Arima et le prince d'Omura avaient avec Riozogi, leur parent, tout le Ximo serait bientôt chrétien, le roi de Bungo offrit sa médiation qui fut acceptée et suivie de la paix.

Sumitanda, de retour chez lui, convertit sa femme qui avait entrepris de le ramener à l'idolâtrie; mais ni raisons, ni caresses ne purent engager aucun de ses conseillers à suivre cet exemple. Ils résolurent même de se défaire de lui à cette occasion. C'était une loi du pays que tous les ans, à certain jour, le prince se rendît en cérémonie dans un temple où était la statue de son prédécesseur, et qu'il l'adorât comme un

Dieu. Sumitanda, étant allé au jour marqué à la pagode, en tira la statue et la fit réduire en cendres. Les idolâtres furieux invitèrent le fils bâtard du prince défunt à venir venger l'injure faite à son père, poussèrent Riozogi à recommencer la guerre, mirent le feu au palais et à la ville, et proclamèrent prince le bâtard d'Omura. Sumitanda, à la tête de ses officiers et de ses domestiques, se réfugia dans une forteresse. Il s'y vit bientôt assiégé par terre et par mer. La flotte était de 330 navires commandés par les rois de Firando et de Gotto. Ceux-ci lui firent dire que ses sujets mettraient bas les armes s'il abjurait le christianisme. Il répondit qu'il ne le ferait pas même pour l'empire de l'univers. Mais le Ciel vint à son secours et le délivra.

Xingandono, ancien roi d'Arima, voyant ses deux fils à la veille d'être dépouillés de leurs États, assembla ses vassaux, repoussa Riozogi, et se porta ensuite au secours de Sumitanda. Tandis qu'il taillait en pièces les troupes de terre, une tempête dissipa la flotte. La joie de ce succès fut pourtant mêlée d'amertume : Xingandono, ennemi mortel du christianisme, auquel il attribuait les malheurs de sa famille, en proscrivit toutes les marques. Les deux princes n'étaient pas dans une situation à en prendre la défense contre un père qui venait de les rétablir sur le trône ; ils souffrirent avec patience ce qu'ils ne pouvaient empêcher. Xingandono défendit, sous de rigoureuses peines, de recevoir des religieux d'Europe. Mais, la nuit, les fidèles allaient trouver les Pères, et, les larmes aux yeux, leurs protestaient de ne jamais chanceler dans la foi. Le vieux roi étant mort au bout d'un an, ses enfants se virent libres de faire pour la religion tout ce qu'ils souhaitaient. Aussi le roi d'Arima, s'empressa-t-il de mander le P. de Torrès à Cochinotzu, afin de le préparer au baptême.

La foi s'établissait rapidement dans la capitale et jusque dans la cour de l'empereur; mais elle y éprouvait aussi de grandes traverses. Morindono, roi de Naugato, quelques autres princes et les bonzes négores, mécontents de l'empereur, se présentèrent devant Méaco et le forcèrent. Peu après, l'ordre ayant été rétabli par leur retraite, les païens demandèrent en foule le baptême; des princes du sang, des alliés de l'empereur, des grands officiers de la couronne abjurèrent simultanément le paganisme. Les bonzes firent un dernier effort pour obtenir des édits contre les missionnaires; leurs tentatives furent vaines: Daxandono, gouverneur de Méaco, déclara qu'avant d'en venir là, il fallait examiner si la nouvelle religion était aussi mauvaise qu'ils le disaient; que ce qu'il pouvait faire pour le moment en leur faveur, c'était de nommer une commission de gens capables d'en juger.

Rien n'était plus à désirer que cet examen, supposé que les commissaires fussent bien choisis ; mais ils le furent très-mal. On mit l'affaire entre les mains de deux bonzes, Ximaxidono et Cicondono, ennemis des chrétiens et fort en crédit à la cour, où le premier était tout le conseil de Mioxindono, puissant seigneur, et où le second avait été précepteur de l'empereur. Ce choix persuada que c'en était fait des missionnaires. Cédant au temps, ils partirent pour Sacaï. Leur retraite ralentit la violence avec laquelle on les poussait, et leur salut vint d'où l'on avait plus sujet de crainte. Un chrétien de la campagne, étant allé demander justice à Daxandono pour une somme qu'un païen ne voulait pas rendre, Ximaxidono entra pendant que le villageois plaidait sa cause, et, le reconnaissant pour un chrétien à un chapelet qu'il portait sur lui : « Tu es donc, lui dit-il, de la religion des » Européens ? — Oui, grâce au Ciel. — Qu'en- » seigne de bon votre loi ? — Je ne suis pas as- » sez savant pour vous le dire ; tout ce que je » puis vous assurer, c'est qu'elle n'enseigne » rien que de bon. » Le commissaire ne laissa pas de le bien questionner ; et Dieu, qui dénoue, quand il lui plaît, la langue des enfants pour en tirer sa gloire, éclaira tellement le paysan, qu'il parla sur l'existence et les attributs de Dieu, sur le culte qu'il exige et sur l'immortalité de l'âme, d'une manière qui ravit tout le monde. Le commissaire l'ayant écouté sans l'interrompre, lui dit : « Fais-moi venir ton docteur ; si les disci-» ples sont si habiles, que sera-ce des maî-« tres? » Ayant entendu le P. Villela, Ximaxidono convertit son collègue, et tous deux reçurent le baptême ainsi que le gouverneur d'une place voisine. Celui-ci mena Laurent dans sa forteresse où beaucoup de gens de marque crurent en J.-C. dès les premières instructions. Les deux bonzes composèrent ensemble un traité de la religion chrétienne qui produisit des fruits merveilleux.

Le baptême des deux bonzes ayant jeté tout le monde dans l'étonnement, le tono Tacayma, capitaine célèbre et idolâtre zélé, dit qu'il était d'autant plus surpris de ce changement, qu'il ne croyait pas bien difficile de forcer les prédicateurs européens à confesser la fausseté de leur religion. Etant allé entendre le P. Villela qui prêchait sur une place de Méaco, il entreprit de réfuter tout ce que le missionnaire avait dit. Les objections ayant été solidement réfutées, le tono avoua franchement son ignorance et emmena avec lui, sur ses terres, le P. Villela qui, peu de jours après, baptisa le tono, sa femme et son fils Ucondono.

Lors de la révolte d'Omura, le P. Froez et Fernandez étaient allés à Firando où ils travaillèrent fort utilement. Le prince Antoine était toujours l'ornement et le soutien de cette chrétienté. Les vertus chrétiennes y étaient pratiquées comme au temps de la primitive Eglise ; la charité surtout y brillait dans tout son lustre. Il n'arrivait point de disgrâce à un fidèle qu'elle ne fût aussitôt réparée aux frais de tous les autres. Ainsi, au milieu de l'hiver, un incendie ayant détruit quinze maisons appartenant à des pauvres gens, les chrétiens des environs les rebâtirent et les meublèrent à leurs frais, et pourvurent avec profusion à tous les besoins des incendiés, en sorte que ceux-ci furent plus à l'aise qu'avant l'accident.

Trois nouveaux missionnaires étant arrivés, les PP. Froez et Almeida furent envoyés au secours du P. Villela, dont les travaux à Méaco étaient au-dessus de ses forces. Mioxindono, roi d'Imori, et Daxandono, prince de Nara, s'étaient déclarés protecteurs des chrétiens, et Naytondono, roi de Tomba, venait de recevoir le baptême. L'empereur avait même autorisé les missionnaires à le saluer au nouvel an avec les grands de l'empire. Les deux religieux furent reçus par ce monarque en présence d'un grand nombre de roi, et, pendant qu'il daignait à peine jeter quelques regards sur ceux-ci, il conversa beaucoup avec les missionnaires et leur fit prendre le thé.

Toutefois, les espérances qu'on fondait sur sa protection s'évanouirent bientôt à la suite d'une révolution dynastique. Mioxindono, grand-amiral de l'empire, ayant gagné Daxandono, vice-roi de Méaco, par la promesse de partager l'empire avec lui, ils attaquèrent le palais, y mirent le feu et passèrent tout au fil de l'épée. L'empereur périt en se défendant vaillamment. Les rebelles, voyant dans la ville peu de dispositions à les reconnaître pour souverains, voulurent mettre sur le trône le bonze Cavadono, frère de l'empereur; mais il se sauva dans une forteresse qui appartenait à Vatadono, frère aîné de Tacayma, le seigneur du Japon le plus brave et le plus fidèle à son prince. Vatadono s'allia avec Nobunanga, roi de Boari et de Mino, pour faire monter Cavadono sur le trône. Les deux armées se rencontrèrent près de Sacaï; mais il y eut une suspension d'armes qui donna lieu à un spectacle bien édifiant. Il y avait dans les deux camps un grand nombre de chrétiens qui se faisaient encore plus remarquer par leur piété que par les croix qu'ils portaient sur eux et sur leurs drapeaux. Le P. Froez les ayant fait prévenir que la fête de Noël approchait et qu'ils pouvaient profiter de la trêve pour la célébrer tous ensemble, ils entrèrent aussitôt dans la ville et se traitèrent avec tant de cordialité, qu'on ne distinguait plus de quel parti ils étaient. La trève finie, celui de Vatadono l'emporta ; Nabunanga conduisit Cavadono à Méaco et le fit proclamer Cubo-*Sama* ou empereur.

Aussitôt Vatadono employa le crédit qu'il avait auprès de ce prince à faire rétablir les missionnaires que son frère lui avait fait connaître à Sacaï. Il exposa à l'empereur et au roi de Boari la manière dont on avait chassé les prêtres européens pour avoir été fidèles au feu empereur, et remontra qu'ils auraient été sacrifiés à la rage des bonzes, si Daxandono n'avait craint que les chrétiens à son service, auxquels il avait déguisé ses desseins ambitieux sous prétexte du bien public, ne l'eussent abandonné. Le rappel des missionnaires fut signé : Tacayma alla chercher le P. Froez, et le conduisit à l'audience des deux souverains. Ils le reçurent avec beaucoup de distinction, lui permirent de s'établir à Méaco, l'exemptèrent de tous droits et impôts, lui accordèrent liberté entière de prêcher partout, et défendirent, sous de très-griêves peines, de le molester et d'empêcher d'aller l'entendre.

Le roi, une foi convaincu que toutes les persécutions contre les chrétiens étaient suscitées par les bonzes, se tourna tout-à-fait contre ceux-ci. Le P. Froez, encouragé par les dispositions que ce prince manifestait, lui dit : « Faites assembler

» tout ce qu'il y a au Japon de bonzes et de » docteurs en réputation ; je m'offre à discuter » contre tous, à condition que, si je suis vaincu, » je serai chassé du Japon ; mais que, si je dé- » montre la fausseté de toutes les sectes de l'em- » pire, vous m'accorderez, ainsi qu'à tous les » chrétiens, votre protection royale. » Nobunanga répondit que les bonzes n'accepteraient jamais ce défi ; qu'ils se battraient beaucoup mieux de la main que de la langue. Peu après, le Père trouva le roi avec le bonze Nichioxines, qui sollicitait fortement l'exil des missionnaires, député à cet effet par le dairi. Nobunanga ayant demandé au Père pourquoi les bonzes le haïssaient tant : « C'est, répondit-il, parce que nous » découvrons au peuple les erreurs de leurs » doctrines et la corruption de leurs mœurs. » Une discussion religieuse s'étant insensiblement engagé, le bonze jura, s'emporta et avança mille extravagances, d'où il conclut que sa religion était la véritable. Son emportement choqua tout le monde, mais sa conclusion singulière fut accueillie par des éclats de rire. Laurent lui ayant demandé qui était l'auteur de la vie, il répondit brusquement qu'il n'en savait rien et saisit un sabre pour en frapper le missionnaire. Le roi chassa ce furieux, et s'entretint encore quelques moments avec les religieux sur les principes de la foi. Il termina en disant au P. Froez.

» Votre doctrine me paraît très-bonne ; mais » quand j'oppose votre conduite à celle des » bonzes, cela fait encore sur moi plus d'im- » pression. »

Ce prince étant parti de Méaco, Nichioxines obtint du dairi l'expulsion des Européens. Vatadono s'en plaignit à l'empereur qui trouva fort mauvais que le dairi eût fait ce coup d'autorité, et lui fit signifier que les étrangers étaient sous sa protection. Alors le bonze demanda au dairi la permission de tuer le P. Froez, et fit courir le bruit qu'il l'avait obtenue. Vatadono, qui venait d'être nommé vice-roi de Méaco, fit déclarer à tous les habitants du quartier où demeurait le Père, qu'ils lui répondraient de ce qui pourrait arriver au missionnaire. L'année suivante, le bonze étant rentré en grâce auprès de Nobunanga, Vatadono conseilla au Père d'aller trouver le roi pour lui demander sa protection. Il fut présenté par Xibatodono, un des lieutenants-généraux de Nobunanga. Le roi donna sa parole de ne jamais permettre qu'on molestât les Européens, et remit au P. Froez des lettres de recommandation pour le dairi et l'empereur, en lui disant de ne pas tant les craindre, qu'on ne ferait rien sans sa participation. Le roi mena ensuite les deux religieux dans ses appartements et prit du thé avec eux.

Nichioxines imagina un autre plan pour perdre les missionnaires; il forma une accusation contre Vatadono avec tant d'adresse, que Nabunanga y ajouta foi, priva le vice-roi de ses charges et lui fit défendre de paraître devant lui. Mais le bonze ne put changer l'esprit du roi ni celui de l'empereur envers les chrétiens. Bientôt même, Dieu se laissa toucher par leurs prières en faveur de Vatadono : ses charges lui furent rendues et ses revenus augmentés; l'imposteur, convaincu de plusieurs autres crimes, fut chassé de la cour.

Les bonzes du Firando, qui se sentaient appuyés par le roi, faisaient aux fidèles tout le mal possible, surtout depuis que Fernandez eut convaincu et converti, dans une dispute publique, un fameux docteur qui, après son baptême, brisa toutes les idoles d'un temple dont il avait la garde, y dressa une croix et en fit un lieu de dévotion. Le P. d'Acosta, qui gouvernait cette chrétienté, eut bien à souffrir. Quatre chrétiens d'Omura, venus à Firando pour saluer le prince Antoine, furent mis à mort afin de molester cet illustre néophyte qu'on n'osait inquiéter directement sur sa religion, parce qu'il avait le commandement des troupes et que les soldats lui étaient très-attachés. On enleva aussi un navire chargé d'ornements d'église, et Catadono, ennemi mortel des chrétiens, ayant eu pour sa part un tableau de l'Assomption, le porta chez le prince héritier où, après l'avoir défiguré, on l'exposa à la risée des infidèles.

L'Archipel du Gotto était alors gouverné par un prince que sa grande douceur faisait chérir de ses sujets. Curieux de connaître notre religion, il fit prier le P. d'Acosta de lui envoyer quelqu'un pour l'instruire. Le P. Almeida, chargé de cette mission, fut très-bien reçu, et bientôt gagna à J.-C. la plus grande partie de la ville d'Ocura. Le seigneur du lieu, ses frères et sa mère donnèrent l'exemple à leurs vassaux. Une guerre qui survint contribua à développer ces heureux commencements. Avant de partir, les principaux officiers s'assemblaient au palais pour prêter serment au roi, et buvaient d'un vin offert aux idoles. Le gouverneur de la capitale, qui était chrétien, crut pouvoir mettre sa conscience en sûreté, en protestant qu'il buvait le vin comme une liqueur ordinaire, à laquelle il ne reconnaissait aucune vertu. Après avoir fait sa protestation, il commençait à boire, lorsqu'un autre chrétien, des plus braves et des plus distingués de l'armée, lui cria de se donner garde de commettre une telle infidélité, et dit au roi : « Vous reconnaîtrez bientôt que vous n'a- » vez point de plus fidèles sujets que les chré- » tiens : tant qu'il restera une goutte de sang » dans nos veines, nous ne quitterons point le » combat. Mais si vous voulez que le serment

» que vous exigez de nous soit inviolable, per-
» mettez que nous jurions par le seul Dieu vi-
» vant. » Le roi, qui connaissait cet officier, y consentit. On marcha à l'ennemi. Au milieu du combat, Xiste, jeune néophyte, apercevant le général ennemi dont la valeur inspirait aux siens beaucoup de confiance, courut à lui et le renversa à ses pieds. La mort du chef mit les ennemis en déroute.

Le prince héritier songeait à se faire chrétien. Le P. Démonté lui ayant dit qu'avant de recevoir le baptême, il serait bon qu'il eût le consentement du roi son père, le prince le demanda avec beaucoup d'empressement. Le roi voulut temporiser, attendre comment ce projet de conversion serait accueilli par ses sujets. L'héritier se lassa bientôt d'attendre, pressé par la grâce, qui de jour en jour parlait plus fortement à son cœur. Sur ses vives instances, on le baptisa sous le nom de Louis. Cette conversion mit le christianisme en grand crédit dans le Gotto, et en peu de temps il y fit de notables progrès.

Il en faisait aussi dans la principauté d'Omura, par le zèle et la fermeté de Sumitanda, souverain du pays. Des païens rebelles s'étant emparés d'un château qui commandait la capitale, il alla l'investir. Sur le soir, il choisit 30 braves, tous chrétiens, leur demanda s'ils étaient prêts à le suivre partout, et, sur leur réponse affirmative, il donna ordre que toute l'armée chargeât, à la pointe du jour, ceux qui devaient aller au secours des révoltés. Pour lui, à l'entrée de la nuit, il grimpa, avec ses 30 chrétiens, jusqu'au sommet de la montagne où était assise la forteresse. Les rebelles n'ayant pas mis de sentinelles, Sumitanda se glissa dans le fort avec ses gens, occupa tous les postes importants, et, pendant que son armée donnait sur les troupes auxiliaires, il les chargea lui-même si brusquement, qu'ils furent tous passés au fil de l'épée.

Le P. Valégnan étant arrivé à un port de la dépendance d'Omura, il n'avait pas encore jeté l'ancre qu'un nombre infini de chaloupes, avec des pavillons ornés de croix brodées, environnèrent le vaisseau, et le visiteur des missions entra dans le port au milieu des acclamations des fidèles. Lorsqu'il débarqua, les uns lui baisaient la soutane, d'autres les mains et les pieds ; ils le portèrent plutôt qu'ils ne le conduisirent à l'église. Des troupes de petits enfants marchant en bel ordre, avec une modestie angélique, chantaient le *Te Deum*. A l'entrée de la ville, on le complimenta de la part du prince, et les PP. Torrez, Almeida et Vaz vinrent au devant de lui, précédés et suivis d'autres troupes d'enfants qui chantaient le *Benedictus*. La fête fut terminée par un repas où l'on ne servit que du riz noir et du poisson salé.

La même année, la foi s'établit à Nangazaqui. Le P. Villela y fit tant de conversions, qu'en peu de temps la ville parut toute chrétienne. De son côté, le P. Cabral, supérieur des missions, baptisa à Omura la princesse Camisama, tous ses enfants et plus de cent seigneurs de la cour.

Le P. Almeida prêchait aussi avec succès dans l'île d'Amacusa. A l'instigation des bonzes, le peuple s'insurgea et força le tono à éloigner son favori Léon, le premier du pays qui s'était fait baptiser. Mais le roi de Bungo, suzerain du tono, lui envoya des troupes avec l'aide desquelles il mit à la raison les factieux, qui avaient pour chefs deux de ses frères. Peu de temps après, le tono demanda le baptême avec son fils, et gagna à Jésus-Christ sa belle-fille, qui passait pour le plus bel esprit du Japon. Il mourut en 1582, avec la consolation de ne laisser aucun idolâtre dans ses terres. Le prince Jean fut l'héritier de ses vertus comme de ses Etats.

Nous avons vu l'ardeur du prince héritier du Gotto à demander le baptême. Le sacrement lui avait donné un si grand désir du salut des païens, qu'il travaillait en apôtre à propager la foi dans les Etats de son père. Le P. Valégnan, envoyé pour le seconder, baptisa la princesse son épouse, toutes les dames de sa suite et une foule d'autres personnes. Les bonzes exaspérés sommèrent le jeune prince de retourner au culte des idoles. Le trouvant inflexible, ils s'adressèrent au roi qui, craignant une révolte, engagea son fils à dissimuler encore quelque temps ; et, sur la résistance de ce prince, il publia des édits contre les chrétiens. Mais, rencontrant partout la même fermeté, il résolut de faire un coup d'éclat. Alors le prince Louis déclara qu'avant de toucher à aucun chrétien il fallait commencer par lui, ajoutant que, si l'on voulait des martyrs, il serait le premier. Le roi se trouva fort embarrassé : d'une part, il aimait son fils et estimait les chrétiens ; de l'autre, ses frères et les bonzes le menaçaient. Le P. Valégnan alla le trouver et lui dit : « Sire, un moyen de » vous tirer de peine, c'est d'abandonner ma tête » aux idolâtres ; votre royaume recouvrera la » paix, et moi, qui aurai l'honneur de verser » mon sang pour Jésus-Christ, je gagnerai à » cela plus que personne. » Le roi, charmé de cette générosité, surmonta toutes ses craintes et parla en maître. Après sa mort, le prince Louis étant monté sur le trône, le christianisme, devenu la religion du souverain, prit aisément le dessus. Ce prince avait une foi si vive, que jamais il ne voulut souffrir qu'on lui donnât une place distinguée dans les églises. Sumitanda avait déjà offert cet exemple.

Vatadono, grièvement blessé dans une bataille contre Mioxindono et Daxandono, profita du loisir que lui donnait sa convalescence pour s'occuper de son salut. Il fit prier le P. Froez de se rendre dans son château pour achever de l'instruire et le baptiser. Le religieux se rendit à Tacacuqui, et, après plusieurs conférences, il allait lui administrer le sacrement de la régénération, lorqu'un des vassaux de cette puissante maison, attaqué par un ennemi supérieur, implora la protection du vice-roi. Vatadono vola au secours avec quelques braves. Mais, malheureusement, étant tombé dans une embuscade dressée sur sa route, il y périt accablé par le nombre. La mort de ce fervent néophyte fut pleurée par tous les chrétiens.

L'empereur et le roi de Mino donnaient à l'envi de grandes marques de considération au P. Cabral. Ce religieux avait à la cour deux puissants protecteurs, Jean Naytodono, roi de Tamba, et le roi de Jamba, baptisé depuis peu.

Des guerres, suscitées par les idolâtres, déterminèrent Sumitanda à bannir entièrement l'idolâtrie des terres de son obéissance. Le premier jour de l'an 1571, lorsque les grands et les bonzes allèrent lui rendre hommage, il leur parla d'une manière si pathétique et si touchante; il leur montra si vivement comment le Dieu des chrétiens l'avait fait tant de fois triompher de ses ennemis, et témoigna tant de zèle pour le salut de leurs âmes que tous promirent de se faire instruire et tinrent parole. Le prince fit venir les PP. Coeglio et Figueredo, avec une troupe de catéchistes. En moins de deux ans, 60,000 personnes furent baptisées, 40 églises bâties et tous les temples renversés. Il ne resta aucun idolâtre laïque; les bonzes même se rendirent à la vérité.

Il ne restait plus au paganisme, dans la principauté, que la ville de Cory, la plus grande du pays, dont les bonzes étaient seigneurs, et où le prince n'avait qu'une autorité très-limitée. Le P. Coeglio, n'ayant obtenu qu'avec beaucoup de peine l'agrément de Sumitanda pour y aller prêcher, il reconnut bientôt que les appréhensions du prince n'étaient que trop fondées. On mit tout en œuvre pour le faire périr. Mais, plus les dangers augmentaient, plus il sentait naître en lui la confiance que la foi triompherait de ces cœurs endurcis. En effet, quelques bonzes, curieux de connaître une religion dont on parlait tant, allèrent entendre le missionnaire et furent surpris de la trouver si conforme au bon sens. D'autres se joignirent à eux, et bientôt tout le monde courut entendre le P. Coeglio. En deux mois, 10,000 personnes furent baptisées, et 75,000 avant la fin de l'année.

Tacayma, frère et héritier de Vatadono, travaillait aussi infatigablement à propager la foi parmi ses vassaux, et jusque dans la capitale de l'empire. Le premier jour de l'an 1575, il présenta au baptême 70 gentilshommes, peu de jours après 35, et successivement un grand nombre d'autres. Il fit bâtir une église dans une de ses forteresses, et porta ses soins jusqu'à défendre d'y employer des matériaux qui eussent servi à d'autres usages. Quant elle fut achevée, le pieux tono remit l'administration de ses Etats à son fils, Juste Ucondono, et se retira dans cette forteresse pour travailler à sa perfection et au salut de ses sujets. Chez lui, il présidait aux prières et aux exercices de pénitence qui se faisaient toujours en commun, et, les fêtes et dimanches, il faisait à toute la maison une exhortation ou une lecture. Tous les ans, il choisissait les plus zélés parmi les principaux chrétiens pour veiller à l'instruction des infidèles, nourrir les pauvres, visiter et soulager les malades, ensevelir les morts et donner l'hospitalité aux étrangers.

Aucun missionnaire ne s'était rendu à Facata depuis 20 ans ; il y avait cependant des chrétiens en grand nombre et très-fervents, tandis qu'Amanguchi était dans un état déplorable. Le peu de fidèles demeurés dans cette dernière ville s'assemblaient cependant très-régulièrement. Dans sa tournée, le P. Cabral y baptisa 4 bonzes, convertis par une femme fort âgée. Cette fervente Japonaise régénérée par saint Xavier avait depuis longtemps embrassé la pauvreté évangélique.

Il se faisait alors à la cour du Bungo des changements dont les suites eurent de grandes conséquences. Civandono avait trois fils : le plus digne et le plus considéré était le second ; mais, selon l'usage du Japon, ce prince, ainsi que le plus jeune, étaient destinés à être bonzes. Lorsqu'il eut atteint sa 14e année, on lui parla de se conformer à la coutume ; mais il témoigna une si grande horreur pour ce genre de vie et tant d'ardeur pour se faire chrétien, que Civandono y consentit. « Nous n'obligeons, dit-il, nos cadets à se faire bonzes que pour les empêcher d'exciter des troubles dans l'Etat ; or, je suis bien assuré que, si mon fils est chrétien, il n'aura pas même la pensée de se révolter contre son frère ; au lieu que, s'il est bonze, je ne suis pas persuadé que l'envie ne lui en prendra pas. » Le prince fut baptisé sous le nom de Sébastien. Pendant toute la cérémonie, le roi son père demeura à genoux.

Cet événement fit une vive impression sur le roi d'Arima. Il manda le P. Almeida, et le pria de le mettre au nombre des vrais adorateurs de J.-C. Le religieux acheva de l'instruire et le baptisa sous le nom d'André. Le roi convertit en église le principal temple de sa capitale et en assigna le revenu au besoin du culte. Il se préparait à donner de plus grandes marques de son zèle, lorsque Dieu l'appela à lui.

Le roi de Tosa, fuyant ses sujets révoltés, s'était réfugié chez Civandono, son beau-frère. Il eut souvent occasion d'y voir les missionnaires. Il aimait leur société et leur doctrine, et disait même que le christianisme lui paraissait la seule vraie religion. Cependant, lorsqu'on le pressait de se rendre à la grâce, il alléguait l'exemple du roi de Bungo. Mais quand il vit la démarche du fils puîné de Civandono, il se détermina et fut baptisé sous le nom de Paul. On le rappela peu après dans ses Etats; mais ses sujets ayant appris qu'il était chrétien, il fut obligé de se sauver de nouveau. Il avait regardé son rétablissement sur le trône comme un effet de la protection divine. Une si prompte révolution ébranla sa foi; cependant il ne se laissa pas tout-à-fait abattre. Il demanda des consolations au P. Cabral, et le supérieur des missions, dans une fort belle lettre, lui montra que de telles épreuves avaient toujours été regardées comme des marques infaillibles d'une bonté particulière de Dieu. Cette lettre et les discours de l'aveugle Tobie firent entrer le roi dans les sentiments d'une résignation parfaite aux desseins de Dieu; il reconnut que le ciel méritait bien d'être acheté par le sacrifice d'une couronne corruptible.

Après son baptême, le prince Sébastien avait déclaré à ses officiers qu'il ne voulait plus que des chrétiens à son service, et s'était rendu à Funay, où, à la tête d'une troupe de jeunes chrétiens, il avait parcouru les rues en renversant toutes les idoles. La reine, ennemie jurée de l'Évangile, jeta les hauts cris; mais Civandono soutint Sébastien de manière à faire juger que lui-même n'était pas éloigné de l'imiter. Il se trouva bientôt à même d'en fournir la preuve. Cicatora, fils adoptif de Cicatondono, frère de la reine de Bungo, voyait fréquemment les missionnaires. Les jésuites, qui trouvèrent en lui un naturel heureux et une grande inclination pour la piété, lui firent aisément goûter la loi de J.-C. Cicatondono lui-même menait quelquefois l'enfant chez eux, leur recommandait de lui donner de bons principes religieux et de lui apprendre à pratiquer la vertu. La reine, instruite que Cicatora était sur le point de se faire chrétien, mit tout en œuvre pour le corrompre ou l'intimider. Quoique surveillé, il réussit à se rendre à l'église où le P. Cabral le baptisa sous le nom de Paul. Cicatondono et la reine le firent enfermer et écrivirent au P. Cabral une lettre menaçante; puis, joignant l'astuce à la violence, ils firent dire à Cicatora que le P. Cabral, voyant le danger où allait se trouver la religion, si la reine et son frère ne s'apaisaient, lui conseillait de dissimuler quelque temps sa foi, que sa conscience n'y serait pas intéressée. Cicatora reconnut l'artifice et pria le commissionnaire de dire à son père qu'il était chrétien, qu'il pouvait le faire mourir ou le chasser de chez lui, mais que, pour sa foi, il n'était pas en son pouvoir de la lui ôter. Cicatondono, en fureur, manda aux jésuites qu'ils avaient encouru sa disgrâce et celle de la reine, et que dans peu ils en ressentiraient les effets. Le P. Cabral lui fit répondre que tous les religieux qui étaient à Vosuqui n'avaient qu'un regret, celui de n'avoir qu'une vie à sacrifier pour une si belle cause; que, quand il voudrait en venir à l'exécution de ses menaces, il les trouverait prêts à souffrir telle mort qu'il lui plairait.

Le roi de Bungo ayant su le danger que couraient les religieux, déclara que si Cicatondono entreprenait quelque chose contre leur maison, il l'y trouverait les armes à la main avec les princes ses enfants. Etant parti peu après de Vosuqui, des seigneurs chrétiens allèrent s'enfermer chez les Pères, résolus de les défendre au péril de la vie. En vain, le P. Cabral leur représenta que la cause de Dieu ne se défendait pas par les armes; que, pour vouloir sauver la vie à quelques pauvres prêtres qui seraient bientôt remplacés, ils exposaient toute une chrétienté aux derniers malheurs. Ils répondirent qu'il s'agissait d'empêcher que la religion ne reçût un affront dans la personne de ses ministres; qu'ils étaient nobles aussi bien que Cicatondono; qu'ils croiraient manquer également à ce qu'ils devaient à Dieu et à l'honneur en souffrant qu'on fît à leurs yeux une insulte à ceux qu'ils regardaient comme leurs pères; que, s'il fallait perdre la vie pour la défense des autels, ils en feraient volontiers le sacrifice. Le P. Cabral les voyant déterminés à rester, et persuadé que Cicatondono irait en avant, voulut envoyer les vases et les ornements sacrés à Funay, mais personne ne consentit à s'en charger: chacun craignait de perdre la couronne du martyre s'il s'absentait de Vosuqui. Il les fit porter chez une dame; mais elle dit qu'elle n'en répondait pas, qu'elle voulait aussi aller à l'église pour y attendre la mort. Ses filles firent la même déclaration.

Sur le soir, on ferma l'église, et les religieux et les seigneurs se mirent en prières. Un grand bruit s'étant fait entendre à la porte, ces derniers prirent les armes et ouvrirent. C'était une troupes de dames avec leurs filles et leurs suivantes qui venaient mourir avec les missionnaires. L'une d'elles, craignant que sa famille ne l'arrêtât en la voyant sortir à une heure avancée, avait fait abattre un mur de jardin pour s'échapper de chez elle. Les fidèles de la ville et des environs arrivèrent aussi, et le prince Sébastien déclara qu'avant de faire la moindre insulte aux jésuites, c'est à lui qu'on aurait affaire. Cicatondono avait menacé de tuer quiconque parlerait à Cicatora de la part de son neveu, ce qui n'empêcha pas le prince de faire dire à son oncle que, si on faisait le moindre outrage à quelqu'un de ses serviteurs, l'offense ne demeurerait pas impunie, et il alla tous les soirs coucher chez les Pères. L'église et la maison étaient remplies le jour et la nuit; les dames qui n'y pouvaient rester avec bienséance, mêlées à tant de monde, demeuraient assemblées dans le voisinage, chez une nièce de la reine. Celle-ci et son frère, voyant la résolution de tant de nobles familles, renoncèrent pour le moment à leur projet, et bientôt la paix parut retablie à Vosuqui.

Le roi, à son retour dans cette ville, abdiqua en faveur de Joscimon, son fils aîné. Souhaitant de voir accomplir le mariage de sa fille avec Cicatora, il en fit la proposition à la reine. Celle-ci déclara qu'elle n'y consentirait jamais, et engagea Cicatondono à pousser à bout son fils s'il ne revenait à l'idolâtrie. Cicatora demeura ferme, et son père le chassa. Ravi d'avoir perdu les biens terrestres pour la cause de Dieu, il se retira chez les jésuites en leur disant que, n'ayant plus de père, il se réfugiait entre les bras de l'Eglise, sa mère.

souverain qu'ils ne lui donneraient aucun secours s'il ne jurait de rendre les biens aux bonzes et de rétablir le culte national. Joscimon jura tout ce qu'on voulut. Ce fut un coup de foudre pour son père qui en tomba malade, et en peu de jours se trouva à l'extrémité. Il ne voulut jamais permettre que ce fils indigne parût devant lui. Lorsqu'il fut rétabli, il protesta que quiconque se permettrait le moindre attentat contre la religion chrétienne lui en répondrait personnellement; il jura de mourir plutôt que de violer aucune des obligations imposées par la foi; il fit vœu de suivre tous les avis que ses confesseurs lui donneraient pour le salut de son âme; et, dans le transport de sa ferveur, il ajouta : « Je » le jure en votre présence, Dieu tout puissant, » quand tous les religieux, par le ministère » desquels vous m'avez attiré à la foi, renonce- » raient eux-mêmes à ce qu'ils m'ont enseigné; » quand je serais assuré (ce que je regarde com- » me absolument impossible) que le Pape et tous » les chrétiens de l'Europe auraient renié votre » saint nom, je vous confesserais et adorerais, » m'en dût-il coûter la vie, comme je vous con- » fesse et adore pour le seul vrai Dieu, sans » douter d'aucun des articles dont vous m'avez » donné la connaissance par votre infinie misé- » ricorde. » Ce pieux monarque mit bientôt à la raison les rebelles, procura la conversion du chef des bonzes de Bungo, celle de la reine de Fiunga, sa fille, et de ses deux petits-fils, établit un collége à Funay et fonda un noviciat de jésuites à Vosuqui.

Dans la Tense, Nabunanga se déclarait en toute occasion le protecteur des chrétiens. Il donna aussi un collége aux jésuites et assigna pour le bâtir un emplacement qu'il avait refusé aux premiers de sa cour. Il fonda aussi un séminaire pour élever la jeune noblesse chrétienne, et combla le P. Valégnan de riches présents.

La foi prospérait sur tous les points du Japon; plus de 50 jésuites européens et japonais et 3,000 catéchistes ne suffisaient pas pour administrer les sacrements et instruire les idolâtres. Les rois de Bungo et d'Arima et le prince d'Omura résolurent d'envoyer une ambassade à Rome pour solliciter un renfort de missionnaires. Ito, prince de Fiunga, Cingina, neveu du roi d'Arima, Martin Farami et Julien Nacaura, de la même famille, choisis pour députés, s'embarquèrent pour l'Europe au mois de février 1582. Ils furent reçus en princes à Goa, à Lisbonne, à Madrid, à Gênes, à Florence. Grégoire XIII leur donna audience en plein consistoire. Lorsqu'il fut sur son trône, les Japonais furent introduits, ayant chacun sa lettre à la main. Ils se prosternèrent et dirent d'une voix forte qu'ils venaient des extrémités de la terre reconnaître le vicaire de J.-C., et lui rendre leurs hommages au nom des monarques qui les avaient envoyés et en leur propre nom. Le Pape, que la vue de ces jeunes princes avait d'abord attendri, ne put les entendre sans verser des larmes. Il les releva et les embrassa plusieurs fois. Il accorda plus qu'ils ne demandaient en ce qui concernait la religion et leur fit de riches présents, les uns pour eux, les autres pour les princes qu'ils représentaient. Il les créa patrices romains et chevaliers de l'éperon d'or.

Araqui, roi de Bomi, et la reine son épouse, reçurent le baptême la même année. Il se faisait chaque jour d'éclatantes conversions, la conduite de l'empereur envers les missionnaires ayant fort accrédité le christianisme. Il n'eut pas même à souffrir à la mort de ce monarque. Faxiba, officier de fortune, qui était à la tête d'une nombreuse armée, s'en servit pour monter sur le trône. Quoique le plus corrompu des hommes, sa politique le porta d'abord à favoriser la propagation du catholicisme, qui devint, à la cour impériale, la religion dominante. Un médecin très-célèbre, ayant demandé le baptême, ses 800 élèves en firent autant. Des milliers de personnes sollicitaient à la fois la même faveur. Les gouverneurs d'Ozaca et de Sacaï étaient chrétiens; le capitaine des gardes de l'empereur, Juste Ucondono, avait converti le grand-amiral, Augustin Tsucamidono, et le commandant général de la cavalerie, Simon Condera. Le premier secrétaire d'Etat, le grand-trésorier, le vice-roi de Boari, et quantité d'autres grands dignitaires, adoraient également J.-C.

Le P. Coeglio, supérieur des missions, se trouvant à Ozaca, où l'empereur tenait sa cour, demanda audience au monarque. Faxiba, qui s'était fait nommer Tayco-Sama, le reçut en présence de tous ses grands officiers, s'entretint familièrement avec lui et lui fit servir une collation. L'empereur introduisit ensuite les missionnaires auprès de l'impératrice, qui leur obtint plusieurs faveurs, et les pria de compter sur sa protection.

Au Bungo, les princes Sébastien et Ticamoro, et Paul Scingandono, opulent seigneur, travaillaient avec le vieux roi à convertir leurs vassaux : plus de 50,000 demandèrent le baptême. Pour Joscimon, il persévérait dans ses projets hostiles à la religion : il destitua plusieurs officiers, maltraita les chrétiens, chassa les jésuites, confisqua les biens de son frère Sébastien et le fit mourir de faim. Les bonzes ruinèrent les églises et firent enfermer beaucoup de fidèles. Vosuqui ayant été forcé par le roi de Saxuma, une femme, qui était dans un fort voisin, voyant incendier deux églises et le noviciat des jésuites, sortit du fort, traversa à la nage un bras de mer, entra dans la ville, mit à son tour le feu à un temple d'idoles et à une maison de bonzes, repassa la mer et rentra dans le fort en invitant tout le monde à goûter avec elle le plaisir de voir l'impiété humiliée.

Condera fut envoyé par l'empereur au secours de Joscimon. Indigné de sa conduite, il lui dit que c'étaient ses excès qui avaient attiré la colère du ciel sur ses Etats ; qu'il ne devait rien attendre qu'il n'eût adoré le Dieu des chrétiens qu'il savait bien être le seul vrai Dieu. Le jeune roi remercia le général de ses avis et demanda le baptême, que le P. Gomès lui conféra sous le nom de Constantin. La reine, ses enfants et plusieurs grands le reçurent en même temps.

L'empereur, peu après, envahit le Ximo à la tête d'une armée formidable. Juste Ucondono la commandait sous ses ordres, et le grand-amiral Augustin Tsucamidono côtoyait les rivages avec une flotte nombreuse. Tayco-Sama, devenu maître de cette grande île, donna à Tsucamidono le royaume de Fingo et le commandement suprême du pays conquis : Condera fut fait roi du Bugen et Ucondono reçut de grandes terres. S. M. I. offrit à Civandono le royaume de Fiunga : il la remercia en déclarant qu'il n'avait plus d'autre ambition que de régner dans le ciel. L'empereur combla partout les missionnaires de marques d'honneur : il alla jusqu'à permettre que le P. Coeglio demandât la grâce de ceux qu'il avait condamnés à mort. Ce religieux obtint la vie de plus de 20,000 proscrits.

Vers le même temps, Sumitanda, gravement malade, reçut les sacrements avec une foi et une componction si vives, que le P. Lucena ne put s'empêcher de dire que l'Eglise serait heureuse de voir un grand nombre de pareils pénitents. Le prince ne voulut jamais recevoir un médecin fameux qu'on prétendait avoir un remède infaillible contre son mal, parce que les médecins païens usaient de magie dans leurs remèdes. Il mourut le 24 mai 1587. Civandono le suivit au tombeau le 6 juin. Dans le peu de temps qu'il avait été chrétien, il était parvenu à une haute perfection. Tous les matins il réunissait sa maison pour réciter en commun le tiers du Rosaire qu'il achevait en son particulier; il se confessait et communiait tous les jours; sans cesse il rêvait aux moyens d'étendre la foi. Pendant la dernière guerre, obligé d'errer presque seul par les montagnes, il était plus touché de voir son fils révolté contre Dieu que de sentir sa famille et ses Etats à la merci des ennemis. Plusieurs miracles s'opérèrent à son tombeau.

Tayco-Sama faisait enlever toutes les femmes et les filles en réputation de beauté. Le bonze Tocun, chargé de cette infâme recherche, ayant été fort mal reçu dans le royaume d'Arima qui était tout chrétien, pressa l'empereur de se prononcer contre les fidèles et surtout contre Ucondono, qu'il s'efforça de rendre suspect. Tayco-Sama fit dire à ce dernier de choisir entre abjurer le christianisme ou aller sur l'heure en exil. Le généralissime repondit qu'il choisissait l'exil et même la mort plutôt que de manquer à ce qu'il devait à Dieu ; et il sortit sur-le-champ de Méaco. Un autre officier donna ordre au P. Coeglio d'assembler ses religieux et de partir pour les Indes avant six mois. Ucondono se rendit chez son père, qui fut plus charmé de voir son fils confesseur de J.-C. qu'il ne l'avait été de le voir la seconde personne de l'empire. « Seigneur, s'écria-t-il, il ne me reste plus rien » à désirer en ce monde, sinon qu'après que je » vous aurai fait le sacrifice de ma fortune, vous » daigniez encore accepter celui de ma vie. » Tous les vassaux de cette famille et beaucoup d'officiers qui avaient servi sous le père et le fils les suivirent en exil. Pour les religieux, ils résolurent de mourir plutôt que d'abandonner leur troupeau.

Tous les princes chrétiens les pressèrent de se retirer dans leurs Etats ; le roi d'Arima les força de fixer dans son palais leur principal retraite ; il réussit même à faire embrasser la foi au tono d'Isafay et à ses vassaux. Le roi de Fingo donna asile à Ucondono et à sa suite dans une île et pourvut aux besoins des exilés. Une infinité de personnes de marque allèrent les visiter, et plusieurs furent si charmées de la paix qui règnait parmi eux, qu'elles demeurèrent dans cette solitude, renonçant aux charges qu'elles avaient à la cour.

Les fidèles, ne doutant plus que l'empereur n'employât bientôt le fer et le feu pour abolir le catholicisme, se préparèrent au martyre avec une joie qui fut admirée des infidèles. Jamais il n'y eut tant de conversions. La plus remarquable fut celle de la reine de Tango. Jecondono, son mari, ami d'Ucondono, l'entendant souvent parler du christianisme, en entretenait quelquefois la reine. L'innocence de la vie de cette princesse avait préparé son cœur aux impressions de la grâce. Bientôt elle se sentit portée à embrasser la foi de J.-C. Pendant une absence du roi, le P. Cespedes baptisa la cousine de la reine, ses dames d'honneur, ses filles et enfin la reine elle-même sous le nom de Grâce. Le roi, craignant de perdre la faveur de l'empereur, somma la reine et ses femmes de revenir au culte des idoles, et, comme elles refusèrent d'obéir, il leur fit souffrir les plus indignes traitements. Mais, voyant qu'il perdait son temps, il cessa de tourmenter des personnes qu'il ne pouvait se défendre d'estimer et il résolut d'attendre.

Pendant que les édits contre le christianisme étaient pour beaucoup de païens un motif de l'embrasser, Joscimon, entraîné par son oncle Cicatondono, exigea que tous ses sujets prêtassent serment à l'empereur au nom des idoles : mais tous les fidèles s'y refusèrent à sa grande confusion. Ayant ensuite paru à la cour impériale avec une petite idole au cou, pour déférer à un édit de Tayco-Sama, tout le monde lui tourna le dos ; l'empereur lui-même le reçut fort mal, pendant qu'il combla de caresses le roi d'Arima et le prince d'Omura qui, au lieu d'idole, portaient une croix d'or ; il alla même jusqu'à traiter Joscimon de sot pour avoir voulu obliger Scingandono à retourner à l'idolâtrie. Le roi de Bungo s'en alla le dépit dans le cœur et se vengea sur quelques fidèles qu'il fit mourir.

Le premier était un ancien militaire que le feu roi avait instruit lui-même. On lui trancha la tête et son corps fut exposé aux fourches. Les chrétiens l'ayant enlevé la nuit pour lui donner la sépulture, le roi en fit porter la peine aux parents et aux amis du défunt qui furent pareillement décapités. Un chrétien qui s'occupait de fortifier la foi des fidèles eut le même sort. Le délateur du militaire fut, peu de jours après, frappé d'un ulcère à la langue qui la rongea jusqu'à la racine et le fit expirer dans de cruelles douleurs. Un païen, à qui on avait donné la maison du martyr, y fut à peine entré, qu'il se sentit changé, demanda le baptême et donna sa maison pour en faire une chapelle. Joscimon vit bientôt qu'il ne lui serait pas facile d'abolir le christianisme : une dame le lui prouva d'une manière qui lui fut bien sensible. Ayant paru à la cour un chapelet au cou, le roi lui demanda qui l'avait rendue si hardie d'oser se montrer devant lui en cet état : « Sire, répondit-elle, c'est » un présent que vous m'avez fait ; je ne pen- » sais pas qu'il y eût de l'insolence à se parer » des bienfaits de son prince. » Il menaça de l'exil la reine Julie, sa belle-mère et ses sœurs, si elles n'apostasiaient pas ; mais il n'osa les pousser à bout ; il se contenta de confisquer les biens de Scingandono et du tono Léon.

Un navire portugais étant arrivé à Firando, l'empereur réitéra l'ordre d'embarquer les Européens. Le capitaine représenta qu'il ne pouvait se charger de tant de monde. En attendant une autre occasion, Tayco-Sama fit renverser toutes les églises des territoires d'Ozaca, de Sacaï et de Méaco. Mais cette mesure n'effraya pas les princes chrétiens qui protestèrent qu'ils s'estimeraient heureux de se voir accablés sous les ruines de leurs églises et qu'il faudrait en venir là avant de faire la moindre insulte au vrai Dieu sur leurs terres.

Le supérieur des missions avait écrit aux Indes que le seul moyen de regagner l'empereur était d'envoyer une ambassade solennelle qui demanderait à Tayco-Sama le renouvellement de ses bontés anciennes envers les missionnaires. Le vice-roi agréa ce projet et nomma le P. Valégnan. Ce religieux et la députation japonaise qui revenait de Rome montèrent sur un vaisseau qui allait à Macao et y prirent terre au mois d'août 1588. Le P. Valégnan écrivit de là à l'empereur pour lui demander l'autorisation de l'aller trouver comme ambassadeur du vice-roi des Indes. Tayco-Sama y consentit, et les députés s'étant rembarqués, arrivèrent à Nangazaqui le 27 juillet 1590.

Le roi d'Arima, le prince d'Omura, plusieurs autres princes et tonos et un concours immense de peuple accoururent en cette ville. Ruisa, gouverneur de Sacaï, envoya de forts beaux présents au P. Valégnan, et le roi de Bungo, revenu à de meilleurs sentiments, lui fit redemander des religieux pour ses Etats. On apprit avec plaisir que l'empereur avait autorisé le jésuite japonais Laurent à demeurer à Méaco à raison de son grand âge. Tayco-Sama, avant la persécution, prenait plaisir à s'entretenir avec ce religieux ; il lui disait même souvent, en lui mettant la main sur l'épaule : « Je me fais chrétien » si vous voulez me passer certains articles :

» vous m'entendez. — Pourquoi non, reprenait » en riant Laurent : gardez vos concubines et » faites-vous baptiser. Mauvais chrétien ou » païen, vous serez également damné : mais les » Japonais qui vous verront adorer au moins » extérieurement le vrai Dieu embrasseront le » christianisme et seront la plupart de bons » chrétiens. »

Le roi d'Arima continuait de tout faire pour étendre la foi. Les bonzes, fort puissants à Migra, détournant les infidèles de l'embrasser, le prince fit procéder contre eux. Mais les missionnaires ayant demandé leur grâce, cette générosité les toucha : ils se convertirent tous et gagnèrent encore plus de 2,000 païens. La princesse d'Isafay, sœur du roi, se convertit aussi avec son fils.

Le roi de Firando, si porté à maltraiter les chrétiens, n'osait cependant chasser les jésuites, de crainte que les Portugais n'abandonnassent ses ports. D'ailleurs, le prince Jérome, fils de feu le prince Antoine, dans les terres de qui ils étaient, n'aurait pas souffert qu'on usât de violence à leur égard. Le roi aima mieux s'en défaire sans bruit ; il fit empoisonner les Pères Carion et Martel et quatres autres qu'on envoya à leur place.

L'empereur s'était persuadé que l'autorité absolu à laquelle il aspirait sur tout le Japon, ne serait jamais bien établie qu'il n'eût entièrement aboli le christianisme, qui prendrait bientôt le dessus pour peu qu'il se relâchât de le persécuter. D'ailleurs, il prétendait se faire mettre après sa mort au rang des dieux, et il sentait que, s'il vivait encore longtemps, il ne se trouverait peut-être personne pour exécuter ses dernières volontés. Il jugea que le meilleur moyen de réussir était d'employer les chrétiens au dehors et de faire la guerre à la Chine ; que si l'entreprise était malheureuse tous y périraient ; que si elle réussissait il abandonnerait les conquêtes aux chrétiens en échange de leurs domaines au Japon dont il gratifierait ses créatures.

Le P. Valégnan se mit en marche pour Méaco en janvier 1591. Sur toute sa route il fut accueilli avec de grands honneurs par les païens eux-mêmes. L'oncle du roi de Naugato, qui venait d'être baptisé, le reçut sur la frontière du Chicungo. L'ambassade s'étant arrêtée à Muro, à quatre lieues de Méaco, pour y attendre les avis des rois de Bugen et de Fingo, elle fut visitée par un grand concours de princes et de seigneurs. Damien Camocami, fils de Condera, témoigna un attachement profond pour les députés. Joscimon se présenta aussi à Muro, mais si humblement que le P. Valégnan se détermina à le réconcilier à l'Eglise. Ucondono protesta que le plus heureux jour de sa vie avait été celui auquel il avait tout perdu pour J.-C. Enfin l'empereur et son neveu reçurent aussi fort bien les ambassadeurs. Tayco-Sama fit beaucoup de caresses au prince de Fiunga et lui dit qu'il serait bien aise de l'avoir à son service. Mais le jeune prince lui déclara qu'il avait été élevé par les jésuites et qu'il était résolu de ne les point quitter. Quelques jours après, le P. Valégnan baptisa en secret le roi de Zeuxima, gendre du roi de Fingo,

Les jésuites membres de l'ambassade ayant été autorisés à demeurer où bon leur semblerait, jusqu'à ce qu'on eût réuni les présents pour le vice-roi des Indes, comme ils disaient publiquement tous les jours la messe, ce qui ne se faisait plus que dans le Ximo depuis la persécution, on voyait des chrétiens venir de 50 et 100 lieues pour y assister.

La fille de feu le prince d'Omura avait été donnée en mariage au prince héritier de Firando pour rétablir la paix entre les deux Etats. Sumitanda avait stipulé que sa fille aurait le libre exercice de sa religion, et Marie s'était si bien soutenue dans cette cour si ennemie des chrétiens, que le vieux roi, son beau-père, ne pouvait contenir son dépit en voyant une femme de 18 ans avoir plus de pouvoir pour augmenter le nombre des chrétiens que lui pour le diminuer.

Le P. Valégnan s'étant rendu à Firando fut conduit chez cette princesse. Marie se jeta à ses pieds et les arrosa de ses larmes. Après s'être confessée, elle protesta qu'elle mourrait plutôt de la plus cruelle mort que de manquer de fidélité à Dieu. « Mon père, dit-elle, étant près « de mourir, me témoigna sa douleur de me « voir obligée de vivre dans une cour idolâtre, « disant que la nécessité l'avait forcé à cette al- « liance ; mais il me conjura d'être inviolable- « ment fidèle à Dieu qui ne m'abandonnerait « jamais. » Le P. Valégnan trouva une foi aussi admirable dans la princesse Isabelle, veuve du prince Antoine, et dans les princes de l'ambassade de Rome, qui, après avoir remis les présents du Pape aux rois de Bungo et d'Arima et au prince d'Omura, entrèrent au noviciat des jésuites comme ils s'y étaient engagés à Rome, où, s'étant un jour jetés aux pieds du général de l'ordre, ils l'avaient supplié de les admettre au nombre de ses enfants, l'assurant qu'ils se croiraient par là bien récompensés des fatigues et des dangers du voyage ; que tout leur désir, après avoir été les envoyés des rois auprès du vicaire de J.-C., ce serait de devenir les envoyés de J.-C. vers les peuples qui ne le connaissaient pas. Le général avait laissé au P. Valégnan la liberté de faire ce qui conviendrait lorsque les princes seraient de retour au Japon. Le Père avait trop de preuves de la solidité de leur vocation pour ne pas se rendre à leurs prières. Mais il en coûta de rudes combats aux deux principaux de la part de leurs mères. Le prince de Fiunga triompha bientôt de la sienne, venue exprès avec Juste, son cadet, pour s'opposer à son dessein, Il y eut plus : Juste fut si touché de ce que son frère dit du bonheur de se donner à Jésus-Christ qu'il voulut aussi être religieux. Ainsi la princesse, qui n'avait pas voulu faire à Dieu de bonne grâce le sacrifice d'un de ses fils, fut obligée de les lui donner tous deux. La princesse de Cinga, qui était fort pieuse, consentit enfin à ce que le seul fils qu'elle avait se consacrât au salut des âmes, et les quatre princes furent envoyés à l'île d'Amacusa où était le noviciat du royaume d'Arima.

Pendant que le P. Valégnan attendait le résultat de son ambassade, l'empereur fit dresser un projet de lettre au vice-roi des Indes, laquelle portait que les jésuites s'étaient toujours conduits au Japon en gens de biens, qu'il estimait leurs vertus ; mais que leur religion ne pouvait s'accommoder avec les lois du pays, où, depuis qu'il n'y avait plus qu'un souverain, il ne fallait nécessairement qu'un seul culte ; qu'à cela près, les Portugais le trouveraient toujours disposé à leur faire plaisir, et qu'il souhaitait que le commerce continuât entre les deux nations ; c'est pourquoi il permettait à 10 religieux de demeurer à Nangazaqui, à condition toutefois qu'ils n'entreprendraient point de faire embrasser leur religion à ses sujets.

Tayco-Sama se préparait en même temps à la guerre contre la Chine. Il leva 80,000 hommes qui furent partagés en quatre corps. Le premier et le second avaient pour chefs les rois de Fingo, d'Arima, de Tamba, de Bugen, de Bungo, de Canga, les princes d'Omura et d'Amacusa et Paul Scingandono. Le roi de Fingo, comme grand-amiral, prit le commandement de la flotte. Ayant débarqué en Corée avec 20,000 chrétiens, en 25 jours il gagna deux batailles, força un grand nombre de places, entra à Sior et enfin conquit toute la presqu'île. Tayco-Sama fut transporté de joie à la nouvelle de ces succès.

En 1593, le gouverneur des Philippines se mit en tête d'établir le commerce entre le Japon et les Espagnols et crut que, pour réussir, il fallait introduire au Japon des missionnaires attachés à l'Espagne, comme il s'imaginait que les jésuites l'étaient au Portugal. Il choisit pour ses envoyés Pierre-Baptiste Blasquès, Barthélemy Rodriguez, François de saint Michel et Gonzalve Garcia, franciscains qu'il chargea de beaux présents pour l'empereur. Tayco-Sama les reçut bien, mais il les surprit beaucoup en leur disant qu'il prétendait être reconnu maître des

Philippines. Les envoyés répondirent que le gouverneur de ces îles ne pouvait faire une telle démarche sans en avoir écrit au roi d'Espagne; que si, en attendant la réponse, S. M. I. permettait aux Espagnols de trafiquer au Japon, on n'aurait pas lieu de se plaindre d'eux, et que la députation s'offrait à demeurer comme ôtage. L'empereur y consentit à condition qu'on ne parlerait pas de religion aux Japonais.

Les jésuites, tout en continuant d'avoir pour les ordres du monarque la soumission compatible avec l'Evangile, voyaient la foi s'étendre sous la protection de Genifoin et de Terazaba, gouverneurs de Méaco et de Nangazaqui. Puissant à la cour impériale, Genifoin, quoique païen, protégeait par estime, et à cause de ses enfants, qui étaient chrétiens, une religion que la politique l'empêchait d'embrasser. Térazaba était fidèle, mais en secret. En Corée, tout ce qui obéissait aux armes impériales, reconnaissait le vrai Dieu. Les rois de Fingo et de Bugen, qui y commandaient, avaient appelé des jésuites qui baptisèrent beaucoup de Coréens à qui le bon exemple des soldats japonais avait donné de l'estime pour la loi de J.-C. D'un autre côté, Louis II, roi de Gotto, vit ses sujets embrasser la foi comme à l'envi.

En 1584, le pape avait nommé le P. Martinez, provincial des jésuites aux Indes, évêque du Japon, et le P. Cerqueira, coadjuteur. Comme le prélat était chargé d'offrir à l'empereur de fort beaux présents de la part du vice-roi des Indes, il fut autorisé à se rendre à la cour, et, par l'entremise du roi de Fingo, il fut reçu avec de grands honneurs.

Sur ces entrefaites, un galion espagnol, qui allait des Philippines au Mexique, fut jeté par la tempête dans un port du Japon. L'empereur ordonna de le confisquer. Le pilote espérant qu'on n'oserait en venir là, s'il donnait une haute idée de la puissance du roi d'Espagne, montra sur une mappemonde tous les Etats qui étaient sous sa domination. Les commissaires impériaux, étonnés qu'un seul homme possédât le tiers du monde, demandèrent comment on avait pu former une si vaste monarchie. Le pilote répondit que les rois commençaient par envoyer des religieux pour gagner les peuples au christianisme, et que, quand ils avaient prêché avec succès, on envoyait des troupes qui se joignaient aux chrétiens et venaient facilement à bout du reste. Cette calomnie produisit un effet prodigieux sur un prince aussi ombrageux et aussi violent que Tayco-Sama. Il fit aussitôt donner l'ordre aux gouverneurs d'Ozaca et de Méaco de mettre des gardes aux maisons des franciscains et des jésuites. C'était le 9 décembre 1596. Le P. Vincent accourut de Nara pour se réunir à eux : les fidèles l'arrêtèrent par force et le menèrent dans une autre maison où il trouva le P. Organtin qui avait voulu en faire autant.

Tayco-Sama avait aussi enjoint de dresser une liste des chrétiens de Méaco et d'Ozaca. Le nombre s'en trouva si grand que Gibonoscio, chargé de cette affaire, en fut effrayé et fit supprimer l'ordre en disant que l'intention de l'empereur n'était pas de faire mourir tous les chrétiens, mais seulement les religieux venus des Philippines. Il ne fut pas cru. Ucondono se rendit auprès du P. Organtin dans l'espérance de partager ses souffrances. Paul Sacandono, fils aîné de Génifoin, se trouvait à 200 lieues de Méaco lorsqu'il apprit la détention des missionnaires. Il partit sur-le-champ, arriva chez lui où il voulut congédier ses domestiques, dont la plupart protestèrent être décidés à mourir avec lui; et ensuite, se déguisant en prêtre pour être plus facilement arrêté, il se rendit chez le P. Organtin et se prépara au martyre par une confession générale. Constantin, frère de Paul, animé du même désir, eut à combattre la tendresse de sa mère et les menaces de son père, et leur cousin Michel vit, sans être ému, tomber en faiblesse à ses pieds la vice-reine, sa tante, alarmée des périls que couraient ces trois jeunes gens.

Un tono nouvellement baptisé fit publier dans ses terres que quiconque, interrogé si son seigneur était chrétien, cacherait la vérité, en serait sévèrement puni. Un autre, craignant qu'on n'osât pas le saisir, alla se présenter au gouverneur avec sa femme et deux petits enfants. Un parent de l'empereur s'enferma chez les jésuites pour mourir avec eux. La reine de Tango, animée du même courage, travaillait avec ses filles d'honneur à se faire des habits magnifiques pour paraître le jour de leur mort. Les dames se réunissaient dans les maisons où elles pensaient être reconnues. André Ungascavara, noble Bungois, dit publiquement que personne ne pouvait lui disputer le droit d'être inscrit des premiers sur la liste des chrétiens. Son père, âgé de 80 ans, n'était baptisé que depuis six mois : André craignit que ce vieillard, qui avait été un des plus braves officiers du Japon, ne connût pas encore bien la vraie grandeur de l'humilité et ne songeât à se défendre si on l'arrêtait. Il l'engagea à se retirer à la campagne, pour échapper à la mort qui menaçait tous les chrétiens. « Comment, dit le vieillard, il ne peut rien « m'arriver de plus glorieux que de faire à Dieu « le sacrifice de ma vie : si c'est un honneur de « mourir pour son prince, c'en est encore un « plus grand de donner son sang pour Dieu. » — Mon fils, reprit André, il y a ici une grande « différence : c'est que, quand on meurt pour « Dieu, il faut recevoir la mort sans défense. »

— « Comment, dit le vieillard en colère, se « laisser massacrer comme un lâche? Il faut « débiter ces maximes à d'autres. Je prétends « bien me défendre et défendre les Pères qui « nous ont instruits. » Prenant en même temps son sabre : « Allons, dit-il, chez les Pères; j'a- « battrai 7 ou 8 soldats à mes pieds, et, si je « péris, je serai martyr. » — « Mais, mon père, « s'écria André, ce n'est point là l'esprit du « christianisme; il n'est pas nécessaire de se « présenter à la mort; il est même quelquefois « de la prudence de s'y soustraire. J'ai un fils « unique fort jeune; retirez-vous avec cet enfant « à la campagne où l'on n'ira pas vous cher- « cher. » — « Comment, répliqua le vieillard « outré de dépit, comment as-tu la hardiesse de « me parler ainsi? Il ferait beau me voir crain- « dre la mort à mon âge, après l'avoir si sou- « vent affrontée dans les combats! Non, non, « je ne fuirai point; on me trouvera partout et « en bonne contenance; je casserai la tête à « quiconque insultera les Pères ou moi, et, si « je meurs les armes à la main, je serai volon- « tiers martyr. »

Il entra fort ému chez sa belle-fille qu'il trouva occupée à se faire des habits, et vit les domestiques qui prenaient l'un un reliquaire, l'autre un chapelet, l'autre un crucifix. Il demanda la signification de tout cela, et, lorsqu'il eut appris qu'on s'armait pour le martyre : « Quelles armes prenez-vous donc là? s'écria-t-il ; et, en même temps, il s'approcha de sa belle-fille et lui demanda aussi ce qu'elle faisait. « J'arrange, « dit-elle, ma robe pour paraître plus décem-« ment lorsqu'on me mettra en croix, car on « assure qu'on va crucifier tous les chrétiens. » Elle prononça ces paroles d'un air si doux que le vieillard fut déconcerté ; il rêva quelque temps, quitta ses armes, et, tirant son chapelet, dit : « C'en est fait ; je veux mourir avec vous et comme vous. »

Le sexe le plus faible eut la gloire d'entrer le premier dans la lice. Il y avait une chrétienne qui ne cessait d'exhorter son mari à renoncer à l'idolâtrie, tandis que celui-ci cherchait de son côté à faire abjurer la foi à sa femme. Après avoir inutilement employé les caresses, il la mena dans un bois avec une esclave, fervente chrétienne comme elle, tira son sabre, feignit de vouloir fendre la tête à son épouse et abattit celle de l'esclave. La femme se jeta à genoux pour recevoir aussi la mort. Le mari ému la releva, résolu d'attendre encore. Mais, ayant recommencé ses instances, la généreuse chrétienne se réfugia à Nangazaqui. Le mari, n'ayant pu découvrir le lieu de sa retraite, se tua de désespoir. Une demoiselle, faite esclave pendant la guerre, était tombée entre les mains d'un païen qui ne put triompher de sa chasteté ni par la séduction, ni par les mauvais traitements. La passion du barbare se changeant en rage, il mena la vierge sur la place des exécutions, la poignarda et jeta le corps dans le cloaque des suppliciés.

Dans le même mois de décembre, le 11, l'empereur ordonna à Gibonoscio de faire conduire à Méaco tous les religieux arrêtés, de les promener par la ville dans des charrettes, le nez et les oreilles coupés, et de les mettre en croix à Nangazaki. Il y avait six franciscains, 3 jésuites et 15 frères. Un officier s'étant rendu chez les franciscains pour s'assurer si le nombre des prisonniers était complet, Matthias, pourvoyeur de la maison, n'ayant pas répondu à l'appel parce qu'il était dehors, un chrétien du même nom, qui se trouvait près de là, courut à l'huissier en disant : « Voici un Matthias ; ce n'est pas celui « que vous cherchez ; n'importe, je suis chré- « tien comme lui ; » et il se joignit à la troupe des confesseurs. Il y avait parmi eux trois servants de messes, nommés Louis, Antoine et Thomas. Louis, qui n'avait pas d'abord été mis sur la liste pleura tellement qu'on fut obligé de l'inscrire. Un tono lui ayant dit qu'il savait un moyen de le délivrer, l'enfant lui répondit qu'il ferait mieux de demander le baptême et de trouver le moyen de se soustraire à une éternité malheureuse.

Le 3 janvier 1597, les 24 confesseurs furent emmenés sur la grande place de Méaco, où on coupa à chacun le nez et l'oreille gauche. On les fit ensuite monter dans des charrettes et on les promena par toutes les rues. Le peuple les regardait passer dans un morne silence. Les trois enfants couverts de sang excitaient la compassion des cœurs les plus durs. Le P. Baptiste exhortait les martyrs à la persévérance et les spectateurs à l'abjuration des superstitions païennes. Les autres prisonniers prêchèrent à leur tour à Ozaca, à Sacaï et à Nangazaki où on les promena de la même manière. Paul Miki fit tant de conversions que les bonzes se plaignirent hautement qu'on prenait, pour abolir le christianisme, des moyens qui étaient bien plus capables de le propager, et qu'il ne fallait pas beaucoup de voyages comme celui-là pour ruiner la religion de l'empire.

Fazembure, gouverneur de Nangazaki, qui avait été lié avec Paul Miki, vint au devant des confesseurs. Paul lui demanda de leur accorder le temps et les moyens de communier et d'ordonner que leur martyre eût lieu un vendredi. « J'ai, dit-il, l'âge auquel J.-C. est mort ; je suis « condamné à mourir en croix ; il ne me reste « plus que de mourir le même jour que mon « sauveur. » Fazembure, ému à la vue du jeune Antoine, lui proposa un poste avantageux.

L'enfant se prit à rire et dit qu'il regardait comme le plus grand bonheur de mourir en croix pour un Dieu qui y était mort le premier pour nous. Voyant sa mère fondre en larmes, il lui représenta que sa douleur n'était ni raisonnable, ni édifiante; que les païens seraient scandalisés s'ils voyaient qu'une chrétienne pleurât la mort de son fils, comme si elle ne connaissait pas le prix du sacrifice qu'il faisait à Dieu.

Le bruit ayant couru que les fidèles allaient être mis à mort, tous montrèrent la plus vive joie. Un enfant de cinq ans ayant rencontré un religieux lui demanda si cette nouvelle était vraie. « On le dit, répondit-il, mais vous, mon enfant, « que répondrez-vous quand on vous deman- « dera si vous êtes chrétien? » — « Je dirai « hardiment que je le suis, répliqua l'enfant. » — « Et si on veut vous mettre à mort, que fe- « rez-vous? » — « Je m'écrierai de toutes mes « forces : Jésus, miséricorde, et j'attendrai sans « rien craindre le coup de la mort. » Pendant qu'il parlait ainsi, son visage s'enflamma et ses yeux élevés vers le ciel laissèrent couler quelques larmes : c'étaient des larmes de joie.

Le 5 février, qui était un vendredi, les confesseurs furent conduits à la colline où ils devaient mourir. Du plus loin qu'ils aperçurent leurs croix, ils coururent embrasser chacun la sienne. Comme on allait procéder à l'exécution, Jean de Gotto vit son père qui était venu lui dire un dernier adieu. « Mon père, lui dit-il, il n'y « a rien qu'il ne faille sacrifier pour assurer « son salut. » — « Cela est vrai, reprit le Père ; « je remercie Dieu de la grâce qu'il vous fait et « je le prie de vous maintenir jusqu'au bout « dans ces beaux sentiments. Soyez persuadé « que votre mère et moi, nous sommes dispo- « sés à vous suivre au combat, si l'occasion s'en « présente. » Il ne s'en alla qu'après avoir vu expirer le jeune homme ; il voulut même être arrosé de son sang, et, lorsqu'il en fut couvert, il bénit Dieu d'avoir donné un martyr à sa famille.

Tous les confesseurs étant sur leurs croix, le P. Baptiste entonna le *Benedictus* que les autres achevèrent. Miki prêcha de sa croix avec une éloquence toute divine et finit par une prière fervente pour ses bourreaux. Lorsque l'on commença à percer les martyrs, Fazembure se retira les larmes aux yeux, et les fidèles, se précipitant vers les croix, recueillirent le sang tombé à terre. Urbain VIII a béatifié ces 26 martyrs en 1627.

Peu après, l'empereur manda à Fazembure de faire embarquer tous les missionnaires qu'il découvrirait. Quelques-uns se déguisèrent, les plus connus partirent avec l'Evêque qui avait des affaires à traiter aux Indes. Le prélat rencontra à Macao Louis de Cerqueyra, son coadjuteur, qu'il envoya au Japon. Mgr Martinez, continuant sa route pour Goa, fut saisi d'une fièvre qui l'emporta en quelques jours.

Dans le même temps, Tayco-Sama, attaqué d'une dyssenterie qui faisait des progrès rapides, voulut assurer l'empire à sa famille. Il ne laissait qu'un fils en bas âge, et, n'ayant plus de parent à qui le confier, il lui choisit pour tuteur l'homme dont il aurait dû le plus se défier : c'était Geiazo, roi de Quanto, qui, ayant épousé une sœur de Nobunanga, devait naturellement chercher à faire passer le sceptre à l'un de ses neveux, si toutefois il ne le prenait pas pour lui-même. Mais l'empereur crut s'assurer suffisamment de ce prince en fiançant son pupille avec la petite-fille de Geiazo et en donnant à celui-ci cinq collègues dans le gouvernement ; et, afin de les engager à agir toujours de concert, il les allia les uns aux autres par des mariages. Ce tyran alla bientôt recevoir le prix de sa stupide cruauté ; mais il voulut, avant de mourir, mettre le comble à son orgueilleuse impiété, en se faisant regarder comme un Dieu. Il ordonna, en conséquence, que, dès qu'il aurait rendu le dernier soupir, on enfermât son corps dans un riche cercueil, qu'on le plaçât dans un temple et qu'on l'adorât dans tout l'empire comme le Dieu de la guerre. Il mourut autant haï des peuples qu'il en était craint.

Les régents ayant rappelé les troupes de la Corée, le christianisme respira; on ne le crut pas même éloigné de monter sur le trône impérial en la personne de Jean Samburando, roi de Mino, petit-fils de Nobunanga, à qui l'empire revenait de droit. Aussi était-ce au nom de ce prince que Tayco-Sama avait pris les rênes du gouvernement. Il avait du mérite; mais, élevé dans la solitude, il n'avait pas d'expérience et manquait de partisans capables de le soutenir puissamment. Il avait reçu le baptême depuis quelques années: Tayco-Sama, loin de s'y opposer, avait été bien aise de lui voir embrasser une religion qu'il regardait comme un obstacle à son élévation.

L'ambition désunit bientôt les régents: Gibonoscio, roi d'Omi, rompit avec le tuteur et s'allia avec le roi de Fingo. Geiazo, s'étant saisi d'Ozaca où étaient les principales forces de l'empire, destitua Gibonoscio et chercha à gagner Tsucamidono qui, par générosité, s'était exilé avec le roi d'Omi. Le grand-amiral rejeta l'alliance d'un homme qui lui semblait aspirer au trône impérial.

Le P. Valégnan rentra au Japon avec l'évêque. Par les bons offices de ses amis auprès du tuteur, il fit cesser les vexations que faisait souffrir aux missionnaires Térazaba, gouverneur de Nangazaqui, qui, de chrétien caché, était redevenu zélé païen. De son côté, le roi de Firando, qui se trouvait à Méaco, manda à son fils, à l'occasion d'une cérémonie païenne, de sommer les chrétiens d'y assister et de chasser du royaume tous ceux qui n'obéiraient pas, sans épargner même son épouse. Dès le lendemain de l'édit, les six princes de la maison d'Antoine et 1,000 à 1,200 chrétiens abandonnèrent le pays. Le roi de Fingo et le prince d'Omura les reçurent et fournirent libéralement à leurs besoins. Le jeune prince, voyant son épouse décidée aussi à le quitter, cessa de la presser. Le roi de Firando craignant que ce qui restait de chrétiens ne suivît les autres, les laissa en repos.

Il se convertit beaucoup de chrétiens les années suivantes : 40,000 en 1600, 35,000 en 1601, 45,000 en 1602. Le roi de Fingo convertit 25,000 de ses sujets. La foi se propageait avec le même succès dans le royaume de Mino, sous la protection du roi Samburando. Ces succès étaient aussi favorisés par les troubles qui agitaient le centre de l'empire. Ces troubles prirent leur source dans la crainte que les régents eurent de Geiazo. Afin de se ménager un appui, ils gagnèrent le roi de Fingo à leur cause. De son côté, le tuteur acquit à la sienne le roi d'Arima, le prince d'Omura et Simon Condera. La guerre éclata et amena un évènement bien tragique. Depuis 12 ans, la reine de Tango faisait l'ornement de la chrétienté du Japon, par son angélique patience au milieu des persécutions qu'elle souffrait de la part de son mari, idolâtre zélé et très-jaloux. Les régents s'étant emparés d'Ozaca, firent publier un édit enjoignant à tous ceux qui avaient pris les armes pour le tuteur, de les déposer immédiatement sous peine d'être poursuivis comme rebelles et de voir leurs femmes et leurs enfants réduits en esclavage, ou mis à mort. Le roi de Tango, en partant pour l'armée du tuteur, avait laissé la reine dans cette ville et donné ordre à l'intendant de son palais d'y mettre le feu et de trancher la tête à la reine, si la ville était prise. Sommé de livrer cette princesse aux régents, l'intendant, fondant en larmes, se jeta aux genoux de sa maîtresse et lui révéla l'ordre du roi. « Vous savez, dit la « reine, que je suis chrétienne et que la mort « n'a rien qui effraie les chrétiens. » Elle entra dans son oratoire, se prosterna devant la croix et fit à Dieu le sacrifice de sa vie. Elle appela ensuite les dames du palais qui étaient toutes chrétiennes, les embrassa tendrement et leur représenta que, puisqu'il n'y avait point d'ordre pour les faire mourir, elles étaient obligées en conscience de se retirer avant qu'on mît le feu au palais. Pendant qu'elles se désolaient, la reine rentra dans l'oratoire et fit dire à l'intendant qu'il pouvait exécuter le commandement du roi. Elle s'agenouilla, abattit le collet de sa robe, et, prononçant les noms de Jésus et de Marie, elle reçut le coup qui lui trancha la tête. Telle fut la fin de Grâce, reine de Tango, la mère des pauvres et des orphelins. Après son exécution, les officiers et les pages s'ouvrirent le ventre et firent sauter le palais qui était rempli de poudre. Le P. Organtin fit de magnifiques obsèques à l'illustre défunte. Le roi de Tango fut si touché de cette attention du religieux, qu'il fournit aux frais d'un service auquel il assista avec tous les grands seigneurs qui étaient à Ozaca.

Geiazo, victorieux dans une grande bataille contre ses collègues, fit prisonniers les rois d'Omi et de Fingo. Ce dernier eut besoin de toute sa foi pour résister à la tentation de se suicider. Le tuteur donna leurs États à ses créatures et ordonna qu'on fît leur procès. La reine de Zeuxima, fille du roi de Fingo, se réfugia à Nangazaki chez l'évêque du Japon. Les deux rois furent condamnés à être promenés dans des charrettes par les rues d'Ozaca, précédés d'un héraut chargé de publier qu'ils étaient des rebelles, et à avoir ensuite la tête tranchée par le bourreau. Tsucamidono, donné en spectacle comme un malfaiteur, récitait son chapelet avec un visage calme et serein. Arrivé devant l'échafaud, il y monta d'un pas ferme et mourut en prononçant les noms de Jésus et de Marie. Aussi héroïque fut la fin d'Augustin Tsucamidono, grand-amiral du Japon, roi de Fingo, généralissime des armées impériales, qui avait conquis deux fois la Corée, fait trembler la Chine et rendu tributaire le plus puissant monarque de l'Asie. On trouva sur lui une lettre adressée à sa femme et à ses enfants, où il les exhortait à demeurer fidèles à Dieu, dont les rigueurs même ont des charmes.

Le tuteur n'inquiéta pas d'abord les jésuites ; il leur permit même de s'établir à Ozaca, à Méaco et à Nangazaqui. Mais, peu de temps après, à la sollicitation du gouverneur de cette dernière ville, il donna ordre d'expulser les religieux des endroits où ils avaient des établissements sans sa permission. Cet édit fut bientôt révoqué, le roi d'Arima et le prince d'Omura ayant protesté qu'ils mourraient plutôt que de renvoyer les Pères. Un autre sujet de crainte venait du côté du gouverneur de Nangazaqui, fait tono des îles d'Amacusa, toutes peuplées de chrétiens, îles dont le tono Jean avait été banni pour sa foi. Mais à peine Ximandono eut-ils pris possession de l'archipel, qu'il y appela des missionnaires et fut le protecteur des fidèles. Condera, qui avait embrassé avec chaleur le parti du tuteur et était mieux que personne avec lui, écrivit à Mgr du Japon et au P. Valégnan qu'ils trouveraient en lui Tsucamidono et Condéra. Caimocami, son fils, devenu roi de Chicugen, soutenait aussi fortement le christianisme. Enfin, Dieu substitua à la place du roi d'Omi un autre païen qui fut aussi un ardent appui des fidèles auprès de la cour : ce fut Jecondono, roi de Tango. Non-seulement il laissa en repos plusieurs de ses enfants et de ses officiers qui étaient chrétiens, mais lui-même convertit plusieurs personnes de sa cour. Le tuteur lui ayant donné le royaume de Bugen, il y appela le P. Cespedes et les 800 Firandais qui s'étaient exilés, pour sauver leur religion.

Geiazo, s'étant défait de tous ses collègues, se fit donner par Fidéiori, son pupille, le titre de Cubo-Sama, et accorda à son fils l'investiture des royaumes du Quanto. Geiazo établit sa cour à Surunga, d'où il gouverna tout l'empire avec une autorité absolue. Fidéiori n'était à Ozaca qu'un fantôme d'empereur, comme le dairi à Méaco.

Le christianisme s'étendait partout à la faveur de la paix, sauf dans le Fingo, dont le nouveau roi Canzugenodo se fit un point d'honneur de ramener au paganisme les 300,000 chrétiens du royaume. Il commença par en exiler quelques-uns et par confisquer leurs biens. Ayant ensuite sommé les nobles de Jateuxiro de professer la secte de Foquexus, et ceux-ci s'y étant refusés, il condamna à mort Jean Minami et Simon Taquenda, qui étaient les plus considérés. Madeleine, femme du premier, Jeanne et Agnès, mère et épouse du second, les exhortèrent à tenir ferme. Le roi ordonna de décapiter les hommes et de crucifier les femmes. Le gouverneur de Cumamoto, après avoir fait décapiter Minami dans sa chambre, manda à Taquenda, dont il était ami, qu'il désirait lui parler en présence de sa mère et de sa femme. En l'apercevant, il fondit en larmes, et dit à la mère qu'il comptait assez sur sa tendresse maternelle pour être persuadé qu'elle donnerait à son fils des avis salutaires. Elle répondit que, tout ce qu'elle avait à lui dire, c'était qu'on ne saurait acheter le ciel trop cher. « Mais, répondit le gouverneur, s'il « n'obéit pas au roi, vous aurez le chagrin de « lui voir trancher la tête sous vos yeux. » — « Plaise à Dieu, s'écria-t-elle, que je mêle mon « sang avec le sien ; si vous voulez me procurer « cette faveur, vous me rendrez le plus grand « service que je puisse recevoir d'un ami. » Le gouverneur se retira et envoya sur le soir exécuter l'arrêt de mort. Ce qu'il fallait pour l'exécution était prêt, Agnès se jeta aux pieds de son mari et le conjura de lui couper les cheveux, son dessein étant de renoncer au monde si on ne la faisait pas mourir. Un noble, qui avait apostasié, témoin de ce spectacle, fondit en larmes, embrassa Taquenda, le félicita de son bonheur et promit de l'imiter. Taquenda, après avoir prié, embrassé sa mère et sa femme, se prosterna devant un crucifix et présenta sa tête à l'exécuteur qui la trancha d'un seul coup. Les courageuses femmes la prirent, la baisèrent, et, l'élevant vers le ciel, conjurèrent Dieu, par les mérites d'une mort si précieuse, d'agréer aussi le sacrifice de leur vie. Elles passèrent tout le jour en prières. Le soir, elles virent arriver Madeleine, veuve de Minami, et son neveu Louis, qu'elle avait adopté. Madeleine leur apprit qu'elles devaient être crucifiées cette nuit-là. Elles éclatèrent aussitôt en actions de grâces. Le petit Louis parla comme un ange de leur bonheur. Arrivée au lieu du supplice, Jeanne demanda d'être clouée à sa croix. Lorsqu'elle y fut élevée, elle parla avec force à la foule sur la fausseté de la religion japonaise. Son cœur ayant été percé d'un coup de lance, Louis et sa mère furent liés à leur croix et élevés vis-à-vis l'un de l'autre. Pendant que Madeleine exhortait l'enfant, le bourreau poussa contre lui la lance qui glissa. Craignant qu'il ne s'effrayât, la courageuse femme lui cria d'invoquer les noms de Jésus et de Marie. Le petit ange le fit et reçut un second coup qui le tua sur-le-champ. Le fer, tiré de la plaie du fils, fut replongé dans le sein de la mère. Restait la jeune veuve de Taquenda. Sa beauté, sa douceur et sa piété attendrirent jusqu'aux bourreaux. Elle était à genoux, en prières au pied de sa croix, et personne ne se présentait pour l'y attacher ; il fallut qu'elle s'y ajustât elle-même. Quelques vauriens, poussés par l'espérance du gain, lui servirent de bourreaux ; mais, comme ils ne savaient pas manier la lance, avant de la tuer, ils lui portèrent une quantité de coups qu'elle souffrit avec une admirable résignation. Ces exécutions eurent pour effet d'encourager les fidèles au martyre, et le parent de Taquenda, celui-là même qui l'avait décapité, demanda le baptême et porta à l'évêque du Japon le sabre qui avait servi à l'exécution.

Malgré cette affreuse persécution, Jecondono, roi de Bugen, continuait de favoriser les chrétiens. Tous les ans, au jour anniversaire de la mort de la reine, il faisait faire un service pour elle, et mangeait avec les missionnaires. Il mit un jour l'épée à la main contre le roi de Fingo qui parlait fort mal du christianisme. Le tuteur lui-même recevait bien les Pères. Un navire portugais, où étaient leurs provisions, ayant été capturé par les Hollandais, et les religieux se trouvant par là dans une grande disette, il leur fit remettre une forte somme d'argent. Une fille de Nobunanga et un neveu de Tayco-Sama abjurèrent publiquement l'idolâtrie.

Il n'en était point ainsi chez le roi de Fingo, qui, plein de dépit de la fermeté des chrétiens, fit couler leur sang de toutes parts. Le roi de Saxuma, le tono d'Amacusa et le roi de Naugato suivirent son exemple. Le premier martyr de Naugato fut Michel Bugendono, le plus grand seigneur de la cour. Ayant reçu sa sentence de mort, il demanda à être traîné par toutes les rues d'Amanguchi, afin de participer aux ignominies de J.-C. dans sa passion. Sa femme, son gendre, ses enfants et ses neveux, furent également mis à mort, ainsi que l'aveugle Damien, qui confondait tous les bonzes, et faisait des conversions admirables. Son corps fut coupé en morceaux et jeté à l'eau.

La ville de Nangazaqui s'agrandissait à tel point que le terrain manquait pour les constructions. Jeian, commissaire de la ville, obtint du tuteur une terre du domaine d'Omura, et donna en échange au prince Sanchez un fonds qui n'avait pas autant de valeur. Le prince en conçut un profond dépit et se laissa persuader que les PP. Pasio et Rodriguez avaient su cette affaire, et n'avaient pas daigné l'avertir avant qu'elle fût terminée. Son ressentiment alla si loin qu'il engagea le roi de Fingo à chasser tous les religieux de ses Etats. Il appela des bonzes, leur donna l'église d'Omura, chercha à pervertir ses officiers et finit par apostasier publiquement. En vain, l'évêque et Jeian lui-même protestèrent que les Pères avaient ignoré ce qui s'était passé, ce prince, loin de revenir sur ses pas, ne fit que persister avec plus d'obstination, et cela par des causes qui en firent un exemple terrible d'endurcissement. Sa vie devint si dissolue, qu'il scandalisa jusqu'aux païens.

Dans le même temps, Simon Condera, généralissime de la cavalerie, mourut à Fucimi, où était la cour du tuteur, auprès duquel il était le seul soutien de la religion. En exécution de son testament, le roi de Chicugen, son fils, fit porter le corps à Facata, dans l'église des jésuites. Ce fut aussi la dernière marque de christianisme que donna ce jeune prince : la débauche le changea à tel point que, s'il n'adora jamais les idoles, il n'eut, jusqu'à sa mort, d'autre Dieu, que son plaisir.

Après avoir fait éprouver à l'église du Japon la sévérité de ses jugements, Dieu ranima sa confiance par un grand miracle de miséricorde. Joscimon, roi de Bungo, se convertit, et sa pénitence fut si sincère, qu'il supporta avec joie les plus rudes épreuves. Il avait porté les armes contre le tuteur. Appelé à Méaco, il ne douta point que ce ne fût pour lui faire son procès. « Soyez béni, ô mon Dieu, s'écria-t-il ; puisque « je vous ai retouvé, je ne crains point la mort ; « je devrais plutôt la souhaiter, mes infidélités

« passées me donnant tant de sujet de me dé-
« fier de moi. « Exilé dans le Deva, il obtint la permission de se retirer à Nangazàqui, où il trouva sa belle-mère, ses sœurs et une grande partie de ses alliés. La vue de ces personnes, qui supportaient chrétiennement leur mauvaise fortune, augmenta encore la ferveur de Joscimon.

Le repentir le porta aux plus grandes austérités ; il ne cessait de louer Dieu de l'avoir dépouillé de tout. Il mourut de la mort des justes, après avoir été apostat et persécuteur.

En 1605, il y avait au Japon 2,000,000 de chrétiens et le nombre en croissait tous les jours. En 1606, l'évêque rendit visite au tuteur, qui le reçut avec distinction. Cet accueil encouragea le prélat à visiter les principales chrétientés. Il fut bien reçu partout ; les seigneurs païens rivalisaient avec les chrétiens. Le roi de Bugen le reçut au milieu de sa cour. Mgr de Cerqueira, l'ayant remercié de la protection qu'il donnait aux fidèles : « Cela ne mérite pas un remercî-
« ment, dit le roi : je ne fais que suivre mon
« inclination, car je suis chrétien de cœur et
« d'affection. »

Le christianisme n'obtenait pas la même faveur dans le Fingo. Le roi fit emprisonner trois seigneurs qui étaient à la tête d'une confrérie de la Miséricorde. La prison était si infecte et la nourriture des confesseurs si malsaine, qu'un d'entre eux, nommé Girozaeimon, mourut de misère. Les autres furent décapités avec leurs fils uniques, âgés, l'un de douze ans, l'autre de six. Le premier, nommé Thomas, semblait n'avoir apporté en naissant d'autre désir que celui du martyre. Dès le berceau, lorsqu'il pleurait, il suffisait, pour l'apaiser, de lui dire qu'il ne serait pas martyr. Ayant appris sa condamnation, il courut au devant de ceux qui le cherchaient, et, rencontrant son père, il se jeta dans ses bras avec des transports de joie. L'autre dormait quand on alla le prendre. L'officier lui ayant dit qu'il fallait mourir avec son père : « J'en suis bien aise, » s'écria ce petit ange. Un soldat le mena par la main au lieu où on avait tranché la tête à son père ; la foule suivait en fondant en larmes. Arrivé auprès du corps de son père, il se mit à genoux, joignit ses petites mains, et attendit tranquillement le coup de la mort. Le bourreau jeta son sabre en pleurant. Deux soldats firent de même. Il fallut avoir recours à un esclave coréen qui, tout tremblant, déchargea plusieurs coups sur la tête et sur les épaules de ce petit agneau qui ne poussa pas un seul cri. Les rois de Naugato et de Firando firent aussi mourir quelques personnes.

Deux enfants, de 10 à 11 ans, entrèrent un jour dans l'église d'Ozaca, et prièrent un jésuite de les baptiser. Ayant prouvé qu'ils étaient instraits, ils lui protestèrent à genoux, et les larmes aux yeux, qu'ils ne sortiraient pas sans avoir reçu le baptême, et le Père fut obligé de céder à leurs instances, et de leur donner des images devant lesquelles ils pussent faire leurs prières. Le père de l'un d'eux, ayant aperçu l'image qu'il avait reçue, et l'enfant lui ayant avoué qu'il était chrétien, ce barbare menaça son fils de lui fendre la tête s'il n'adorait les idoles : « Ma vie « est entre vos mains, répondit l'enfant ; vous « ferez de moi tout ce qu'il vous plaira ; mais je « suis résolu de vivre et de mourir chrétien. » Le Père, furieux, arracha les habits du petit innocent, le suspendit et le mit tout en sang en le frappant à coups de fouet. Son corps étant couvert de plaies, le barbare le détacha et le laissa, avec une simple chemise, exposé à un froid très-vif et aux insultes des domestiques. A tous ces traitements, l'enfant n'opposa qu'une douceur angélique. Le gouverneur d'Ozaca, instruit des choses, menaça le père de la justice de l'empereur s'il ne laissait son fils en repos.

Les missionnaires avaient établi à Ozaca un observatoire qui leur avait acquis la réputation d'hommes fort savants. Ceux de Méaco pensèrent qu'on pourrait gagner les grands seigneurs à J.-C., ou du moins les rendre favorables à la prédication de l'Evangile, en leur inspirant le désir de s'instruire dans les sciences humaines.

Ils fondèrent donc une académie qu'ils composèrent de tous les gens distingués de Méaco. Bientôt on y répéta ce qu'on disait à Ozaca, que des religieux, si éclairés sur les merveilles de l'univers, ne pouvaient, sans prévention, être accusés d'erreur ou d'ignorance sur la religion. Cette institution affermit la foi dans la contrée, et il se fit beaucoup de conversions illustres pendant le peu de temps que dura l'académie. On baptisa jusqu'à 8,000 adultes dans une seule année. En 1613, il y avait au Japon 200 religieux prêtres et près de 3,000,000 de fidèles.

Au milieu de ces succès, la chrétienté du Japon était à la veille de la plus effroyable persécution qu'ait essuyé l'Eglise. Les causes en furent la jalousie du commerce entre les Portugais et les Espagnols, qui occasionna bien des scandales; le fanatisme religieux et politique des protestants de Hollande, qui n'eurent, pour supplanter les uns et les autres, qu'à répéter la calomnie du pilote. Il y avait longtemps que les Hollandais voyaient avec envie les grandes richesses que le Portugal tirait du commerce avec le Japon; une autre imprudence d'un pilote espagnol leur fournit enfin l'occasion de faire interdire à tous les catholiques les ports du Japon. Les Espagnols perdaient souvent des navires, faute de connaître les bons mouillages. Lassés de ces pertes, ils sondèrent la côte. Les

Hollandais l'ayant su firent dire au tuteur qu'en Europe on regardait le sondage comme un acte d'hostilité, que les Espagnols pouvaient avoir des desseins de conquête sur le Japon ; que c'était une nation qui voulait dominer partout; que les religieux qu'elle envoyait de toutes parts étaient ses émissaires et ses espions qui, sous prétexte de zèle pour l'accroissement de leur religion, détournaient les peuples de l'obéissance aux puissances légitimes ; que, pour cette raison, la plupart des princes d'Allemagne, les rois d'Angleterre, de Danemarck, de Suède et de Hollande les avaient chassés ; que les Espagnols et les Portugais étant sujets du même roi, il fallait également se défier des uns et des autres. Ces atroces calomnies firent sur l'esprit du tuteur tout l'effet que pouvaient désirer les protestants ; Geiazo résolut de chasser du Japon tous les missionnaires et d'y abolir le christianisme.

Il fit aussitôt publier un édit qui proscrivait pour toujours la loi de J.-C. dans toute l'étendue de l'empire, et déclara qu'il ne voulait plus souffrir à son service aucun officier chrétien. Tous ceux qui s'y trouvaient protestèrent qu'ils étaient prêts à perdre leurs emplois et la vie même plutôt que d'apostasier. Deux jeunes seigneurs qui étaient en mission accoururent pour avoir part aux souffrances des autres. Les dames, craignant d'être oubliées, s'assemblèrent dans les maisons les plus fréquentées. Le tuteur s'étant attaché à trois d'entre elles, qu'il espérait réduire plus aisément, les vit préférer l'exil aux délices de la cour. Des soldats les menèrent dans des îles désertes, où elles vécurent longtemps dans le dénuement le plus absolu de toutes choses.

Le roi d'Arima ayant lâchement consenti à ce que Michel Suchendono, son fils aîné, répudiât sa femme, nièce de Tsucamidono, pour prendre une arrière-petite-fille du tuteur, dans le but de recouvrer une partie du Figen, ce mariage scandaleux attira sur lui et sur sa famille les plus grandes calamités. La nouvelle princesse commença par pervertir la foi de son époux et le poussa ensuite à consentir au détrônement de son père. Elle fit si bien auprès du tuteur, qu'il exila le roi. La reine Juste le suivit, et, par ses exemples et ses discours, le fit rentrer en lui-même et se soumettre à la volonté divine. Il se disposa avec une admirable résignation à la mort à laquelle le condamna le tuteur, à la sollicitation de son arrière-petite-fille.

Les bûchers et les croix remplirent les Etats du parricide et apostat Suchendono. Ayant ordonné à ses sujets de le reconnaître comme légitime souverain et de lui jurer obéissance par les dieux de l'empire, sous peine des plus cruels supplices ; quelques courtisans furent intimidés ; mais ils réparèrent promptement leur faute, et le roi en fit mourir quelques-uns et bannit les autres. Lûcie, que Suchendono avait répudiée, fut aussi condamnée à l'exil. Elle passa le reste de ses jours dans une cabane de paille où elle manquait de tout ; mais elle y jouissait d'une paix qu'elle n'avait jamais éprouvée dans sa plus brillante fortune.

Il y avait fort à faire pour amener le royaume d'Arima à l'apostasie ; la piété des deux rois n'avait pas laissé un seul idolâtre dans ce pays. Tous les Ariméens, même dès l'âge le plus tendre, se préparaient au martyre. Un garde, ayant rencontré un enfant qui portait au cou un chapelet, voulut le lui prendre ; l'enfant lui résista ; alors il menaça de le tuer : « Volontiers, dit « l'enfant, je serai martyr, » et aussitôt il se mit en posture de recevoir la mort. Le garde, touché jusqu'aux larmes, l'embrassa et le laissa aller. Ces héroïques sentiments étaient ceux de tous les enfants qui avaient formé entre eux une société, et qui s'acquittaient de leurs exercices de piété avec une merveilleuse ferveur. Tant de résolution arrêtait le roi ; mais le gouverneur de Nangazaki lui dit qu'il était perdu si le tuteur apprenait qu'il n'avait pas assez de fermeté pour se faire obéir. Il fit venir des bourreaux du Figen, et résolut de pousser vivement les choses.

Suchendono commença par les tonos Thomas et Mathieu Unda. Il somma d'abord Thomas d'apostasier avec toute sa famille; mais il en reçut cette réponse : « Un bon soldat ne quitte « pas l'étendard de son général, et, dût-il m'en « coûter la vie, je n'abandonnerai pas la ban- « nière de J.-C. ; ce serait inutilement que vous « me feriez sur cela de nouvelles instances. » Thomas avait déjà été banni deux fois pour sa religion. Un de ses proches lui ayant dit qu'il ferait sagement de se cacher, ou au moins de mettre ses enfants en sûreté : « Je m'en garde- « rai bien, répondit-il ; nous ne serons nulle part « mieux que sous le glaive qui nous immolera. « Voilà toute la fortune que j'ambitionne pour « ma famille. » Averti que le gouverneur avait quelque affaire à traiter avec lui et le priait de l'aller trouver, il se rendit chez Marthe, sa mère, se jeta à genoux, reçut sa bénédiction, embrassa et bénit ses enfants, et se transporta chez le gouverneur. Celui-ci l'invita à dîner. Pendant qu'on dressait la table, le gouverneur tira un sabre du fourreau et demanda à Thomas ce qui lui semblait de cette arme. Unda la prit, la baisa avec respect, et la rendit en disant : « Voilà un sabre qui coupera bien la tête de « celui qui voit l'unique mets que vous lui ser- « virez. » Le gouverneur, levant sur-le-champ le bras, déchargea sur Thomas un coup qui le renversa mort. Mathias fut martyrisé de la même manière.

Aussitôt après, un officier alla annoncer à Marthe que ses fils venaient de payer de leurs têtes leur rebellion aux ordres du roi, et que pour le même sujet elle mourrait comme eux avec les enfants de Thomas. Remplie de joie en apprenant qu'elle était mère de deux martyrs, elle dit à ses petits-fils, Jacques et Juste, qu'il s'agissait d'aller retrouver leur père et leur oncle. « Mourrons-nous aussi, dirent-ils. » — « Oui, mes enfants. » — « Oh! quelle joie de « mourir martyrs! » Justine, mère de ces enfants, apprenant qu'elle n'était pas comprise dans l'arrêt de mort, pleura amèrement, et, voyant à ses pieds ses fils, revêtus de robes blanches, qui lui demandaient sa bénédiction, elle leur dit : « Allez rendre à Dieu la vie qu'il vous « a donnée et en échange de laquelle il vous « prépare la couronne de l'immortalité. Gardez-« vous d'avoir la moindre crainte à la vue d'une « mort qui vous assurera un bonheur éternel. « Allez rejoindre votre père dans le sein de « Dieu; et, quand vous y serez, n'oubliez pas « que vous avez laissé dans cette vallée de lar-« mes une mère qui, jusqu'au dernier soupir, « ne cessera de pleurer en pensant qu'elle n'a « point partagé avec sa famille la palme du mar-« tyre. » Après qu'elle les eut embrassés, on les mit dans une litière avec leur aïeule. Arrivés à la place des exécutions, ils aperçurent un soldat l'épée à la main. Courant à lui, ils se mirent à genoux et attendirent le coup. Le soldat décapita d'abord l'aîné, âgé de 12 ans, dont la tête alla tomber auprès du cadet. Celui-ci leva les yeux au ciel en prononçant avec ferveur les noms de Jésus et de Marie. Le soldat attendri se hâta de l'exécuter. Marthe, un instant après, les suivit au ciel.

A la sollicitation de Fascengava, le roi fit venir à Arima un bonze célèbre. La reine, l'ayant présenté à la cour, ne put obtenir de personne d'avoir des rapports avec lui. Une fille d'honneur, nommée Maxime, lui jeta même à la tête une petite idole qu'il lui avait présentée. Conduite en prison, on l'y tint douze jours attachée à une colonne et sans nourriture. On lui fit les offres les plus séduisantes pour l'engager à se rendre aux volontés de la princesse ; Maxime y résista avec une constance qui charma tout le monde, sauf la reine qui la relégua dans les cuisines avec les esclaves. Cette vertueuse fille fit vœu de chasteté perpétuelle. Suchendono ayant aussi voulu donner une idole à un jeune page, l'enfant dit au roi qu'il ferait mieux de reprendre le chapelet des chrétiens que de chercher à rendre son peuple complice de son apostasie. Cette parole lui valut le bannissement.

La constance des chrétiens aurait enfin arrêté le zèle persécuteur de Suchendono; mais Fascengava lui ayant dit que le tuteur le regardait encore comme chrétien, parce que tous ses sujets, jusqu'à ses principaux officiers, professaient publiquement le christianisme, l'ambitieux prince exigea de ses courtisans qu'ils dissimulassent pendant quelque temps leur foi. Les uns se retirèrent sans rien dire; d'autres promirent d'obéir; trois déclarèrent qu'ils ne voyaient pas de milieu entre trahir sa foi et la dissimuler en pareille rencontre. La docilité du plus grand nombre fit croire à Suchendono qu'ayant du premier coup si fort avancé son entreprise, il viendrait fort aisément à bout du reste. Il le manda au gouverneur de Nangazaqui. Fascengava lui fit réponse que, pour ce qui regardait les obstinés, il ne devait pas en avoir le démenti, quand ce ne serait que pour convaincre le Cubo-Sama de ses véritables sentiments; qu'il devait donc faire des coupables un exemple qui inspirât de la terreur, les condamner au feu avec leurs femmes et leurs enfants. Le 5 octobre, le gouverneur d'Arima eut ordre d'arrêter les trois seigneurs et de leur signifier qu'ils étaient condamnés à être brûlés vifs avec leurs familles, en cas qu'ils persistassent dans leur refus. Ces illustres confesseurs étaient Adrien Tafacati Mondo, Léon Faïuxida Luguiémon, Léon Taquendomi Carriémon, Jeanne et Madeleine, sa femme et sa fille, Jacques, son fils âgé de 12 ans, Marthe, femme de Faïuxida, et Paul, fils de Carriémon : des amis mirent sa femme en sûreté. Par égard pour la qualité des prisonniers, on les enferma dans une maison particulière où la femme de Carriémon, s'étant échappée des mains de ses amis, vint trouver son mari et son fils pour mourir avec eux ; mais, malgré tous ses efforts, on la reconduisit au logis d'où elle s'était sauvée.

La nouvelle de ce qui venait de se passer à Arima s'étant répandue, plus de 20,000 chrétiens y accoururent dans l'espérance d'un sort pareil. Cette multitude donna d'abord quelque alarme à la cour qui leur fit dire de se retirer : mais quand on vit qu'ils étaient sans armes et qu'ils ne désiraient que la mort, on les laissa en repos. Ils demeurèrent campés hors des murs, et, pendant trois jours qu'ils furent là, les chrétiens d'Arima les nourrirent. Ceux des courtisans qui de la dissimulation avaient bientôt passé à une idolâtrie ouverte, ne purent voir tant de ferveur sans se reprocher leur lâcheté. Ils la pleurèrent avec des larmes si amères qu'ils convainquirent tout le monde de la sincérité de leur conversion. Ils firent une profession publique de leur foi, et passèrent par beaucoup d'autres épreuves ; après quoi on les reçut à la pénitence. Ils allèrent embrasser les prisonniers et conjurèrent le gouverneur d'Arima de les joindre à leurs frères, puisque la cause était la même. Après bien des instances, ces généreux pénitents n'ayant rien obtenu, renoncèrent à tous leurs biens et s'exilèrent avec leurs familles.

Le 7 octobre au matin, on signifiait aux confesseurs leur sentence qu'ils reçurent avec joie. Il manquait à leur bonheur de recevoir le pain des forts avant d'aller au combat. Ils prièrent Dieu que cette grâce ne leur fût pas refusée et ils furent exaucés. Deux jésuites trouvèrent moyen d'arriver à eux, les confessèrent et les communièrent. Au moment du sacrifice, les 20,000 chrétiens de la campagne entrèrent à Arima ornés de guirlandes et le chapelet à la main ; ceux de la ville aussi nombreux, ornés aussi de guirlandes et portant des cierges, les attendaient ; et, lorsque les martyrs parurent, tous se mirent en marche. Les 8 confesseurs étaient au milieu ; les bourreaux les suivaient avec une compagnie de soldats. Quand on fût arrivé au lieu du supplice, les martyrs coururent embrasser leurs poteaux : c'étaient 8 colonnes soutenant un toit de charpente au milieu d'une esplanade, sous les fenêtres du château. Pendant qu'on faisait les préparatifs, Carriémon, le père, monta sur le toit de la charpente et parla en ces termes : « Mes frères, admirez la force

« de la foi dans de faibles créatures ; la vue d'un « supplice affreux, vous le voyez, ne nous ins- « pire que de la joie, et ce sera bien autre « chose tout à l'heure au milieu des flammes. « Je laisse aux infidèles à considérer quelle doit « être la sainteté d'une religion qui nous élève « si fort au-dessus de la nature. Or, si elle est « véritable, toutes les autres sont nécessairement « fausses. Pour vous, mes frères, que ces feux « ne vous effraient pas ; ils passeront en un « instant et la récompense dont ils seront sui- « vis sera éternelle. » Interrompu par les sanglots et les cris des fidèles, il descendit et alla se ranger à sa colonne où il fut lié. On mit le feu au bois éloigné de trois pieds des poteaux. Un chrétien fit une courte exhortation aux martyrs, et, leur montrant une bannière où était représenté J.-C. attaché à la colonne, il leur dit de jeter souvent la vue sur cet Homme-Dieu, qui avait fait le premier pour eux ce qu'ils allaient faire pour Lui.

La flamme ayant paru dans ce moment avec la fumée, on fut quelque temps sans rien voir ; ensuite l'aspect de ces illustres victimes occupa de telle sorte l'assemblée qu'il s'y fit un grand silence. Tous témoignèrent une constance héroïque. Les liens qui attachaient le jeune Mondo étant brûlés, il courut à sa mère et la tint étroitement embrassée comme pour mourir entre ses bras. Elle exhorta son enfant à consommer son sacrifice. Il tomba à ses pieds ; puis elle tomba elle-même sur lui, et ils expirèrent au même instant. Madeleine restait seule debout, et, quoique toute embrasée, elle paraissait encore pleine de vie. On l'aurait dit insensible à la voir immobile et les yeux élevés vers le ciel, lorsque tout-à-coup elle ramassa des charbons ardents et s'en fit une couronne. A mesure que ses forces diminuaient, sa ferveur augmentait et elle ne cessa de louer Dieu qu'au moment où tombant doucement elle se coucha sur le brasier dont elle était environnée et rendit l'esprit.

Alors les soldats, qui gardaient les barrières, n'en furent plus les maîtres, et les chrétiens enlevèrent sans résistance les corps des martyrs entiers et sans odeur, et les portèrent à Nangazaqui à l'évêque qui, après avoir examiné les actes qu'on avait dressés de leur précieuse mort, entendu canoniquement les témoins et gardé toutes les formalités prescrites par le concile de Trente, déclara juridiquement, qu'autant qu'il lui appartenait, il reconnaissait martyrs de J.-C. ces huit personnes. L'évêque fit rendre ensuite à leurs reliques tous les honneurs possibles et envoya à Rome le procès-verbal de tout ce qui s'était passé.

Le feu roi d'Arima avait laissé de Juste, sa

seconde épouse, deux fils et deux filles, tous en bas âge. L'aîné se nommait François et l'autre Mathieu. François avait huit ans et son frère six. Suchendono ordonna au gouverneur d'Arima de faire enfermer quelque temps les deux jeunes princes, de répandre le bruit qu'on les avait envoyés à Méaco à leur mère, mais de ne faire partir que les princesses. Lorsque les deux enfants se virent arrêtés, ils se disposèrent à la mort par la prière et la pénitence. La veille de l'exécution, sur le soir, le page Ignace mit leur couvert et les invita à se mettre à table. François dit qu'il croyait avoir mécontenté un de ses gardes et que, pour pénitence, il voulait jeûner ce soir-là. Tout ce que le page put obtenir fut que l'enfant prit un peu de nourriture pour tenir compagnie à son frère. Après le souper, Ignace coucha Mathieu ; François s'occupa d'exercices de piété. Ignace, voyant qu'il les prolongeait trop longtemps, l'avertit qu'il se faisait tard. « Mon cher Ignace, dit l'enfant, je pensais à la « passion de notre aimable Sauveur, et je ne « pouvais retenir mes larmes. Quelle bonté en « Dieu que de mourir pour sauver de misérables créatures ! que j'ai compassion de ceux « qui ne le reconnaissent pas. » Le page fondit en larmes. L'enfant, lui voyant entre les mains une médaille, demanda ce qu'il fallait faire pour gagner les indulgences et se mit en devoir de les gagner. Après s'être mis sous la protection de Marie, il se coucha. Ignace lui jeta de l'eau bénite et se retira dans une autre chambre. Vers minuit, un soldat entra et enfonça successivement un poignard dans le cœur des deux enfants. Cette mort fit répandre bien des larmes à la reine Juste, leur mère ; mais, soutenue par la foi, elle offrit ce sacrifice à Dieu et finit ses jours dans la pratique de toutes les vertus.

L'évêque du Japon mourut en 1614. Il eut pour successeur Diégo Valens, qui ne put pénétrer au Japon : car, depuis cette année, la persécution fut générale, continuelle. Le roi de Quanto commença par faire décapiter à Jédo un grand nombre de chrétiens. Pour se disculper d'avoir fait brûler vivantes des personnes de la première qualité, Fascengava osa dire que tous ceux que la justice punissait devenaient l'objet du culte des chrétiens ; qu'on les avait vus à Méaco adorer un des leurs crucifié pour un crime ; qu'ils regardaient les huit personnes brûlées comme autant de dieux, quoique ce fût autant de séditieux. Après avoir répandu ces calomnies, il obtint du tuteur un édit qui chassait tous les missionnaires du Japon, ordonnait de raser les églises, et enjoignait à tous les chrétiens de l'empire de retourner à l'idolâtrie sous peine de mort.

Tous les Pères qu'on put découvrir furent

conduits à Nangazaki pour y être embarqués. Le commissaire de Méaco fit publier que quiconque n'abjurerait pas le christianisme serait brûlé vif, et que les rebelles pouvaient préparer leurs poteaux. Le lendemain, tous les quartiers s'en trouvèrent remplis, chaque chrétien en ayant dressé devant sa porte autant qu'il en fallait pour sa famille. Un pauvre vendit son habit et une femme sa ceinture afin de s'en procurer. Le commissaire, qui avait fondé l'espérance de sa fortune sur le succès de cet édit, fit éprouver aux chrétiens tout ce que la brutalité put inventer : on exposa Julie, sœur du roi Jean Naytondono, et plusieurs autres dames, dans l'état le plus humiliant aux yeux du public.

De Méaco, le commissaire se rendit à Ozaca, où il fit annoncer que le lendemain on arrêterait tous ceux qui ne se soumettraient pas aux édits. De grand matin, plus de 3,000 personnes, un prince et une princesse d'Arima en tête, attendaient sur une place qu'on les fit mourir. L'officier pensa que, s'il venait à bout des enfants, le reste obéirait peu à peu, et il en fit fouetter cruellement un grand nombre. Mais ni le fouet ni la faim ne purent les ébranler. Un enfant de six ans ayant entendu dire à son père qu'il fallait mourir bientôt : « Bon, bon, s'écria-t-il, nous « serons martyrs. » — « Comment, dit le père, « aurais-tu la force d'endurer les tourments,

« toi qui ne saurais tenir un fer chaud dans ta « main pendant un instant? » — « Vous verrez « bientôt le contraire, répliqua l'enfant. » Il prit les pincettes, les fit rougir au feu et allait les saisir à pleines mains lorsqu'on l'arrêta. S'étant mis à pleurer, on ne put l'apaiser qu'en lui promettant qu'il serait martyr. Le roi d'Ava, le frère aîné du martyr Paul Miki, et 73 seigneurs furent conduits enchaînés dans les déserts du Nord. Juste Ucondono, Naytondono, roi de Tamba, Uquinda, prince de Bugen, leurs familles et beaucoup d'autres personnes furent remises au gouverneur de Nangazaqui pour être déportées sur la terre étrangère.

Taydono, roi d'Aqui et de Bungo, prince fort doux, n'obéit qu'à contre-cœur aux édits sanguinaires contre les chrétiens, édits dont il sentait l'injustice. Il avait à sa cour un tono chrétien qu'il aimait beaucoup. N'ayant pu l'engager à dissimuler sa religion, il lui fit dire d'envoyer sa femme et ses enfants pour être contraints par les supplices d'obéir aux édits. Il les envoya, et peu après on lui annonça qu'ils avaient porté la peine de leur opiniâtreté et qu'il devait enfin penser à lui-même. Cette nouvelle ne fit qu'augmenter son désir du martyre. S'étant rendu au palais dans cette vue, il fut bien étonné de ne recevoir que des éloges et de retrouver sa femme et ses enfants qui avaient témoigné la même fermeté. Taydono fit dire à un autre qu'il l'irait trouver et qu'il songeât à satisfaire son prince. A l'arrivée du roi, le chrétien courut à l'entrée de sa maison et se jeta à genoux en criant : « Je suis chrétien ; je veux vivre et « mourir chrétien : vous êtes le maître de mes « biens et de ma vie ; mais vous n'avez aucun « pouvoir sur ma religion. » Le fils, la mère et la femme du tono firent la même protestation, aussi à genoux. Le roi, ému, les releva et les combla de caresses. Ayant trouvé dans toute sa cour la même résistance, il la laissa en repos.

Ceux qui commandaient pour lui dans le Bungo n'imitèrent pas sa modération : ils firent des martyrs. Une dame nommée Maxence montra un grand courage. Son mari et son beau-frère ayant été condamnés au feu, on la mena la corde au cou sur la place où l'on brûlait vifs ces chrétiens, dans la vue de l'intimider. Le contraire arriva : il fallut la retenir de force pour l'empêcher de se réunir à eux à travers les flammes. Lorsqu'ils eurent expiré, on voulut encore éprouver sa constance. Pour toute réponse elle se fit un bandeau de ses cheveux, se jeta à genoux et présenta la tête qui fut coupée à l'instant. On réduisit les trois corps en cendres ; mais, à la faveur de trois brillantes étoiles qui parurent la nuit dans le lieu de l'exécution, les fidèles recueillirent quelques ossements qui avaient échappé aux gardes.

Bien qu'il eût fait mourir et dépouiller de leurs biens les premiers de sa cour, Suchendono désespérait de venir à bout d'abolir le christianisme. Il commença à se faire justice à lui-même ; il écrivit au tuteur que, ne pouvant plus vivre parmi les ennemis de l'empire, il désirait être transféré à un autre royaume. Il croyait que son alliance avec Geiazo et son zèle contre les chrétiens lui feraient obtenir une des plus belles provinces du Japon. Il se trompa : son royaume fut donné à Fascengava, et il fut envoyé à Fiunga. Il accepta ce petit Etat dans la crainte de ne rien avoir du tout.

Par un zèle indiscret, les chrétiens de Nangazaki contribuèrent à faire presser l'embarquement des exilés. Ne réfléchissant pas qu'on observait toutes leurs démarches, ils tenaient de fréquentes assemblées pour délibérer sur les moyens de conserver la religion ; ils faisaient des processions pour fléchir le ciel et dressaient des règlements où la prudence n'était pas toujours consultée. Fascengava dépeignit au tuteur, Nangazaki comme une ville dont les chrétiens étaient absolument les maîtres et où ils pouvaient tout entreprendre. Geiazo manda qu'on embarquât immédiatement tous les bannis. Les religieux, ne pouvant s'échapper de la ville où ils étaient gardés à vue, partirent avec les laïcs, mais ils prirent des mesures pour rentrer sous divers déguisements. Il ne resta plus dans tout l'empire que 42 missionnaires.

Les confesseurs montèrent sur trois jonques. Le roi de Tamba, Ucondono, leur suite, 23 jésuites, les dominicains, les augustins et les franciscains, embarqués sur la première, prirent la route des Philippines ; 72 jésuites et 600 Japonais montèrent sur les autres et se dirigèrent vers Macao. Le gouverneur des Philippines accueillit les princes avec de grands honneurs, et logea et défraya, aux frais du roi d'Espagne, les exilés au nombre de plus de mille. Il fit de grandes offres aux princes. Ucondono répondit qu'ils ne voulaient pas reprendre ce qu'ils avaient quitté pour Dieu ; qu'ils regardaient la pauvreté comme leur gloire ; qu'ils entendaient vivre et mourir en exilés ; que, n'ayant jamais rien fait pour le roi d'Espagne, il n'était pas juste qu'ils eussent ce qui devait être la récompense de ceux qui auraient bien servi leur prince. Un mois après, ce grand homme fut saisi d'une fièvre qui fit bientôt désespérer de sa vie. Lorsqu'il sut le danger, il témoigna qu'il avait une grande joie de mourir exilé pour J.-C., et ajouta : « Je ne recommande ma famille à « personne : elle a l'honneur aussi bien que moi « d'être proscrite pour la foi ; cela doit lui suf- « fire. » S'adressant ensuite à son épouse et à ses enfants : « Quelle comparaison, leur dit-il,

« entre le service des hommes et le service de « Dieu! Dès l'enfance, j'ai fait la guerre pour « le service des empereurs; j'ai blanchi sous le « casque; mon épée n'est pas demeurée dans le « fourreau tant qu'il y a eu occasion de la tirer. « Quel a été le fruit de tant de travaux? Vous « le voyez. Mais, au défaut des hommes, Dieu « ne m'a pas manqué. Dans le temps de ma plus « grande élévation, ai-je été plus honoré que « je ne le suis ici? Et qu'est-ce encore que tout « cela comparé à ce qui nous attend dans l'é- « ternité? Il y a plus lieu de me féliciter que « de me plaindre; et moi-même je ne saurais « vous plaindre, puisque je vous laisse à la « garde d'un Dieu dont la bonté est sans bor- « nes. Je désavoue comme n'appartenant plus « à ma race quiconque se démentira de la fi- « délité qui est due à Jésus-Christ. » Ce grand homme mourut de la mort des saints le 5 février 1615.

Le nouveau roi d'Arima voulut avoir l'honneur de commencer la ruine du christianisme. Il s'y prit de manière à faire croire qu'il aimait mieux n'avoir point de sujets que d'en avoir qui fussent chrétiens. 10,000 hommes divisés en trois corps, dont Fascengava conduisait le principal, entrèrent en même temps dans le pays par trois endroits différents. Partout on citait devant les tribunaux les chrétiens les plus connus; on déchargeait sur eux de cruelles bastonnades, on leur fracassait les jambes entre des pièces de bois ; et, après leur avoir mis des bâillons, on publiait qu'ils avaient renoncé à la foi. Le roi étant à Cochinotzu, on lui dit que 60 chrétiens s'étaient rendus sur une place où ils croyaient que se devaient faire les exécutions, et qu'ils avaient fait provision de cordes dans la crainte que les soldats n'en eussent pas assez pour les lier tous. Fascengava, plein de dépit, jura qu'il n'en aurait pas le démenti, investit la place et leur fit endurer les plus cruelles tortures. 22 moururent sur la place.

Après plusieurs tentatives pour s'emparer de l'empereur, le tuteur lui déclara la guerre. Fidéiori sortit d'Ozaca avec 200,000 hommes. Le tuteur s'avança de son côté avec des forces encore plus grandes. Après un combat où 100,000 hommes demeurèrent sur le champ de bataille, l'empereur et sa famille périrent dans l'incendie de leur capitale. Geiazo, devenu empereur, ne jouit pas longtemps du fruit de sa victoire : il mourut l'année suivante. Xogun-Sama, son fils aîné et son héritier, le fit mettre au rang des dieux.

Le zèle précipité de quelques religieux, qui se montrèrent en public avec les habits de leur ordre, fit aussitôt recommencer la persécution. L'empereur commanda de les faire tous arrêter.

A Omura, on décapita 6 religieux et 15 laïcs. Le P. Jean-Baptiste de Machade, jésuite, et le P. Pierre, de l'Ascension, franciscain, furent pris et menés dans les prisons d'Omura, et quelques jours après décapités sur la place publique.

Le bruit de cette exécution se fut à peine répandu, que le P. Alphonse Navarret, dominicain, et le P. Ferdinand de St-Joseph, augustin, ne pouvant retenir l'ardeur qu'ils se sentaient pour le martyre, se montrèrent en public, assemblèrent à Nangazaki une assez grande multitude de chrétiens à qui ils inspirèrent la même ferveur et parcoururent en prêchant une bonne partie du pays d'Omura. Avertis que le prince avait envoyé des soldats pour les prendre, ils s'allèrent présenter à ces soldats et furent conduits la nuit dans une île où on leur trancha la tête. Un autre dominicain et le supérieur des franciscains furent traités de la même manière à Arima, où ils étaient allés dans l'espérance d'y être plus tôt découverts. Ils eurent pour compagnons de leur triomphe 15 ou 16 chrétiens de Nangazaki qui avaient logé chez eux des missionnaires et s'en étaient hautement vantés.

Léonard Quimura était un japonais de Nangazaki qui avait été élevé au collége d'Arima. Après avoir exercé quelques temps les fonctions de catéchiste, il reçut le costume de jésuite, étant âgé de 27 ans. Par humilité, il ne voulut être que coadjuteur temporel, ce qui n'empêcha pas qu'on l'employât à la prédication pour laquelle il possédait tous les talents à un degré éminent, un esprit vif, un jugement solide, une vertu héroïque, une grande science chrétienne. Personne au Japon ne savait mieux les secrets des bonzes et ne parlait plus aisément sa langue. Il était naturellement éloquent, et, par la manière insinuante dont il entrait dans les cœurs, il achevait de gagner ceux que la force de son raisonnement avait ébranlés. Il ne fut pas plus tôt dans la prison qu'il la convertit en maison de prière, où jour et nuit on chantait les louanges de Dieu. Un jour, quatre de ses compagnons, parmi lesquels était l'hôte du P. Spinola, Dominique Georges, portugais, furent avertis qu'ils étaient condamnés au feu.

Il n'était pas parlé de Léonard dans la sentence ; néanmoins, la nuit qui devait précéder leur mort, tandis qu'il les animait au martyre, on vint lui dire qu'il y avait cinq bûchers dressés, et que le 5e était bien plus élevé que les autres. Saisi de joie, il s'écria : « C'est pour « moi, mes frères, que ce 5e bûcher est dressé. « Seigneur, Dieu de mon âme, ne permettez « pas que mon espérance soit vaine. » Cette exécution fut suivie de celle de 11 chrétiens qui furent décapités à Nangazaki. Il y avait parmi eux Vincent Quimura de la même famille que Léonard. Ambroise Fernandez et un Père dominicain moururent en prison.

Jocundono, roi de Bugen, fit périr 36 chrétiens. Le P. Jean de Ste-Marie, franciscain, fut martyrisé. On brûla vif à Fucimi Ignace Xiquiémon, jeune homme de 30 ans. Le gouverneur de Nangazaki fit fouiller partout. Un commis entrant dans une maison demanda une plume pour inscrire le nom de ceux qui n'adoraient pas les dieux du Japon. Une petite fille lui en apporta une et le pria de la mettre la première. La mère se fit ensuite inscrire avec un enfant qu'elle avait entre les bras. Bientôt toutes les prisons furent remplies. Le P. Quimura et 4 frères furent condamnés au feu. Ce fervent Japonais baptisa dans les prisons plus de deux cents idolâtres. Les païens furieux inondèrent le Ximo de sang chrétien. De son côté l'empereur s'étant rendu à Méaco, ordonna de brûler vifs tous les chrétiens arrêtés. Ses ordres étaient si précis qu'on ne différa pas même le supplice d'une princesse qui était sur le point d'accoucher. On voyait des mères, portant dans leurs bras de petits enfants, les serrer contre leur sein comme pour les mettre à l'abri des flammes, et leur frotter le visage comme pour diminuer la douleur du feu ; on voyait ici toute une famille atchée à un même poteau ; là, le frère d'un côté, la sœur de l'autre ; les plus forts soutenant les plus faibles ; tous bénissant Dieu, s'animant à la persévérance. Le plus distingué de ces martyrs était le tono Jean Faximoto, qui fut brûlé avec sa femme et 5 enfants de 12 à 3 ans.

La ferveur des chrétiens des royaumes d'Oxu et de Deva et les conversions nombreuses qui s'y firent consolèrent un peu l'Eglise du Japon ; mais elle n'arrêta pas les ennemis du nom chrétien. Bientôt le roi d'Oxu fit comme les autres : il persécuta vivement les fidèles. Le P. des Anges, obligé de s'enfuir, alla prêcher dans la terre de Jesso, et le P. Ferreyra inspira aux chrétiens de Firando tant de résolution, que le roi aima mieux les laisser en repos que de les inquiéter au hasard de n'être pas obéi, ou d'être contraint de se défaire de ses meilleurs serviteurs. Les PP. Nacaura et Tocun eurent le même succès dans le Saxuma, le Bugen et le Chicungo. Le P. Fernandez visita toute la Tense, Suronga et Jédo : partout les chrétiens étaient pleins de ferveur.

L'année suivante (1622), on reçut au Japon une bulle de Paul V, qui avançait de trois ans le Jubilé en faveur de ce pays. Cette attention à fournir une chrétienté si persécutée de toutes les armes spirituelles, les éloges que le Pontife donnait à cette Eglise, les exhortations pathétiques et tendres qu'il joignait à ses louanges, redoublèrent la ferveur des Japonais. Des jésuites du pays, à qui il était plus facile de se déguiser, publièrent ce Jubilé jusque dans Jédo, nouvelle capitale de l'empire.

Firaïama, noble Japonais, exilé à Manille, désireux de revoir sa patrie, monta sur un navire avec les PP. de Zugnica, augustin, et Florès, dominicain. Un corsaire anglais les captura et les remit au roi de Firando. Pendant qu'on instruisait leur procès, le P. Collado et un chrétien tentèrent d'enlever le P. Florès. L'entreprise échoua. L'empereur témoignant une grande colère de cette tentative, on lui fit entendre que le P. Pierre de Zugnica, fils du marquis de Villa-Manrique, vice-roi du Mexique, était fils du roi d'Espagne; qu'il venait se mettre à la tête des chrétiens pour s'emparer du Japon, et que l'enlèvement du P. Florès était comme le coup d'essai de gens qui n'en demeureraient pas là. Xogun-Sama ordonna de faire mourir sans délai tous les prisonniers chrétiens de Firando, d'Omura et de Nangazaki. Les PP. Louis Florès, Pierre de Zugnica et Joachim Firaïama furent brûlés vifs, et les autres gens du navire décapités, au nombre de 12 personnes.

Le gouverneur de Nangazaki ayant fait sortir des prisons, pour comparaître devant lui, Alphonse de Castro et dix Japonais accusés d'avoir caché des prêtres, la vue de ces généreux chrétiens qui depuis deux ans pourrissaient dans les cachots, chargés de fers, pâles, décharnés et pouvant à peine se soutenir, tira des larmes de tous les yeux. Une dame offrit des souliers à Castro qui était nu-pieds. Il lui dit que la pensée que J.-C. avait été ainsi conduit devant les tribunaux lui donnait une grande joie de se voir dans cet état. Gonzoco n'ayant pu ébranler la constance des confesseurs les renvoya en prison. Les parents de l'un d'eux employèrent en vain tout ce que l'amitié et la liaison du sang leur fournirent pour le séduire; ils n'en tirèrent que ces mots: « Un homme de bon « sens doit-il préférer les espérances d'une vie « courte et misérable à une félicité sans fin ? » Cités de nouveau avec 19 autres, le gouverneur, les trouvant toujours inébranlables, les condamna à avoir la tête tranchée. Ils retournèrent à la prison en chantant des cantiques. On fit entrer avec eux une troupe de religieux qui devaient être brûlés vifs. A la tête de ces derniers était le P. Spinola, jésuite, fils unique du comte de Tassarole, grand-écuyer de l'empereur Rodolphe II.

Le P. Charles Spinola, après 16 ans d'un apostolat signalé par les plus héroïques vertus et par des travaux inouïs, fut découvert et arrêté à Nangazaki, en 1618, dans la maison du portugais, Georges Fernandez, dont la femme nommée Isabelle, venait de mettre au monde un enfant auquel le P. Spinola conféra le baptême la veille de son arrestation, sous le nom d'Ignace. D'autres religieux de différents ordres avaient été pareillement arrêtés. Ils furent envoyés dans une prison voisine de la ville d'Arima et s'y trouvèrent avec un grand nombre de chrétiens. La captivité dura quatre ans. La prison se trouvant insuffisante, on en construisit une plus grande, qui consistait en quatre murs épais, sans toit, ni rien autre qui défendît des injures de l'air, et environnés d'une double palissade où les prisonniers eurent la liberté de se promener. Mais la dureté des gardes les priva bientôt de ce soulagement. Ils furent à la fin si nombreux qu'ils manquèrent de l'espace nécessaire pour se coucher. A tant de souffrances les captifs ajoutaient des jeûnes et des macérations. Le P. Spinola ne quitta pas le cilice, même pendant ses maladies. Chaque jour les prêtres disaient la messe, et l'office se récitait à deux chœurs. Le 9 septembre 1622 un officier du gouverneur de Nangazaki signifia aux prisonniers qu'ils étaient condamnés à mourir. Les religieux, au nombre de 22, devaient être brûlés vifs, à l'exception de deux frères dominicains. Une femme nommée Lucie Fraïtez, et trois séculiers étaient condamnés à la même peine. Tous les autres, parmi lesquels se trouvaient un grand nombre de femmes avec leurs petits enfants, devaient être décapités. Un jeune jésuite fut joint à ces derniers, parce qu'il se trouva un poteau de moins. Le lieu du supplice était une colline près de Nangazaki, sur le bord de la mer, à 500 pas de celle où, en 1597, avaient été crucifiés 26 martyrs. Leur marche ressembla à un triomphe : une multitude de chrétiens se pressaient à leur passage, se mettant à genoux et demandant la bénédiction.

A Nangazaki se trouvait une autre troupe de 30 chrétiens, qui devait leur être adjointe pour périr en même temps. Le gouverneur les avait choisis dans les prisons de la ville et se les était fait amener. Ne pouvant ébranler leur constance dans la foi, il avait ordonné qu'on leur tranchât la tête. Lorsqu'on les ramena du palais du gouverneur à la prison, les femmes, dont plusieurs portaient des enfants au-dessous de 4 ans, formèrent une troupe à part. Une d'entre elles, prenant un crucifix à la main, se mit à la tête et entonna un cantique auquel les autres répondirent. Lorsque les 22 confesseurs venus d'Arima furent arrivés à la colline désignée pour le lieu du supplice, on y conduisit les 30 de Nangazaki, et les deux glorieuses troupes n'en formèrent plus qu'une.

Dans le nombre de ceux qui allaient être décapités se trouvait Isabelle Fernandez avec son petit Ignace alors âgé de 4 ans. Son mari Georges avait payé de sa tête l'hospitalité qu'il avait donnée au P. Spinola A la nouvelle de la mort de son père, le petit Ignace s'était mis à crier en bégayant qu'il serait aussi martyr, et sa mère également, mais que sa sœur ne le serait point, ce que l'événement vérifia. Il ne pouvait voir un sabre sans tressaillir de joie, dans la pensée du bonheur qui l'attendait. Quand il faisait un présent, il disait : gardez-le bien, car je serai martyr. Sa mère avait eu les mêmes pressentiments dans son enfance, et toute sa vie avait été une préparation au martyre. Elle entra au lieu du combat tenant un crucifix d'une main et de l'autre un chapelet et chantant le *Laudate*.

Un officier assis sur le tribunal, ayant donné le signal de l'exécution, les martyrs qui devaient être brûlés vifs furent liés à leurs poteaux. On attendit pour mettre le feu au bois, que les bourreaux eussent commencé l'exécution de ceux qui devaient être décapités. Alors le P. Spinola, qui se trouvait placé le premier de cette troupe, presque toute composée de femmes et d'enfants, dit à des européens qui étaient près de lui que la persécution croîtrait de jour en jour. Ne voyant pas le petit Ignace qui était derrière sa mère, il s'écria : « où est mon petit Ignace, qu'en avez-vous fait ? — Le voici, répond la mère en le prenant entre ses bras : je n'ai eu garde de le priver du seul bonheur que je sois en état de lui procurer. » Puis elle dit à l'enfant : « Regarde celui qui t'a fait enfant de Dieu ; demande-lui la bénédiction. » L'enfant s'agenouille, joint les mains et demande la bénédiction. A ce spectacle il s'élève un bruit confus de cris et de gémissements dont les exécuteurs appréhendent les suites. Ils hâtent la première exécution, et font voler deux ou trois têtes qui vont tomber aux pieds de l'enfant qui n'en paraît point effrayé. Il voit aussi tomber la tête de sa mère sans donner aucun signe d'émotion et reçoit le coup de la mort avec intrépidité.

Dès que la première troupe eut consommé son sacrifice, on plaça les têtes vis-à-vis de ceux qui devaient être brûlés, et on alluma le feu. Il était éloigné de 25 pieds des poteaux et disposé de manière à gagner lentement ; on l'éteignait même lorsqu'il devenait trop fort. Les liens qui attachaient les martyrs aux poteaux étaient faibles, afin que si quelqu'un, vaincu par la souffrance, voulait apostasier, il pût s'en débarrasser facilement et sortir du bûcher. Le poteau de Lucie Fraïtez se trouvait à côté de celui du P. Spinola, comme elle l'avait désiré, et il lui donna la dernière absolution. Puis ce père se tournant vers l'officier qui présidait à l'exécution, lui dit d'une voix forte : « Vous voyez ce que les religieux

« d'Europe viennent chercher au Japon. Leur « joie au milieu de cet affreux supplice, vous « montre l'injustice de vos soupçons et de vos préventions contre eux. » Adressant ensuite « une dernière exhortation à l'assemblée : « Ce « feu qui va nous brûler, dit-il, n'est que l'om- « bre de celui dont le vrai Dieu punira éternel- « lement ceux qui auront refusé de le recon- « naître, ou qui, après l'avoir reconnu et adoré, « n'auront pas vécu conformément à la sainteté « de sa loi. » Comme il achevait ces mots le feu devint plus intense, surtout de son côté où le vent soufflait davantage. Les saints martyrs, les yeux levés au ciel, étaient comme abîmés en Dieu. Le feu ayant consumé les habits de Lucie Fraïtez, elle se trouva nue, et son courage en parut ébranlé. Le P. Spinola lui reprocha sa faiblesse, l'exhortant à souffrir cette confusion pour l'amour de Celui à qui elle avait offert ses douleurs et sa mort.

Parmi les confesseurs deux jeunes gens commençaient à faiblir, et leur agitation contrastait avec le calme de tous les autres. Paul Mangaxi dont le poteau se trouvait près du leur, et dont la femme et le fils venaient d'être décapités sous ses yeux, les exhortait à persévérer. Quelques chrétiens de la foule s'avancèrent et s'efforcèrent aussi de ranimer leur courage. Tout fut inutile : l'impression du feu devenant plus vive, ils rompirent leurs liens et coururent à l'officier qui présidait à l'exécution. Mangaxi courut après eux pour les ramener. N'en pouvant venir à bout, il revint à son poteau. Arrivé devant l'officier, les deux jeunes gens le conjurèrent de leur couper la tête, et de mettre fin à un supplice qu'ils ne pouvaient plus soutenir. Mais ils refusèrent d'apostasier. L'officier les fit rejeter dans le brasier, où ils consommèrent leur sacrifice.

Au bout d'une heure le P. Spinola parut tout en feu et ses liens furent consumés. Un témoin oculaire dont la déposition se trouve dans les actes du procès de canonisation, assure qu'après sa mort on le trouva tout entier avec sa soutanne, durcie et collée sur son corps par le feu et par l'eau qu'on y avait jetée afin de prolonger ses souffraces. Cette exécution qui eut lieu le 10 septembre 1622 fut appelée le *Grand Martyre*.

Rien de plus désirable que de voir terminer cet autre procès de canonisation, à raison du nombre et de la condition des martyrs et des épreuves où se trouve l'Eglise. Voici les noms de ceux qui ont été brûlés vifs : Charles Spinola, prêtre et jésuite italien ; Sébastien Quimura, prêtre et jésuite japonais ; Pierre Sampo, Gonzalve Fusaï, Thomas Acafoxi, gentilhomme et officier supérieur, Michel Xampo, Antoine Kiuni, Louis Cavara, page du roi d'Arima, Jean Ciungoku, Paul Mangaxi, tous catéchistes ; François Moralez, prêtre et dominicain ; Alphonse de Mina, id.; Ange Ferrier, id.; Joseph ***, id.; Hyacinthe Orsanelli, id.; Thomas et Alexis, frères convers, Jean du tiers-ordre ; Pierre d'Avila, prêtre et franciscain; Richard de Ste-Anne, id.; Léon et Vincent, frères convers; décapités : Lucie Fraïtez, japonaise, Antoine Sanga, noble, un autre séculier japonais et un coréen aussi séculier ; Marie Quimura veuve du martyr André Tocuan : la femme de Sanga; Isabelle Fernandez et son enfant et le reste des 30, composés pour la plupart de veuves de martyrs avec leurs enfants depuis 3 ans jusqu'à 12. Peu de jours après on brûla encore Thomas de Summarèga, prêtre dominicain, quatre frères convers du même ordre ; le P. Apollinaire, prêtre de l'ordre de St-Augustin et deux frères du tiers-ordre. En les ajoutant aux martyrs précédents, cela fait 60 victimes.

Le P. Camille de Constanzo, jésuite qui parcourait tout le Firando, visitant les prisonniers, consolant les malades, encourageant les faibles, convertissant les infidèles, fut dénoncé par un fourbe qui faisait semblant de vouloir recevoir le baptême, et arrêté avec ses catéchistes Cotenda et Ota, et le patron de la barque, nommé Damien. Celui-ci et Jean Sucomoto, qui avait logé le missionnaire, furent conduits dans une petite île où on les décapita, et Gaspard Cotenda, à Nangazaki, où on lui trancha aussi la tête. L'ordre avait été donné de traiter de même Augustin Ota, qui obtint d'être reçu dans la compagnie de Jésus le 10 août, veille de sa mort. L'empereur avait condamné le P. de Constanzo à être brûlé vif. Un officier lui signifia son arrêt et son départ pour Firando, où devait se faire l'exécution, et on le mena en un lieu entre la ville et la forteresse où tout était préparé pour le supplice. Tandis qu'on liait le religieux, il commença à prêcher sur ce texte : « Ne craignez pas ceux qui font mourir le corps. » Le zèle avec lequel il parlait tint quelque temps les bourreaux en suspens. La fumée et la flamme ôtèrent aux spectateurs la vue du martyr : mais ils l'entendaient toujours, et il semblait que sa voix devenait plus forte à mesure qu'il avançait dans la mort. Les flammes s'étant séparées, il sembla ravi en Dieu et chanta le psaume *Laudate dominum omnes gentes*. Comme en le finissant sa voix devint tremblante, on crut qu'il tirait à sa fin, lorsqu'il recommença à prêcher avec une nouvelle force, tantôt en latin pour des Anglais et des Hollandais qui se trouvèrent là, et tantôt en japonais. Entouré d'un tourbillon de feu il s'écria par deux fois : « Oh! que je suis bien ! » entonna le *Sanctus* et expira. Ce martyre fut consommé le 15 septembre dans la 51e année du P. de Constanzo. Les

Japonais le regardèrent comme un homme extraordinaire et les hérétiques avouèrent qu'une aussi grande vertu était au-dessus de leurs expressions.

Il y avait près d'un an que le P. Pierre-Paul Navarro était dans les prisons de Ximabara: l'ordre vint enfin de le faire brûler vif. Le 23 octobre l'arrêt de sa mort arriva de Yédo. On ne lui en parla que le 1er novembre qui fut choisi pour le jour de l'exécution. La sentence portait que lui et trois Japonais qu'on avait arrêtés avec lui seraient brûlés vifs : c'étaient le catéchiste Clément et deux pères jésuites, Denis Fugixima et Pierre Onizula. Le P. Navarro, à la lecture de sa sentence, ne put contenir sa joie. A peine ces martyrs furent-ils dans le feu que les flammes et la fumée les étouffèrent.

En 1623, l'empereur abdiqua en faveur de son fils. Héritier de la haine de son père contre les chrétiens, il les fit rechercher si exactement, qu'en peu de temps les prisons furent remplies. Un des premiers qu'on arrêta fut un allié de la famille impériale, Jean Faramondo, déjà banni en 1612. On lui coupa les extrémités des pieds et des mains, on lui imprima une croix sur le front, on le chassa de Yédo, défendant à qui que ce fût de lui donner retraite. Un valet qu'on lui avait laissé dit peu après au gouverneur que Faramondo était rentré dans la ville, et que

Yédo était plein de missionnaires. Les recherches recommencèrent. Takéia fut mis à la question pour le forcer à dire où s'était retiré le P. des Anges. Celui-ci se rendit chez le gouverneur avec un frère et lui dit : « Il y a 22 ans que je « suis venu d'Italie au Japon pour instruire des « vérités éternelles les Japonais, dont on m'avait « fort vanté le naturel. J'ai compté pour rien les « peines et les périls inséparables d'une pa- « reille entreprise : la mort même, si je la souf- « fre pour une si belle cause, sera le comble de « mes vœux. » On les envoya en prison avec le P. Galvez et quelques autres. A la suite d'un édit qui enjoignait à tous particuliers de déclarer de quelle religion ils étaient, les chrétiens sortirent par troupes et se retirèrent dans les montagnes.

Les religieux convertirent 48 idolâtres dans la prison. L'empereur condamna au feu cinquante confesseurs, et toute la cour assista à l'exécution. Faramondo et les Pères furent laissés à cheval pendant le supplice des autres. Lorsque ceux-ci eurent expiré on les attacha à leurs poteaux. Le P. des Anges avait baptisé, dans le seul royaume de Cami, 9,000 infidèles. Quelques jours après, on hâcha par morceaux 18 enfants, on brûla 147 hommes et on crucifia 53 femmes ; 200 furent décapitées.

Le P. Carvaillo s'était retiré dans une vallée

du royaume d'Oxu avec 60 chrétiens. Ayant été découverts, le Père alla au devant des soldats et les pria de se contenter de le prendre seul. Il ne put rien obtenir ; tous furent saisis, et, bien qu'au cœur de l'hiver, dépouillés tout nus et traînés de prison en prison, par des chemins affreux, souffrant encore moins de la neige, qui tombait avec abondance, que des mauvais traitements de leurs gardes. Deux vieillards ne pouvant suivre, eurent la tête coupée. Arrivés à Xindai, où on venait de brûler, décapiter ou jeter dans la rivière glacée un grand nombre de confesseurs, les prisonniers furent enfermés dans des cachots infects, et ensuite conduits au supplice. On avait creusé, sur le bord du fleuve, des trous remplis de deux pieds d'eau. On les obligea à s'y asseoir tout nus ; et, lorsque le froid commença à les saisir, on leur dit qu'ils allaient être délivrés s'ils renonçaient à J.-C. Au bout de trois heures, on les retira tellement souffrants, qu'ils tombèrent tous sur le sable et que deux expirèrent dans le moment. Le lendemain, on les remit dans l'eau, où tous moururent sans donner le moindre signe de faiblesse.

Dans le Deva, on procéda également contre les chrétiens avec beaucoup de rigueur ; mais, plus on en faisait mourir, plus le nombre en augmentait.

Des députés du gouvernement des Philippines, s'étant présentés à Nangazaki, furent fort mal reçus quoique chargés de fort riches présents : on les fit rembarquer sur-le-champ. Le Japon nageait dans le sang. L'empereur rendit un décret qui défendait aux chrétiens japonais tout commerce dans les pays étrangers, et fermait tous les ports du Japon, excepté celui de Nangazaki, aux négociants des Indes et de l'Europe. Il statua que, dès qu'un vaisseau aurait jeté l'ancre, un officier irait le visiter, dresser une liste du nom, de la condition, de l'âge de chaque personne. Un autre décret bannit tous les étrangers qui étaient comme naturalisés au Japon. Il n'y eut d'exceptions que pour les Anglais et les Hollandais qui avaient montré un grand zèle à dénoncer les missionnaires.

Les recherches se poursuivirent avec ardeur. On arrêta entre autres le tono Michel Fiemon, sa femme Ursule, Jean son fils, âgé de 13 ans, et ses filles Clara et Madeleine, dont l'aînée avait 7 ans. Des voisins enlevèrent le fils et tentèrent inutilement de le faire apostasier. Il rejoignit sa famille. Ursule répondit à des idolâtres qui lui demandaient sa plus jeune fille, promettant d'en avoir soin, que pour tout au monde elle n'exposerait pas son enfant au danger de se perdre. Jean marcha le premier au supplice, un cierge à la main ; le père et la mère suivirent, chacun une de leurs filles entre les bras et tenant aussi un cierge. Ursule demanda d'être exécutée la dernière, étant bien aise, dit-elle, de voir, avant de mourir, tous les siens en sûreté. On commença par Fiemon qui portait la petite Clara. Le premier coup abattit la tête de ce généreux chrétien et blessa l'enfant qu'un second coup acheva. Le fils vint ensuite. Ursule rendit grâces à Dieu, et un même coup de sabre consomma le martyre de la mère et de la petite Madeleine. Catherine, dame de qualité, fut attachée toute nue à un arbre et exposée pendant plusieurs jours aux insultes de la populace. La pudeur lui suggéra de rendre son corps aussi hideux que possible, en se frottant contre l'écorce, ce qu'elle fit avec tant de violence qu'elle fut bientôt toute en sang et couverte de plaies. Le glaive mit fin à ce supplice : on lui trancha la tête ainsi qu'à son mari. Le gouverneur d'Ozaca, ayant fait comparaître un grand nombre de chrétiens, les menaça des plus effroyables tourments s'ils persistaient à adorer J.-C. Le plus jeune dit qu'ils méprisaient ses menaces. Alors le barbare fit apporter du feu et demanda au jeune homme s'il pourrait tenir un moment le bout du doigt sur le brasier. Celui-ci l'y enfonça aussitôt et le laissa brûler d'un air fort tranquille. Un courage si héroïque toucha le gouverneur; il embrassa le confesseur et laissa à chacun la liberté de professer sa religion.

Le 25 août 1625, on brûla vifs Mgr Louis Sotelo, évêque du Japon, et 4 jésuites détenus depuis un an dans les prisons d'Omura. Toutes les provinces étaient comme des pays conquis : le sang y coulait de toutes parts. Presque tous les missionnaires périrent dans les tourments. A Vosuqui, un de leurs gardes s'étant fait baptiser par les Pères jésuites et les autres ayant fini par concevoir beaucoup d'estime pour eux, on donna le commandement des prisons à un officier très-brutal, qui se convertit aussi, touché de la patience héroïque de ses prisonniers. Les confesseurs furent exposés tout nus sur le pavé pendant le plus grand froid, tenaillés par tout le corps, forcés à avaler quantité d'eau qu'ils rendaient mêlée de sang. Enfin, on les brûla vifs.

Cependant la cour impériale se lassa de voir périr tant de monde, et elle ne songea plus qu'à faire des apostats. Pour cela, elle mit en usage des supplices inouïs : on attaqua les femmes du côté de la pudeur et les maris par la prostitution de leurs épouses. La délicatesse des Japonais sur cet article est extrême : aussi eut-on la douleur de voir tomber plusieurs de ceux qui avait résisté jusque-là aux plus cruelles tortures. La rage des bourreaux augmentait avec le courage des fidèles: aux uns on arrachait les ongles, aux autres on perçait les bras et les jambes, ou on les jetait dans des fosses remplies de vipères; ceux-ci étaient fouettés jusqu'à ce que leurs os fussent mis à nu; ceux-là étaient attachés les bras en croix à de grosses pièces de bois qu'on les contraignait de traîner; on frappait la tête des mères avec la tête de leurs enfants; on sciait les membres de quelques-uns. Le gouverneur d'Arima réunit dans une salle, dont le pavé était couvert de charbons ardents, une troupe de chrétiens, et leur ordonna de se mettre à genoux tout nus, déclarant que le moindre mouvement qu'ils feraient serait pris pour un signe d'apostasie. Ils obéirent, et, aucun ne remuant, quoiqu'ils fussent tous à demi rôtis, il les fit retirer dans cet état. Il ordonna à un vieillard de s'étendre aussi tout nu sur les charbons ardents. Peu après, il lui dit de se tourner de l'autre côté, et il le fit sans mot dire. Le gouverneur, la rage dans le cœur, le fit reporter chez lui où il expira quelques instants après, ayant vu toute sa famille, jusqu'à un enfant de quatre ans, traitée de même et comme lui sortie victorieuse du supplice.

Le tourment qu'on employa surtout pour ébranler la constance des fidèles fut l'eau soufrée du mont Ugen, partagé en trois pics, formant, entre les intervalles qui les séparent, des abîmes profonds d'où sortent des flammes, des vapeurs et des eaux brûlantes et si infectés, que les animaux et les oiseaux n'en peuvent approcher sans en être suffoqués. On plongeait les chrétiens dans ces abîmes jusqu'à la moitié du corps, et à plusieurs reprises, jusqu'à ce qu'enfin ils apostasiassent ou qu'on ne pût plus espérer d'en triompher. D'autres fois, on les étendait tout nus sur le bord de l'abîme; on les arrosait de cette eau ensoufrée dont la moindre goutte brûlait au vif; et, lorsque le corps n'était plus qu'une plaie horrible, on abandonnait les martyrs en proie aux plus cruelles souffrances au milieu desquelles ils expiraient.

Xogun-Sama mourut en 1631. Son fils unique, quoique lépreux, ne laissa pas de se faire nommer To-Xogun-Sama, nom qui signifie qu'il était autant au-dessus de ses prédécesseurs qu'ils avaient été eux-mêmes au-dessus de leurs sujets. Rien n'égalait son orgueil; et il refusa de se marier, prétendant que, dans le monde entier, aucune princesse n'était digne d'être son épouse. Mais il sut bien se dédommager de son orgueilleux célibat en s'abandonnant aux débauches les plus excessives. Il persécuta si cruellement les chrétiens, que, sous son règne, il en mourut un plus grand nombre que depuis celui de Tayco-Sama. On en porte le chiffre à 2,000,000.

Ce monstre affectionnait surtout le supplice

de la fosse. Voici en quoi il consistait : On attachait le confesseur par les pieds avec une corde à une poutre soutenue par deux poteaux, les mains liées derrière le dos et le corps serré avec des courroies pour qu'il ne fût pas tout d'un coup disloqué. On le descendait la tête la première dans une fosse jusqu'à la ceinture, et deux ais échancrés l'embrassant vers l'estomac, le laissaient dans une complète obscurité. Ce supplice fait éprouver un étouffement continuel ; le sang sort avec violence par les oreilles, le nez, les yeux, la bouche ; le patient souffre des douleurs inouïes : c'est comme si on lui arrachait les muscles et si on lui tirait les nerfs avec force. Julien Nacaura subit ce supplice avec dix autres religieux en 1634.

Le P. Vieyra, administrateur de l'évêché du Japon, ayant été arrêté avec cinq religieux, un ordre de la cour le fit conduire à Yédo. Ayant résisté aux menaces comme aux séductions, on le chargea de mettre par écrit les principaux articles de la foi chrétienne. L'empereur en fut frappé. « Cet Européen, s'écria-t-il, est un « homme de bien qui ne cache pas ses senti- « ments ; et, si ce qu'il dit de l'immortalité de « nos âmes est vrai, malheureux que nous « sommes, que deviendrons-nous ? » En parlant ainsi, il fut saisi d'une violente frayeur, et parut même tout changé à l'égard des chrétiens.

Mais son oncle, qui le gouvernait absolument, le ramena à ses premiers sentiments et lui fit signer l'arrêt des prisonniers. Ils furent promenés par les rues et ensuite suspendus dans la fosse.

Les Hollandais n'ayant pu s'emparer de Macao, entreprirent de ruiner son commerce. Ils portèrent à l'empereur du Japon, de magnifiques présents, et, voyant qu'il en était fort satisfait, ils l'engagèrent à rompre tout commerce avec les Portugais et à les chasser absolument, déclarant que la Hollande était en position de lui fournir des marchandises de meilleure qualité et à moindre prix; ajoutant qu'on avait d'autant plus de sûreté que les gens de leur nation n'amèneraient jamais de missionnaires, que tous haïssaient souverainement les catholiques. La proposition fut accueillie; le roi renouvela l'édit contre les Portugais et rendit un décret qui obligeait tous les Japonais à porter sur la poitrine une idole et statuait que quiconque aborderait au Japon serait tenu de fouler aux pieds les images de J.-C., de Marie et des saints. On en conserva pour cette abominable impiété.

Il ne restait plus dans le Japon que quelques jésuites japonais. Les chrétiens se soutenaient cependant encore. L'admirable martyre du P. Mastrilli compensa la chute du P. Ferreyra, qui d'ailleurs finit par se reconnaître et par souffrir aussi le martyre. Dans le royaume d'Arima où on avait poursuivi les chrétiens plus vivement qu'ailleurs, ils formaient encore le plus grand nombre en 1638. On les poussa néanmoins avec tant de barbarie, qu'ils en vinrent à une révolte qui acheva de ruiner les affaires du christianisme dans ce pays. Ils prirent les armes au nombre de 37,000, mirent à leur tête un jeune prince du sang des anciens rois, se saisirent de Ximabara et s'y enfermèrent. L'empereur envoya contre eux une armée de 90,000 hommes. Les chrétiens firent de si vigoureuses sorties que l'armée impériale fut en peu de temps diminuée de moitié. Mais les vivres étant venus à manquer dans la place, les chrétiens sortirent rangés en bataille, écrasèrent 25,000 impériaux, combattant avec fureur tant qu'ils purent tenir leurs armes. A la fin, la faiblesse et la lassitude les leur ayant fait tomber des mains, ils périrent tous sur le champ de bataille (1).

(1) Selon M. Etienne, des documents, conservés dans les archives du Vatican, expliqueraient ainsi les causes de la cessation, pour ainsi dire complète, du catholicisme au Japon. Dans la dernière persécution, quelques-uns des chefs des chrétiens s'adressèrent à Rome pour savoir si, malgré le précepte qui empêche les chrétiens de se révolter, il serait licite aux chrétiens japonais de prendre les armes contre leur empereur, à cause d'un droit tout particulier qui régit cet empire et qu'on paraissait interpréter mal. La réponse fut négative ; mais avant qu'elle parvînt au Japon, les

Les Hollandais, toujours attentifs à saisir les occasions de ruiner le commerce des Portugais, firent dire à l'empereur que ceux-ci étaient les auteurs de la révolte et qu'ils se servaient du prétexte de la religion pour soustraire les peuples à l'obéissance de leurs souverains. L'empereur défendit aussitôt, sous peine de mort, à tous les sujets des couronnes d'Espagne et de Portugal, de mettre le pied au Japon, et aux Japonais de sortir de l'empire.

Dans le dessein de faire révoquer cet arrêt, le capitaine-général de Macao envoya au Cubo-Sama une ambassade solennelle. Les membres de la députation débarquèrent à Nangazaki, le 6 juillet 1840. Ils furent aussitôt incarcérés. Traduits devant le gouverneur et deux seigneurs envoyés de la cour, on leur déclara que tous, sauf 13 qu'on renverrait à Macao, auraient la tête tranchée; qu'on ne ferait grâce qu'à ceux qui adoreraient les dieux de l'empire. 61 personnes furent exécutées et on dit aux 13 de s'en retourner au plus tôt et de bien faire entendre à leurs compatriotes qu'il n'y avait plus de sûreté pour eux à se montrer au Japon. On brûla

pauvres chrétiens, exaspérés par la persécution, prirent d'eux-mêmes le parti de se soulever et furent écrasés. Comme la patience a sauvé l'Irlande, l'impatience a perdu le Japon.

le navire des députés, on renvoya les 13 grâciés sur une petite jonque, et on dressa au lieu du supplice un poteau avec cette inscription : « Tant que le soleil éclairera le monde, que « personne n'ait la hardiesse de naviguer au Ja- « pon, même en qualité d'ambassadeur, si ce « n'est ceux à qui le commerce est permis par « les lois. Cet édit ne pourra jamais être révo- « qué, et il sera exécuté en la personne même « du roi d'Espagne, s'il s'avisait de mettre le « pied au Japon. »

Malgré le danger imminent de mort, en 1642, les PP. Rubino, Miczinski, Moralès et Capeci débarquèrent sur une côte écartée. On ne les eut pas plus tôt reconnus qu'ils furent conduits à Nangazaki, et, après sept mois de tourments divers, on les plongea dans la fosse. Au bout de 10 jours, trois d'entre eux vivant encore, on les hâcha par morceaux. En 1644, on martyrisa également deux jésuites japonais à Nangazaki ; mais on y exécuta un grand nombre de simples fidèles. En 1645, le P. Marquez, trois religieux et un frère tentèrent avec aussi peu de succès de s'introduire dans cette mission. On leur scia les membres à Yédo. To-Xogun-Sama enfin, l'auteur de tant d'atrocités, mourut en 1650. Il ne laissait qu'un enfant pour héritier. Sa minorité commença de manière à faire croire que la liberté allait être rendue au christianisme ; car la persécution cessa tout-à-coup. Malheureusement, ces espérances s'évanouirent bientôt.

Depuis cette époque la politique d'isolement n'a pas cessé d'être pratiquée par la cour de Yédo, avec des rigueurs et des ombrages croissants. Les côtes du Japon sont fort étendues et la mer qui les baigne est dangereuse. Les nombreux navires baleiniers qui les fréquentaient, aimaient mieux se réfugier aux îles Sandwich, loin de la zône où s'exerce leur industrie, que dans les ports du Japon où l'on violait chaque jour à l'égard des navigateurs les droits les plus sacrés de l'humanité. Il était préférable de périr en mer, corps et biens, à aborder cette terre maudite. Quand un navire surpris par le typhon, désemparé, hors d'état de suivre sa route, dérivait sur cette côte ennemie, les batteries des forteresses dont les rivages sont hérissés faisaient feu sur le bâtiment. Si l'équipage échappait à l'artillerie, c'était pour subir un sort pire que la mort. A peine les naufragés avaient-ils mis pied à terre, qu'ils se voyaient saisis, emprisonnés, exposés dans des cages à la curiosité cruelle de la populace, et assassinés enfin après des mois de cette torture.

En 1685, une jonque, qui allait de Yédo à Ixo, fut emportée par la tempête dans le port de Macao. L'équipage fut bien accueilli et reconduit à Nangazaki sur un bâtiment portugais, celui des Japonais n'étant pas en état de tenir la mer. Le gouverneur, tout en remerciant les Portugais, leur dit qu'à l'avenir il serait plus sûr pour eux de rester dans leurs ports, si pareil accident se renouvelait.

Les Hollandais, seuls parmi les européens, avaient continué d'être admis à commercer avec le Japon : et encore ne leur était-il permis d'y envoyer que deux petits navires. Par quelles humiliations ont-ils obtenu ce privilége d'ailleurs peu lucratif? On a longtemps assuré qu'aussitôt qu'on découvrait les navires au large, une barque allait les visiter très-minutieusement. L'ancre jetée, la visite recommençait et pour s'assurer qu'il n'y avait aucun missionnaire à bord, on étendait sur le tillac une plaque de cuivre où était gravée l'image du Sauveur, et on obligeait tout le monde à marcher dessus. Cette abominable profanation était suivie d'une lecture d'invectives contre le christianisme. Descendu à terre, l'équipage était conduit dans des casernes bâties exprès, dans une petite île, où il demeurait renfermé jusqu'au retour des navires, d'où les commissaires japonais retiraient les marchandises des Indes et mettaient à leur place celles de leur pays pour l'Europe. Ainsi les précautions étaient si bien prises que l'équipage ne pouvait avoir la moindre nouvelle de ce pays. Quand cette honteuse apostasie serait contestable, il est certain que les Hollandais ont dû accepter les plus grands affronts pour obtenir de commercer avec l'empire du Japon. Ayant adopté pour politique de dévorer tous les outrages, leur position s'est amoindrie d'année en année ; et ainsi ils se sont rendus jusqu'à certain point responsables des mauvais traitements exercés sur tous les européens au Japon. A peine les deux navires hollandais étaient-ils entrés dans le port de Nangazaki, qu'ils devenaient le domaine des Bangos japonais qui s'installaient à bord et les entouraient d'un cordon de barques chargées de les garder à vue jour et nuit. Nul marin ne pouvait aller à terre sans passeport, et sans livrer ses poches à l'inspection des sentinelles. Les armes, la poudre, les boulets, les balles, les livres des navires, s'entreposaient à terre pour être rendus le jour du départ. Chaque jour un officier japonais faisait défiler deux fois les équipages devant lui.

Depuis une soixantaine d'années, les Américains, les Russes et les Anglais avaient vainement tenté, à plusieurs reprises, d'établir des relations commerciales avec le Japon. En 1797, les Hollandais étant en guerre avec l'Angleterre, se servirent de navires neutres pour ravitailler leurs établissements dans les Indes, et envoyèrent à Nangazaki un bâtiment américain, capitaine Stewart, dont l'arrivée éveilla au plus haut degré la défiance des Japonais. Stewart fit un second voyage pour le compte des Hollandais en 1798. Il apparut de nouveau en 1803 avec un navire sous couleurs américaines. Il ne fut pas reçu. Il revint en 1807, se disant à bout de bois et d'eau. On lui fournit ce dont il avait besoin, en le priant d'appareiller au plus vite.

En 1804, un vaisseau russe déposa sur le sol japonais, M. Resanoff, ambassadeur de la cour de St-Pétersbourg. Après cinq mois d'attente, ce diplomate n'obtint que cette réponse : « Plusieurs nations étrangères ont, à diverses reprises, essayé d'établir des relations d'amitié et de commerce avec le Japon. Toujours elles ont été repoussées en vertu d'une prohibition anciennement ordonnée, et parce qu'il serait dangereux d'établir avec une puissance inconnue des relations amicales qui ne seraient pas fondées sur des bases d'égalité. L'amitié est comme une chaîne qui, pour atteindre un but particulier, doit se composer d'un nombre déterminé d'anneaux. Si une partie de la chaîne est solide, l'autre faible, bientôt on verra les anneaux plus fragiles se briser. Donc la chaîne d'amitié ne saurait être que désavantageuse aux parties les plus faibles. » En 1811, le commandant de la *Diane*, sloop de la marine russe, ayant eu l'imprudence de débarquer, fut retenu prisonnier. Au mois d'août de l'année suivante, M. Ricord, le capitaine en second de ce navire, revint avec quelques forces. Les autorités du pays ayant résisté à ses sommations, il saisit une embarcation japonaise montée par 60 hommes. Cet acte de vigueur fit mettre en liberté le capitaine qui, avant de remonter à bord, fut reçu par le gouverneur qui lui fit des espèces d'excuses.

En 1818, un navire anglais se présenta au Japon pour tenter d'établir des rapports commerciaux avec les naturels. Les Japonais comblèrent l'équipage de présents : mais ils n'en voulurent point recevoir à leur tour, et ils invitèrent les Anglais à mettre à la voile au plus tôt.

En 1822, la cour de Russie envoya une autre ambassade à l'empereur du Japon. Après bien des difficultés pour permettre aux envoyés russes de prendre terre, et après trois mois de délai, la cour de Yédo leur fit répondre qu'elle ne voulait ni de leur alliance, ni de leur amitié : qu'elle ne pouvait accepter leurs présents parce qu'il faudrait leur en faire d'autres ; que le gouvernement japonais était résolu à n'avoir jamais rien de commun avec aucun prince chrétien.

En 1837, le *Morisson*, navire américain, jeta l'ancre dans la baie de Yédo et fit des offres d'échange de marchandises. Non seulement le gouvernement japonais rejeta les offres du capitaine

Ingersal, mais encore il lui intima l'ordre d'appareiller au plus vite et la défense de jamais reparaître. En 1845 un baleinier américain recueillit en mer 22 Japonais au moment où leur jonque s'engloutissait. Après avoir libéralement pourvu aux besoins des naufragés, le capitaine Cooper se présenta devant la capitale pour y déposer ces malheureux. Il ne put rester dans le port de Yédo que quatre jours, pendant lesquels personne de son équipage n'obtint de débarquer, et le navire américain fut constamment entouré par trois lignes serrées de barques enchaînées les unes aux autres. Les Japonais fournirent au baleinier toutes les provisions qu'il désira, sans vouloir en accepter le paiement. Au mois d'août, la frégate anglaise *Samaring* se présenta devant un port du Japon. Le capitaine fut reçu avec politesse ; mais on ne voulut jamais l'admettre à prendre terre. En 1845 encore le Cubo-Sama ou Taïcoun adressa au roi des Pays-Bas un décret règlant la manière dont on devrait réintégrer dans leur patrie les Japonais qui feraient naufrage sur les côtes étrangères. L'empereur du Japon priait le roi de faire passer des copies du décret aux différents cabinets de l'Europe. Son but évident était d'avoir le moins de relations possibles avec les pays étrangers.

En 1846, le commodore Bilde, en commission

du gouvernement de Washington, avec deux vaisseaux de guerre, dut remettre à la voile, n'ayant recueilli de sa démarche que des avanies, et en 1848, un baleinier américain s'étant brisé sur les côtes du Japon, les 15 marins qui échappèrent au naufrage furent arrêtés, enchaînés et enfermés dans une géole infecte où on les tortura de diverses manières. Un navire de guerre qui alla les réclamer, eut bien de la peine à se les faire rendre.

Ces outrages éveillèrent l'attention du gouvernement américain. Il comprit enfin qu'envers l'empereur du Japon il n'y a pas d'autre raisonnement que les canons à la Paixans pour lui apprendre le droit international. Une escadre aux ordres du commodore Perry, composée de deux frégates à vapeur, le *Susquehannah* et le *Mississipi*, et de deux bricks, le *Plimouth* et le *Sorayota*, dans la matinée du 18 juillet 1853, doubla le cap Idzou, près de l'entrée sud de la baie de Yédo ; et s'avançant directement vers l'intérieur, dans l'après-midi elle jeta l'ancre en face de la ville d'Ouraga, un mille au-delà de l'ancrage occupé jadis par le *Morisson* et le *Columbus*. L'apparition de steamers inconnus au Japon remorquant les deux briks, produisit une grande sensation. Les jonques de commerce dont la baie fourmillait se rangèrent pour livrer passage aux frégates. Au moment où les quatre navires jetaient l'ancre, deux coups de canon furent tirés d'une batterie placée à une demi-lieue plus loin, plutôt pour donner un signal, qu'en manifestation d'intentions hostiles. Plusieurs bateaux de police entourèrent immédiatement les navires, et les hommes qui les montaient s'efforcèrent de remettre à bord des notifications à l'adresse des étrangers, leur enjoignant de s'en aller. Ces notifications furent refusées, et le lieutenant-gouverneur d'Ouraga, le seul Japonais reçu par le commandant du *Susquehannah*, fut averti que si les autorités du pays faisaient entourer l'escadre d'un cordon de bateaux, leur conduite amènerait sur le champ de très-graves conséquences. Quelques chaloupes restèrent toutefois dans le voisinage : mais la vue des préparatifs belliqueux à bord des deux steamers, leur fit comprendre que le commodore Perry était décidé à tout: aussi se dispersèrent-elles promptement. Dès ce moment, durant tout le séjour de l'escadre dans la baie, aucun bateau du pays, sauf les embarcations des autorités, n'osa plus approcher des navires.

Le lendemain, le gouverneur d'Ouraga vint à bord, et ayant su l'objet de la visite, il demanda du temps pour envoyer la dépêche à Yédo, et pour recevoir des instructions de la cour. Pendant les trois jours qui s'écoulèrent jusqu'à la réception de ces instructions, le *Mississipi* s'avança 10 milles plus loin. Au-delà du promontoire d'Ouraga, point qu'aucun navire étranger n'avait jamais dépassé, le commodore trouva une crique formant un excellent ancrage. Le navire fut suivi par les bateaux du gouvernement japonais qui ne mirent aucun obstacle, ni au steamer, ni aux chaloupes qui faisaient des sondages. La présence de l'escadre paraissait n'interrompre en rien le commerce intérieur : car les jonques se croisaient constamment, allant et venant dans toutes les directions : preuve que le peuple ne la voyait pas de si mauvais œil. Le 12 arriva de Yédo une dépêche annonçant que l'empereur ou le Taïcoun, venait de désigner un officier du premier rang pour aller à Ouraga, et y recevoir le message du Président des Etats-Unis. Il fut convenu que l'entrevue aurait lieu dans la matinée du 14. Le gouverneur d'Ouraga avait observé que Nangazaki était le seul lieu où l'on pouvait négocier : mais le commodore avait répondu que la demande de se rendre à Nangazaki serait regardée par lui comme une insulte aux Etats-Unis. On choisit pour l'entrevue la ville de Gori-Hama, à une lieue au sud d'Ouraga.

Le 14 au matin, le *Mississipi* et le *Susquehannah* s'embossèrent le long du rivage. Yezaimon, gouverneur d'Ouraga, son lieutenant et le chef des forces militaires vinrent à bord pour accompagner le commodore. Trois maisons avaient été préparées, une pour le commodore et sa suite, les autres pour les princes arrivés de Yédo. Le commodore Perry fut accompagné de 400 hommes de ses équipages, les Japonais étaient environ 6000. M. Perry fut conduit en grande pompe à la maison de réception où s'avancèrent au devant de lui le prince d'Idzou, premier conseiller de l'empereur et le prince d'Iwami. Le message du Président des Etats-Unis et les lettres de créance du commodore furent remis en échange d'un reçu signé par les princes. L'entrevue finit ainsi, les envoyés impériaux n'ayant pas les pouvoirs nécessaires pour négocier. Le commodore dit que pour laisser à la cour de Yédo le temps de délibérer, il partirait dans quelques jours avec l'intention de revenir après plusieurs mois pour recevoir la réponse. Le même jour l'escadre américaine s'avança vers le point atteint par le *Mississipi* le jour précédent. Le lendemain le commodore se fit conduire à 20 milles d'Ouraga.

Du pont de la frégate, on découvrait une quantité prodigieuse de jonques ancrées 7 ou 8 milles plus au nord. C'était la rade de la capitale. Les indigènes, avec lesquels les Américains furent en contact, parurent polis et bien disposés, et le gouverneur d'Ouraga fut déclaré unanimement le modèle de la courtoisie et des bonnes manières. La veille du départ de l'escadre, il vint à bord offrir des présents. Les officiers lui présentèrent à leur tour une collection d'objets qu'il fallut lui imposer : car il s'y refusa longtemps pour ne pas violer la loi de son pays. Il s'y résigna sous la menace de voir ses propres cadeaux refusés. Malgré les concessions que les autorités japonaises furent obligées de faire au commodore, leur conduite fut très-aimable et même cordiale. L'escadre partit de la baie de Yédo le 18 juillet et cingla vers les îles Lieou-Tcheou, où le commodore fit construire un fort sur un emplacement acheté par lui pour en faire une station navale.

A peine les Américains s'éloignaient-ils des côtes, annonçant leur retour au bout de six mois pour avoir la réponse du Taïcoun, que l'amiral russe Poutiatine se présentait devant Nangazaki, avec quatre navires. De même que le commodore, l'amiral était chargé de remettre une lettre à l'empereur. Mais plus habile que son prédécesseur, il avait jugé qu'il était plus prudent de se rendre au lieu que lui indiqueraient les Japonais, et d'y demeurer jusqu'à l'arrivée de la réponse.

On lui annonça bientôt que le port d'En-Un et plusieurs autres seraient désormais ouverts à toutes les nations : mais que pour éviter des scènes de désordre qui, dans les premiers temps, ne manqueraient pas de se produire, il ne serait pas permis aux équipages des navires étrangers d'aller à terre : que le Japon ayant vécu plusieurs siècles en dehors du reste du monde, il serait imprudent de la part des autorités japonaises de conclure des traités, de nouer des relations sans y être préparées ; qu'elles demandaient le délai d'un an ; mais que dès ce moment le port de En-Ûn était ouvert au commerce du monde.

Ainsi la Russie, à son tour, exploita très-habilement la situation en pénétrant dans la place avant le retour du plénipotentiaire américain. Depuis longtemps les Russes convoitaient aussi le commerce du Japon ; leurs navires de guerre avaient fréquemment visité les archipels indépendants au nord-ouest de l'Océan Pacifique. En présence de la manifestation imposante tentée par les Etats-Unis, ils se hâtèrent pour sauvegarder au Japon leur influence et pour exécuter leurs anciens plans. La Russie a bâti une ville sur les frontières du Japon et s'en approche au moyen de forteresses, comme en 1810 elle s'en est approchée par l'érection d'une évêché grec schismatique dans les îles Kouriles et Aléoutes qui n'en sont distantes que de deux ou trois lieues.

Le 13 février 1854, l'escadre américaine reparut dans la baie de Yédo et jeta l'ancre à 25 milles de la capitale. Après un débat où les Japonais déployèrent beaucoup de diplomatie et les Américains beaucoup de fermeté, ceux-ci s'avancèrent jusqu'au village de Yoko-Hama, à 10 milles de Yédo. Les Japonais firent élever sur le rivage des maisons où tout fut préparé pour recevoir leurs hôtes, et le 8 mars, le commodore se rendit à terre en grande pompe pour recevoir la réponse de l'empereur. Il y retourna le 17, jour où les conditions d'un traité entre les Etats-Unis et le Japon furent arrêtées. Le capitaine Buchanam donna au gouverneur Izaimon et à sa suite un grand dîner à bord du *Susquehannah*. Les convives se livrèrent au plaisir de la bonne chair avec le plus complet abandon. Ils se conformèrent à tous nos usages et répondirent aux toasts avec beaucoup de tact. Le capitaine Buchanam ayant dit : « Puissent « les sentiments de bienveillance qui se mani- « festent si heureusement entre nos amis japo- « nais et nous, se répandre et devenir universels « dans les deux pays. » Izaimon remercia le capitaine du sentiment qui avait inspiré ses paroles, l'assurant que ses compatriotes et lui le partageaient complètement, et exprimant l'espoir que les Américains et les Japonais pussent être en communication plus étroite, et se visiter les uns les autres. Le capitaine Adams ayant bu à la santé de l'empereur, à son long et heureux règne, le gouverneur répondit qu'il appréciait l'hommage adressé à son souverain, et, remplissant lui-même tous les verres, il porta la santé du Président des Etats-Unis avec des vœux pour son heureuse administration. Le lieutenant Duer ayant proposé un toast au gouverneur, Izaimon proposa à son tour de boire à la santé du commodore Perry et à celle de tous les officiers de l'escadre. Cet échange de politesse avait lieu par interprètes.

Un des matelots étant mort pendant le séjour de l'escadre à Yoko-hama, les Américains furent autorisés à l'enterrer sur le rivage, près d'un des cimetières du pays, avec les trois salves d'usage et toutes les cérémonies religieuses célébrées par le chapelain de l'escadre.

Les conditions du traité conclu entre les Etats-Unis et le Japon étaient que deux ports de cet empire seraient ouverts dans un an au commerce américain, Mats-May, dans l'île de Yéso, et Io-di-ma ou Cha-di-ma à 70 milles au sud de Yédo; que les baleiniers américains pourraient désormais pénétrer dans les mers du Japon sans avoir plus rien à redouter; que les Américains auraient en magasin autant de charbon qu'ils voudraient dans le port de leur choix, et que tous les gens de leurs équipages qui aborderaient sur quelque point des côtes de l'empire seraient traités aves hospitalité.

Voilà donc qu'en 1854, après 214 ans d'interruption, les relations ont été rétablies entre le Japon et les autres peuples. Et voilà encore un fait, entre des milliers qui se produisent chaque jour, qui nous montrent les gouvernements de la terre ne songeant pour la plupart qu'à fortifier leur puissance, qu'à se placer dans les conditions terrestres les plus avantageuses. La vérité arrive à la suite des efforts humains tentés par les gouvernements dans des vues humaines, mais presque toujours en dehors de ces gouvernements et malgré eux.

Le Président Pierce, dans ses instructions au commodore Perry, a déclaré au Cubo-Sama ou Taïcoun, que la flotte ne portait pas de missionnaires et qu'il n'avait aucune influence sur les religions des Etats-Unis : c'est-à-dire qu'il ne voulait établir que des relations commerciales et de bon voisinage au profit matériel des deux pays. M. Pierce s'était bien gardé de dire que l'homme a une conscience ; qu'il ne relève que de Dieu pour le culte dû à la divinité, et que les gouvernements de ce monde n'ont sur ce point aucun droit ; qu'empêcher les missionnaires catholiques de pénétrer dans le Japon, parce qu'ils sont catholiques et prêtres ; ou les Japonais de pratiquer la religion à laquelle ils ont foi, c'est empiéter sur les droits de Dieu. Ce langage, au nom des vrais principes civilisateurs, pouvait être tenu sans entraver en rien les affaires commerciales que l'on voulait entamer avec le Japon : mais cela aurait été une exception aux règles ordinaires de la politique moderne. M. Pierce, encore une fois, s'est bien gardé d'établir ce précédent, de dire qu'il faut combattre autant pour la liberté de conscience que pour obtenir du charbon pour les bateaux à vapeur de la république.

Les Etats-Unis ont à peu près obtenu ce qu'ils demandaient, et Dieu encore ici devra faire le reste avec le peuple japonais. Les missionnaires de sa loi entreront incognito, et peu-à-peu, par de grands sacrifices et des travaux nombreux, ils accompliront la mission que dédaignent les gouvernements. C'est là l'histoire de l'introduction du catholicisme dans beaucoup d'endroits. Les conquérants qui ont cru ne travailler que pour leur ambition ou leurs intérêts, n'ont servi en définitive que la vérité dont ils n'avaient nul souci. Les Etats-Unis, la Russie et les autres Etats de l'Europe nous préparent un chapitre nouveau de cette histoire. Grégoire XVI aura eu raison, à une époque où personne que lui et deux ou trois prêtres songeaient au Japon, de nommer un évêque pour aller tenter de rouvrir les missions de ce pays, évêque qui fut Mgr Augustin Forcade, missionnaire en Chine, de la congrégation des missions étrangères.

Mais y avait-il encore des chrétiens au Japon? Voici le peu qu'on sait jusqu'à présent sur ce sujet si intéressant. Pendant le séjour de Kæmpfer au Japon, en 1688, il y avait dans les prisons de Nangazaki plus de 50 chrétiens, et de temps en temps on en amenait d'autres. Ils étaient si attachés à la foi qu'ils déclaraient être disposés à tout souffrir plutôt que d'adorer les idoles. On leur permettait de sortir pour se baigner et se promener. Ils employaient le reste du temps à la prière et aux travaux manuels. Le prêtre sicilien Sidotti, espérant être plus heureux que les autres missionnaires qui avaient inutilement tenté de pénétrer au Japon, partit d'Italie en 1702 et aborda à Jaconissa en 1709. A peine débarqué, il fut arrêté, mené à Nangazaki et ensuite à Yédo, où il demeura plusieurs années en prison. Comme il avait baptisé plusieurs des Japonais qui allaient le visiter, ont mit à mort les nouveaux convertis et le missionnaire fut jeté dans un trou que l'on mura, n'y laissant qu'une petite ouverture pour passer ses aliments. Il y mourut en proie aux incommodités les plus dégoûtantes. Quelques années après, la police trouva un *Agnus Dei* dans la demeure d'un Japonais. La maison et les habitations voisines furent rasées et les habitants assommés. On fouilla même jusque dans les fondements pour s'assurer s'il n'y avait pas d'autres objets religieux.

Vers le même temps, en 1772 et 1779, il parut dans les ports de la Cochinchine, de Siam et du Pégu, des gens qui se disaient missionnaires du Japon et qui exigeaient le plus profond secret. L'un d'eux s'adressa à Mgr Pignean de Béhaine, évêque d'Adran, vicaire apostolique en Cochinchine, pour lui demander des ornements sacrés. On n'en a plus eu de nouvelles.

Le comte polonais Beniowski, si célèbre par ses voyages et ses aventures, débarqua en 1771 dans une île de l'archipel Lieou-Tcheou, tributaire du Japon, à Usmoi-Ligon. Il y trouva les naturels professant presque tous le christianisme auquel ils avaient été convertis par un missionnaire. En 1820, des Japonais vinrent acheter à Batavia des livres de théologie et de liturgie catholique. En 1825, l'empereur du Japon écrivit au roi de Corée que six de ses sujets, qui adoraient Jésus-Christ, avaient fui sur une petite barque. « S'ils sont allés dans votre royaume, « ajoutait-il, je vous prie de les faire chercher « et de me les envoyer. » En 1830, une jonque japonaise fit naufrage sur les côtes de Luçon. On traita avec beaucoup de charité les 20 personnes qui purent gagner la terre. Elles avaient sur elles des médailles auxquelles elles rendaient un culte superstitieux. Interrogées sur l'origine de ces signes de piété, tout ce qu'on en put savoir, c'est qu'elles les tenaient de leurs ancêtres. Ces naufragés ne paraissaient avoir aucune connaissance des vérités du christianisme. Seulement ils assurèrent que les peuples du Japon se souvenaient encore de la religion des Européens; qu'ils éprouvaient un sensible déplaisir de la voir toujours proscrite, et qu'ils désiraient vivement qu'elle fût prêchée de nouveau. « Quel malheur, ajoutaient-ils, que l'em« pereur et les magistrats s'en soient déclarés « les ennemis. » Ces insulaires ayant été instruits, dix-sept demandèrent le baptême, et on leur fournit les moyens de retourner dans leur pays. En 1839, un étranger se présenta sur les côtes de la Chine, à un lazariste missionnaire dans le Fokien, déclara être prêtre japonais et demanda des saintes huiles. Il ne voulut entrer dans aucune explication, disant qu'il était tenu au plus rigoureux secret. Il repartit, laissant ignorer son nom et son pays. En 1842, une jonque japonaise ayant encore fait naufrage près de Macao, six personnes de l'équipage furent recueillies à la procure du séminaire des missions étrangères. La congrégation résolut de s'en servir pour aider à l'introduction des missionnaires au Japon. « Les pauvres chrétiens de ce « pays, disait une lettre de Batavia, de la même « époque, sont sans culte : ils ne conservent « qu'une vague croyance de nos mystères. » En 1851, un autre missionnaire de Chine écrivit en Europe qu'il y a encore très-certainement des Japonais qui sont restés chrétiens en dépit de toutes les persécutions ; qu'un confrère venu de Corée lui a dit que le Cubo-Sama venait d'expédier au roi de Corée une demande d'extradition de quelques-uns de ses sujets échappés aux poursuites dirigées contre l'exercice de la religion des Européens. Un autre missionnaire mandait que des agents de commerce, que leur langage faisait reconnaître pour être Japonais, recherchaient des ornements d'église pour un but qu'ils cachaient, et qui était sans doute pour satisfaire à des commandes de catholiques japonais. Le christianisme paraît s'être maintenu au moins à l'état de doctrine secrète, au fond de quelques provinces, s'il faut en croire les récits des Coréens qui fréquentent les mers du Japon. L'*Univers*, du 20 décembre 1858, raconte que cette année, pendant le séjour de l'amiral russe Poutiatine à Nangazaki, cet amiral reçut la visite d'un bonze japonais qui l'assura avoir assisté lui personnellement au martyre de huit chrétiens du pays. Un autre jour, un Japonais entra à l'improviste chez le pope qui accompagnait l'expédition russe comme aumônier. Le Japonais s'agenouilla devant le pope, fit le signe de la croix et le supplia de vouloir bien lui donner un crucifix.

On lui demanda s'il y avait dans le pays d'autres chrétiens que lui. Il répondit : « Oui, il y « en a : mais il leur est impossible d'avoir au« cune communication avec les Européens ; « parce que, pour échapper aux persécutions, « ils sont obligés de vivre toujours cachés dans « les montagnes. » Enfin le consul anglais au Japon a fait imprimer en 1860 un livre dans lequel il affirme qu'il y en a encore 80,000.

Quoiqu'il en soit des chrétiens qui peuvent encore rester au Japon, question sur laquelle on ne tardera pas à être éclairci, le 6 mai 1844, le navire français l'*Alcmène* laissait à terre à Nafa, capitale des îles Lieou-Tcheou, intermédiaires entre la Chine et le Japon, et relevant de l'empire du Japon, M. Forcade, missionnaire de la société des missions étrangères, avec le catéchiste Augustin, chinois de nation. Le commandant français avait allégué le besoin d'interprêtes pour nos vaisseaux qui devaient venir prochainement traiter avec le Japon. Le gouvernement, après bien des difficultés, consentit à recevoir les deux étrangers, à les bien traiter et à leur fournir les moyens d'apprendre le japonais. M. Forcade fut joint à Nafa par un de ses confrères des missions étrangères. L'espérance de pouvoir pénétrer bientôt dans le Japon paraissait assez fondée, en sorte que le Saint-Siége crut opportun de nommer vicaire apostolique pour cette contrée M. Forcade, qui reçut la consécration épiscopale avec le titre d'évêque de Samos *in partibus infidelium*.

Après un séjour, ou plutôt une réclusion de deux ans, à Nafa, dans une bonzerie, près de laquelle il avait inhumé un chirurgien de marine, Mgr Forcade quitta ce poste à l'arrivée de M. l'abbé Adnet, qui mourut à Nafa en 1848, et de M. l'abbé Leturdu, qui dut se rembarquer pour la Chine, où l'attendaient les horreurs du cachot et les tortures du prétoire. Aucune conversion n'avait été faite; mais des notions avaient été recueillies sur le caractère, le langage et l'administration du pays. Les missionnaires furent assurés que l'exclusion des étrangers et la haine du christianisme étaient le fait de la politique japonaise ; qu'une sorte de caste féodale conspirait avec le gouvernement pour retenir la vérité captive, tandis que le peuple, aussi bon que malheureux, n'était séparé que par la menace et la terreur d'une religion qui le tirerait de son ignorance et le consolerait de son oppression.

Mgr Forcade fit de vaines tentatives pour pénétrer dans la grande île de Niphon, s'étant avancé jusqu'aux portes de Nangazaki. Une très-grave maladie exigeant impérieusement son retour en Europe, sur l'avis des médecins, il se démit du vicariat apostolique du Japon, et les pouvoirs de supérieur de la mission furent confiés à M. Colin, alors missionnaire en Mandchourie. Il se disposait à se rendre avec un confrère, M. Mermet, aux îles Lieou-Tcheou, quand la mort le frappa presque subitement entre les bras de Mgr Vérolles, le 23 mai 1854. Le prélat auquel il avait remis ses pouvoirs sur le Japon, les communiqua à M. Libois, qui se trouva ainsi provisoirement chargé de pourvoir à l'organisation de cette mission. Au mois de mars 1855, M. Bonnet, capitaine de vaisseau, débarqua à Nafa MM. Girard, Furet et Mermet. Le gouverneur fit mille objections pour ne pas les recevoir : les débats durèrent huit heures. A la fin il consentit à les admettre pour trois mois, jusqu'à ce que l'amiral français vînt les chercher. Il les logea dans la bonzerie d'Amikou, où Mgr Forcade et MM. Adnet et Leturdu avaient demeuré pendant leur séjour dans cet archipel. Les bonzes mêmes donnèrent des hommes pour transporter les bagages des missionnaires dans la bonzerie. L'amiral Laguerre, informé de ce qui s'était passé, transmit des ordres à deux commandants de navire, de voir comment les missionnaires étaient traités ; il espérait qu'ils lui serviraient d'interprètes dans son prochain rapport avec le Japon.

Comme leurs prédécesseurs, ces missionnaires trouvèrent un système d'isolement organisé autour d'eux par le pouvoir. Toutefois, malgré le cordon de satellites qui les entouraient, malgré l'espionnage ombrageux qui les surveillait, ils purent dans le silence et les ténèbres de la nuit annoncer l'évangile à quelques indigènes.

Un ministre protestant envoyé par l'évêque anglican de Hong-Kong à la résidence des Américains à Nafa, battit prudemment en retraite quand il vit qu'il ne recueillerait que des horions de ses distributions de bibles parmi les indigènes.

Huit mois environ après l'arrivée des missionnaires à Nafa, les navires la *Virginie* et la *Sybille* abordèrent à ce port. Les missionnaires étaient déjà assez avancés dans l'étude de la langue du pays pour être utiles à l'amiral Guérin. Ils étaient alors quatre prêtres : MM. Girard, Mermet, Mounicou et Furet. L'amiral conclut avec le roi de Lieou-Tcheou un traité dont les clauses étaient favorables à la mission. Les autorités locales s'engagèrent envers lui à user de tous les égards possibles pour les missionnaires, à leur fournir tous les moyens nécessaires pour appendre la langue et à leur assigner un terrain pour bâtir une maison. Jusque-là ils étaient restés dans la bonzerie d'Amikou, isolée de la ville de Nafa, toujours sous l'œil de la police, et sans aucun moyen de communication avec les indigènes, qui fuyaient à leur approche, pour ne pas encourir la peine de mort prononcée contre ceux qui s'aboucheraient avec les missionnaires. Avec l'autorisation du gouvernement, la mission acquit une maison au centre de la ville populeuse de Nafa. Les autorités locales n'osèrent plus enfermer cette nouvelle demeure par une ceinture de soldats : mais des commissaires rôdaient nuit et jour tout autour et châtiaient sévèrement les indigènes qui en approchaient.

L'amiral Laguerre, successeur de l'amiral Guérin, dans le commandement de l'escadre française en Orient, pensant qu'il aurait tôt ou tard à traiter avec le Japon, et qu'il lui fallait un interprète, demanda à M. Libois, procureur des missions étrangères, l'autorisation de prendre un des missionnaires de Lieou-Tcheou à bord d'un des navires qui se rendaient dans le nord. En conséquence, la *Sybille* se dirigea sur Nafa en allant à Nangazaki, et le 7 mai 1856 elle prit M. Furet à son bord. Quelques jours après elle entra dans le golfe de Kiousiou. Pendant qu'elle était mouillée au sud de l'île de Firando, un grand nombre de Japonais se rendirent à bord. Deux chefs couverts de riches habits, montèrent en tremblant sur le pont et se prosternèrent devant le commandant et l'équipage. La bonté avec laquelle le capitaine, M. de Maisonneuve les accueillit, les ayant rassurés, ils lui présentèrent une feuille de papier sur laquelle se trouvaient écrites en japonais des questions sur le navire et sur les intentions du commandant. Ces formalités accomplies, l'entrevue s'acheva par un échange de politesses. Ces insulaires craignaient et respectaient les étrangers, tout en désirant nouer des relations avec eux. A Nangazaki, il n'en fut pas de même : c'étaient des interprètes et des officiers fiers et hautains ; une surveillance injurieuse se faisait autour des navires de guerre mouillés dans la rade extérieure, à 3 ou 4 milles de la ville. L'amiral Laguerre, au lieu de se rendre à Nangazaki, avait dû rentrer en France. Ce fut pour M. Furet un contre-temps fâcheux. Après avoir admiré la belle nature de la terre du Japon, les collines de la rade, si bien cultivées et si boisées ; après avoir reconnu dans les habitants d'un village le désir de se rapprocher des étrangers que la consigne empêche de mettre pied à terre ; après avoir vu de loin Nangazaki et contemplé pendant huit jours ses montagnes où tant de chrétiens furent crucifiés, il lui fallut se résigner à retourner à Hong-Kong. La *Sybille*, grâce à l'énergie de son commandant en face des autorités japonaises, alla débarquer ses nombreux malades dans une vaste pagode d'Hakodatè, près de Yédo. Les Français circulèrent librement dans la ville et dans la campagne, et achetèrent des marchandises et des vivres. Des marins malades ayant succombé, le cortège funèbre, la croix en tête, et l'aumônier du navire en surplis, traversèrent la ville d'Hakodatè sans exciter de récrimination parmi les indigènes qui avaient tous les jours sous les yeux la croix peinte sur les embarcations de la *Sybille*. Les navires français arrivèrent à Hong-Kong au mois de novembre.

Au commencement d'avril de l'an 1857, le commandant de la *Sybille*, pour éviter toute difficulté d'administration, prit de nouveau à son bord et à ses propres frais, MM. Furet et Mounicou, à titre d'interprètes. Ils mouillèrent à Hakodatè le 20 mai. Le gouverneur envoya un officier dire à l'amiral français que la communication avec la place était défendue. « Dites à vos « maîtres, répondit M. de Maisonneuve, que « nous avons besoin d'aller à terre et que nous « y descendrons. » Le soir même on descendit sans opposition des autorités japonaises, et au grand plaisir des habitants qui firent bon accueil à l'équipage. Le 20, MM. Mounicou et Furet débarquèrent et demeurèrent quatre jours dans la ville, mais toujours accompagnés de la police qui les suivait partout, pour empêcher toute relation des habitants avec eux. Malgré cela, ils purent parler à quelques Japonais. Les gardiens subalternes eux-mêmes épiaient le moment où ils n'étaient pas vus par leurs supérieurs, pour échanger quelques paroles avec ces étrangers qui entendaient et parlaient leur langue. En général le peuple était bien disposé ; mais il était retenu par la crainte des grands.

Les deux missionnaires furent souvent invités par les habitants d'Hakodatè à s'asseoir sur leurs nattes épaisses et propres, et alors ces hommes dévoués essayaient avec joie d'ajouter quelques mots aux petites phrases japonaises qu'ils avaient retènues, ce qui ne nuisit pas à la sympathie dont ils étaient l'objet. M. Mounicou ayant pénétré dans une arrière-boutique de librairie pour se soustraire à la surveillance des soldats indigènes, l'un des vendeurs s'empressa de le conduire dans tous les appartements, lui servit des confitures et lui donna un dictionnaire japonais-chinois dont il ne voulut jamais recevoir le prix. Seulement il enleva la marque de sa maison, et recommanda de bien cacher ce livre sous le manteau, dans la crainte que sa vie ne fût exposée si on venait à le découvrir. M. Mounicou fut introduit dans l'intérieur de la famille et se trouva en face d'une bonne mère aux sourcils rasés, comme les ont les femmes mariées, et de trois enfants, une fille et deux garçons. Au premier aspect il y eut un peu de surprise qui fit bientôt place à la confiance et à la curiosité. Ils entourèrent le missionnaire pour examiner ses habits, sa montre, etc. Un autre jour, MM. Furet et Mounicou entrèrent dans une maison d'où s'élevait un bruit confus de voix enfantines : c'était une école où ils virent une centaine de petites filles accroupies ou à genoux, un livre ouvert sous les yeux et lisant leur leçon à haute voix, tout en suivant les lignes avec deux menues baguettes terminées par une boule. Cette visite imprévue n'empêcha pas ces enfants de continuer leurs cris, pendant que leur curiosité s'évertuait à examiner les missionnaires. A la vue des ces pauvres enfants instruits par un homme et une femme qui fumaient tranquillement leur pipe dans un coin de la chambre, les apôtres pensèrent à tant de sœurs de France qui seraient prêtes à quitter leur patrie pour aller à Hakodatè former le cœur et l'esprit de ces petites filles. Le 25 mai, on mit à la voile pour le port de l'empereur Nicolas dans le golfe de Tartarie. Les moments marqués par la Providence n'étaient pas encore venus, MM. Furet et Mounicou revinrent à Nafa auprès de leurs confrères.

Ceux-ci avaient vécu dans leur maison, au milieu de la ville, comme dans un désert. « C'était autrefois, dit M. Mermet, un lieu de « promenade très-fréquenté : aujourd'hui les « herbes et les épines obstruent le chemin. Les « maisons qui regardent la nôtre nous ont « tourné le dos et s'ouvrent du côté opposé. Dé-

« fense de nous approcher sous les peines les « plus graves. Tous les deux ou trois jours seu- « lement, deux mandarins choisis parmi les « plus rusés et les plus fourbes du pays, vien- « nent pour un court espace de temps déter- « miné, nous traduire tant bien que mal quel- « que livre de la Chine et du Japon. Pendant « longtemps ils ont eu mission de nous amuser, « de nous tromper, et par là de nous faire re- « noncer à l'étude de leur langue. Cependant, « après avoir mis à nu leurs fourberies, après « bien des combats, nous sommes parvenus à « obtenir des livres japonais ; et ainsi, à leur « grand regret, nous leur arrachons et le dia- « lecte de Lieou-Tcheou et la langue parlée et « écrite du Japon. Quant à nos domestiques, ils « sont changés aujourd'hui tous les mois et ne « peuvent nous parler que pour le service. »

Malgré cette rigoureuse surveillance, l'un de ces domestiques parvint à se faire instruire et reçut le baptême à l'insu de ses parents. Son père s'étant aperçu qu'il était chrétien, menaça de le dénoncer lui-même au mandarin, s'il n'apostâsiait; la loi du pays étant que tout individu professant le christianisme doit mourir avec tous ses parents au premier degré de consanguinité et d'affinité. Comme les missionnaires n'ont plus eu de ses nouvelles, ils pensent qu'il a cueilli la palme du martyre.

En 1858, M. Mermet accompagna le baron Gros au Japon et lui servit d'interprète dans le traité que la France fit avec cet empire. Ce traité fut signé à Yédo par le baron Gros, le 9 octobre 1858. L'article IV est ainsi conçu : « Les sujets « français au Japon auront le droit d'exercer li- « brement leur religion; et à cet effet ils pour- « ront y élever, dans le terrain destiné à leur « résidence, les édifices convenables à leur culte, « comme églises, chapelles, cimetières, etc. etc. « Le gouvernement japonais a déjà aboli dans « l'empire l'usage de pratiques injurieuses au « christianisme (1). » Sept ports devaient être ouverts aux étrangers qui n'y seraient point inquiétés dans l'exercice de leur religion. Mais la liberté de prêcher l'évangile aux indigènes a été obstinément refusée. Seulement il fut accordé qu'on ne ferait plus fouler la croix aux pieds, comme cela se pratiquait depuis 200 ans. M. Girard, nommé supérieur de la mission du Japon,

(1) On peut induire de cet article que la diabolique pratique s'étendait à tout le monde, aux étrangers comme aux naturels, aux Hollandais par conséquent comme aux Japonais. Autrement cette fin d'article, ou n'aurait pas de sens, ou serait sans motif très-injurieuse pour le gouvernement japonais qui n'aurait certainement pas consenti à son insertion. D'ailleurs l'art. 6 des articles additionnels de la convention avec la Hollande, porte : « Le gouvernement japonais s'engage à abolir ou à laisser tomber en désuétude la coutume dite de *fouler aux pieds l'image (du Christ)*.

sous le titre de pro-vicaire apostolique, se rendit l'année suivante à Hong-Kong, où se trouvait M. Mermet, afin de pouvoir suivre la marche des événements. En 1860, il accompagna à Yédo M. Duchesne de Belcourt, consul général de France au Japon. Il fut présenté par lui aux autorités locales en qualité d'interprète et de prêtre catholique. L'échange des ratifications du traité conclu entre la France et le Japon eut lieu à Yédo le 22 septembre 1859 avec une grande solennité. M. Girard, remplissant provisoirement au consulat général français les fonctions d'interprète, confronta les textes japonais de ces traités. Il portait son costume ecclésiastique.

M. Mermet, entré plus tard au Japon, alla établir sa résidence à Hakodatè, autre port du Japon ouvert aux Européens. Accueilli favorablement par les autorités locales, il obtint d'elles un bel emplacement pour bâtir une église dans laquelle il exercerait son ministère auprès des Européens et autres étrangers. Il jouit bientôt d'une grande popularité et reçut de fréquentes visites, même des classes élevées. Les bonzes, qui n'étaient pas des moins assidus, étaient fort effrayés de sa présence au Japon. La position de MM. Mounicou et Furet à Nafa était la même : ils ne pouvaient avoir de rapport qu'avec les maîtres de langue envoyés par le gouvernement et surveillés pour les soustraire à une influence redoutée par-dessus tout. Deux interprètes, dont ils avaient gagné la confiance, leur furent enlevés.

En 1861, un renfort de quatre ouvriers apostoliques fut envoyé au Japon : mais trois d'entre eux sont allés au ciel recevoir la récompense de leur zèle avant d'avoir vu cette terre qu'ils désiraient tant évangéliser. On pensait établir les missionnaires deux à deux dans trois des ports ouverts au commerce : Kanagawa, Nangazaki et Hacodatè. M. Mermet, déjà établi dans cette dernière ville, tenait une école qui augmentait de jour en jour, assisté de deux jeunes scribes japonais, très-intelligents et très-instruits. Sur la demande de deux princes de l'île de Yesso, et avec le concours du premier médecin du Taïcoun ou empereur du Japon, il se disposait à établir un hôpital européen-japonais.

M. Girard servait toujours d'interprète au consul général français chargé d'affaires : il résidait tantôt à Yédo, tantôt à Yokohama, petite ville à quelques lieues de Yédo, devenue un des comptoirs des commerçants étrangers, où MM. Girard et Mounicou construisirent la première église du Japon en 14 mois de travaux incessants. Ils la bénirent et l'inaugurèrent le 12 janvier 1861, au milieu d'une affluence nombreuse de résidents de tous pays et de toutes religions. La présence du ministre de France, en tête de sa légation, ne contribua pas peu à relever l'éclat de cette fête. Cette petite église couronnée d'une belle croix dorée, dans la construction de laquelle on a heureusement marié une imitation du style ogival avec le style des temples du Japon, se trouva du goût de tout le monde : elle devint le but des visites et presque des pèlerinages d'une foule de japonais, non-seulement de Yokohama, Kanogahona, Yédo et leurs environs, mais même des provinces voisines. La curiosité si naturelle aux Japonais était probablement l'unique cause de ces visites, mais toujours est-il qu'elles offraient une belle occasion de parler de la religion chrétienne à une foule de gens qui écoutaient avec le plus grand intérêt et qui rapportaient aux autres Japonais les choses pour eux si nouvelles et si frappantes qu'on leur apprenait. Quelque temps après, M. Girard écrivait : « Je puis dire à la lettre que « depuis un mois l'église ne désemplit pas du « matin au soir. Depuis cette époque, nous ex- « posons chaque jour, au moyen des tableaux « qui la décorent, l'abrégé de notre sainte reli- « gion à des centaines de personnes. On nous a « dit que notre église avait, dès le principe, « tellement frappé les Japonais, qu'il en avait « paru à Yédo un dessin dont on avait tiré de « nombreuses copies qui se répandaient partout. « Nous sommes grandement étonnés de voir

« que jusqu'à présent le gouvernement japonais « n'a mis aucun obstacle à ce concours de visi- « teurs qui, non contents de nous écouter dans « l'église, viennent encore nous adresser des « questions dans notre habitation. Ce concours « est encore trop nouveau pour que nous puis- « sions en conclure quelque chose sous le rap- « port des conversions. Mais, s'il continue, « nous ne pourrons nous empêcher d'en espérer « en Dieu d'heureux résultats; et s'il cesse, nous « y verrons clairement l'opposition du gouver- « nement japonais. »

Le 6 décembre de la même année, M. Mounicou écrivait : « Le gouvernement a constamment « l'œil sur nous; il épie toutes nos démarches; « nos domestiques nous sont enlevés après « quelques mois de service, et deux individus « ont été envoyés dans les prisons de Yédo pour « nous avoir vendu deux livres sans l'autorisa- « tion de l'autorité. A Yédo et dans les campa- « gnes environnantes on voit des colonnes de « pierre sur lesquelles sont gravés les édits « contre le christianisme. On y voit la croix; « on y lit la peine de mort décrétée contre qui- « conque donnera à ce signe la moindre marque « de respect. »

Avant l'achèvement de l'église, les missionnaires ayant rencontré, dans une de leurs promenades, un vieillard de 76 ans, lui dirent quelques mots de religion. Depuis lors cet homme continua à venir de deux lieues, à des époques régulières, chercher de nouvelles explications. Au mois de janvier 1862, un autre vieillard, qui visitait l'église, frappa M. Girard de son maintien religieux. Le missionnaire lui demanda en sortant s'il connaissait Celui à qui il venait d'adresser sa prière. Sur sa réponse négative, M. Girard lui dit : « Je vous le ferai connaître, « quand vous aurez le temps de venir m'écouter. « — Pas plus tard que maintenant, » répondit le Japonais, et M. Girard l'entretint assez longtemps. « Je reviendrai demain, dit-il en sortant. En effet, quoique le lendemain fût le premier jour de l'année japonaise, et qu'il tombât de la neige en abondance, le prosélyte reparut, désireux d'avancer dans la connaissance de la doctrine dont on lui avait parlé la veille. Le jour suivant il revint encore, et le quatrième jour, il vint jusqu'à trois fois. Il écoutait avec une docilité d'enfant, et il s'en allait toujours avec la résolution de revenir s'instruire de nouveau. M. Girard, dans le même temps, reçut l'abjuration d'une dame protestante qui fut baptisée avec ses quatre enfants. D'autres conversions se préparaient parmi les protestants et les Chinois.

M. Mermet était toujours à Hakodatè, dans l'île de Yesso, où il s'occupait à composer et à traduire en japonais des livres sur la religion qui seront très-utiles aux missionnaires. Les naturels trouvaient qu'il parlait et écrivait dans leur langue aussi bien que les indigènes qui ont reçu la meilleure éducation. Les gouverneurs de l'île le traitaient comme peut-être aucun étranger n'était traité au Japon. Les fonctionnaires et les marchands étaient très-respectueux à son égard, et ses élèves et leurs parents le regardaient comme une espèce de divinité.

MM. Furet et Petitjean, établis à Nafa, voyant qu'il leur était impossible de faire des chrétiens, à cause de l'opposition du gouvernement, se décidèrent à faire une démarche officielle. Ils écrivirent au roi pour lui demander l'autorisation de prêcher l'Evangile, joignant à leur lettre une apologie du christianisme. Les autorités du pays répondirent que la religion de Kon-fu-tzé (Confucius), était suffisante pour Lieou-Tcheou.

Les Japonais de la grande île continuaient à se porter en foule à l'église de Yokohama ouverte au public. Alors M. Girard se décida à prêcher. Les indigènes ne se montrèrent que plus empressés à venir l'entendre. On ne parlait plus dans toute la ville que de la nouvelle doctrine et beaucoup paraissaient convaincus. Déjà plusieurs demandaient la formule des prières pour les réciter et parlaient de renoncer au culte des Camis. Le gouvernement paraissait laisser faire, persuadé que tout cela n'était qu'une simple affaire de curiosité. Les missionnaires étaient dans la jubilation. Mais le gouvernement ayant reconnu que cette émotion était très-sérieuse, que jour et nuit la maison des missionnaires et les environs étaient encombrés d'une foule avide de les entendre, il fit faire une nouvelle publication des édits de proscription contre le christianisme.

Le 18 février 1862, on incarcéra 33 individus et le lendemain encore 22, pris parmi ceux qui s'étaient montrés les plus assidus. Sur les vives instances de M. Duchesne de Belcourt, chargé d'affaires de France au Japon, le gouvernement consentit à rendre la liberté aux prisonniers, à la condition que le consul général engagerait les missionnaires à ne plus prêcher en japonais. MM. Girard et Mounicou ne promirent rien: résolus à ne tenir compte de la recommandation du gouvernement qu'autant qu'il serait nécessaire pour ne pas compromettre le succès de leur ministère. Les prisonniers furent relâchés.

Au mois de mai de cette année, sur un simple désir de N. S. P. le Pape, 300 évêques de tous l'univers se rendirent à Rome pour assister à la canonisation des 26 martyrs du Japon, qui devait avoir lieu le 8 juin, jour de la Pentecôte. Pie IX les avait invités à cette solennité, comme il les avait invités à la proclamation du dogme de l'immaculée Conception, parce que, comme il l'assurait le 25 mars, grâce à la puissante protection de la Vierge sans tache et de ces héroïques serviteurs du Christ, « Dieu nous donnera « l'abondance de miséricorde nécessaire pour « soutenir avec fermeté la guerre et les souf- « frances, et pour assister ensuite au triomphe « de la paix. »

Le 8 juin 1862, jour de la Pentecôte, vers sept heures du matin, la tête de la procession qui accompagnait le St-Père entra dans la majestueuse basilique de St-Pierre. Cette procession, partie de la chapelle Sixtine, avait traversé la place pour gagner la galerie de droite et de là l'atrium. Les assistants, disposés sur deux files, tenaient un cierge allumé et un petit livre de psaumes et d'hymnes imprimé par ordre de Sa Sainteté. Le chant avait commencé par l'*Ave. Maris Stella*, entonné par le Saint-Père après qu'il eut revêtu les ornements pontificaux.

En tête de la procession, et précédés des élèves de l'hospice apostolique et de ceux de la maison des orphelins, s'avançaient sous leur bannière respective les religieux des ordres mendiants et monastiques, et les chanoines réguliers, suivis de la croix du clergé séculier, des élèves du séminaire romain, du Collége des curés, des chanoines et clergé des collégiales, et des chanoines et clergé des basiliques mineures et patriarcales, ces derniers précédés des pavillons et des clochettes. La marche était fermée par Mgr le vice-gérant entouré des membres du tribunal et du cardinal vicaire.

Les membres du tribunal de la congrégation des Rites, les consulteurs et les prélats officiers précédaient les bannières des Bienheureux, la première, représentant le confesseur Michel de Sanctis, était portée derrière six Trinitaires déchaussés, en cotte, et tenant de gros cierges inclinés ; quatre Pères du même ordre portaient les cordons de soie, et des membres de l'archiconfrérie du gonfalon soutenaient la bannière. Les Frères de Ste-Marie della Pieta et de St-François-Xavier portaient la seconde, où étaient représentés le Bienheureux Paul Miki et ses compagnons, martyrs. Quatre Pères jésuites tenaient les cordons, et six autres précédaient avec des cierges. La troisième bannière, celle des martyrs franciscains, était soutenue par les confrères des Sacrés Stigmates, et précédée de cinq franciscains tenant leurs cierges; un sixième était porté par Eusèbe de Musquiz, de la famille de saint Martin de l'Ascension ; le prêtre Rosalio, son frère, tenait un des cordons de la bannière, et trois Pères de l'observance les trois autres cordons.

Suivait la chapelle pontificale dans cet ordre : les procureurs du collége, le prédicateur apostolique, les bussolanti, les chapelains communs, dont quelques-uns portaient les mitres et les tiares de Sa Sainteté; les clercs secrets, les chapelains d'honneur et secrets, le procureur général du fisc, avec le commissaire de la chambre apostolique, les avocats consistoriaux, les camériers d'honneur et secrets surnuméraires ecclésiastiques, les camériers secrets participants, les chapelains chantres pontificaux et le personnel des divers colléges de la Prélature, savoir : les référendaires de la signature, et, parmi eux, le prêtre assistant, le diacre et le sous-diacre de la chapelle pontificale, les abréviateurs du Parc-Majeur, les votants de la signature de justice, les clercs de la chambre apostolique, les auditeurs de Rote, et, parmi eux, le Père, maître du Sacré Palais, en habit de Frère-Prêcheur. Les membres de ces colléges portaient le rochet et la cotte sur la soutane violette, et les autres dignitaires de la cour pontificale chacun le costume de son rang. Après eux venaient les maîtres du Saint-Hospice et les chapelains secrets, ces derniers portant la tiare et la mitre ordinaire de Sa Sainteté.

Après eux, le dernier auditeur de Rote, en tunique, portait la croix papale, fixée sur une hampe. Le prélat, doyen de la signature, balançait l'encensoir devant elle ; sept votants de la signature faisant les fonctions d'acolytes, tenaient autour d'elle des cierges allumés ornés d'arabesques dessinées en talc et en papier; deux maîtres ostiarii, gardiens de la croix, la suivaient de près.

Le clergé séculier portait les ornements rouges; le prélat auditeur de Rote, qui devait remplir les fonctions de sous-diacre apostolique, l'aube et la tunique; le diacre et le sous-diacre grecs, les ornements de leur rite. Ils étaient suivis des Pères pénitentiers du Vatican, en chasuble damassée; des abbés nullius et des abbés généraux, en chape damassée et la mitre de toile sur la tête. Les évêques, archevêques, primats, patriarches, portaient la chape de damas et la mitre de lin; les Pères du Sacré-Collége qui venaient derrière eux, les ornements sacrés de leur ordre. Les cardinaux-diacres étaient en dalmatique, les cardinaux-évêques en chape.

Venaient ensuite les conservateurs et le sénateur de Rome, le prince assistant au trône, le vice-carmerlingue et ses deux assistants, le cardinal-diacre ministrant, les deux premiers maîtres des cérémonies. Les gens de la garde du Pontife étaient rangés autour de lui; officiers supérieurs de la garde palatine d'honneur, officiers de la garde suisse, camériers secrets d'épée et de cape, massiers. Les palfreniers et les porteurs, sous la direction du grand-fourrier et du grand écuyer, tenaient soulevée sur leurs épaules la sedia où était assis le Pape, mitre en tête, enveloppé dans les plis du manteau pontifical, la main gauche recouverte d'un voile de soie brodé d'or et portant un cierge allumé; la droite se levait de temps en temps pour bénir le peuple qui encombrait l'immense place, qui se heurtait, se soulevait pour voir le maître infaillible de la foi porté sous le baldaquin, entre les flabellaires, et s'agenouillait avec émotion et respect sous sa main bénissante.

Derrière Sa Sainteté, des chapelains alternaient le chant de l'*Ave, Maris Stella*; l'auditeur général de la chambre, le trésorier général, le majordome, le personnel du collége des protonotaires apostoliques et les généraux d'ordre fermaient la marche.

En entrant dans la basilique, les chapelains entonnèrent le *Regina cœli*. La tête de la procession attendait devant l'autel du St-Sacrement. Le Pape, descendant de la sedia, s'agenouilla sur le prie-Dieu pour faire son adoration et tous firent de même. Les bannières furent déposées dans la chapelle.

Le St-Père remontant sur la sedia, se dirigea vers le chœur, précédé de tout le personnel de la procession, et, après une prière, il s'assit sur le siége pontifical, pour recevoir l'obédience que les cardinaux ont prêtée en lui baisant la main.

recouverte des franges du manteau; les patriarches, les primats, les archevêques et les évêques, en baisant la croix de l'étole reposant sur son genou; les abbés nullius, les abbés généraux et les pénitenciers de la basilique en lui baisant le pied. Chacun d'eux, après l'obédience, descendait les degrés du trône pour aller occuper le siége qui lui était affecté dans l'enceinte du chœur.

Tous les dignitaires qui devaient assister Pie IX pendant la messe pontificale prirent place autour de lui. A ses côtés se tenaient LL. EE. les cardinaux Ugolini et Marini, diacres assistants; à sa droite, et par rang de préséance, le prince Orsini, assistant au trône, et le marquis Antici Mattei, sénateur de Rome; la municipalité romaine et les avocats consistoriaux; à sa gauche, Mgr Ferrari, préfet des cérémonies, le doyen de la Rote et les deux camériers secrets assistants. Sur les degrés du trône avaient pris place les archevêques que Sa Sainteté avait désignés pour ses assistants, savoir : le prima arménien de Constantinople et les archevêques de Gnesen et Posen, d'Alby, de Dublin, d'Halifax, de Cincinnati, de Salzbourg, de Caracas, d'Olmütz, de Durazzo, de Tyr (rite grec), de Sorrento, de Munich, de Goritz, de Tarragone, de Beyrouth (rite maronite), de Damas (rite grec), et de Zara. Les patriarches de Venise et des

Indes-Occidentales étaient à côté de Sa Sainteté pour lui tenir le livre et la bougie.

Tous ayant en main un cierge allumé, le cardinal Clarelli, procureur de la canonisation, accompagné d'un cérémoniaire apostolique et d'un avocat consistorial, s'avança au pied du trône et l'avocat agenouillé s'exprima ainsi : « Très-« saint Père, le révérendissime seigneur Cla-« relli, ici présent, demande avec instance que « Votre Sainteté inscrive au catalogue des « saints de N. S. J.-C, et ordonne que soient « vénérés comme saints par tous les fidèles du « Christ, les Bienheureux Pierre-Baptiste, Paul « et leurs compagnons, martyrs, et Michel de « Sanctis, confesseur. »

Mgr Pacifici, secrétaire des brefs ad principes, qui se tenait sur le trône, a répondu en latin, au nom du St-Père, que Sa Sainteté, bien que pleinement édifiée sur les vertus de ces Bienheureux et sur les miracles par lesquels le Seigneur avait fait éclater la gloire dont ils jouissent, exhortait néanmoins l'assistance à implorer les lumières d'en haut pour le Chef de l'Église, par l'intercession de la Bienheureuse Vierge Marie, des saints apôtres Pierre et Paul et de toute la cour céleste. Les postulateurs retournèrent à leurs siéges, et deux chapelains chantres entonnèrent les litanies des saints qui furent poursuivies jusqu'au bout par l'auguste assemblée et par les innombrables voix du peuple.

Les postulateurs revinrent ensuite devant le trône, et l'avocat répéta la formule en y ajoutant au mot *instanter*, le mot *instantius*. A quoi le prélat secrétaire répondit, au nom de Sa Sainteté, qu'elle voulait qu'on implorât par de nouvelles prières l'assistance de l'Esprit-Saint, source de sainteté et de lumière.

Après le départ des postulateurs, le Souverain Pontife s'agenouilla sur le prie-dieu et resta en oraison depuis le moment où le premier des cardinaux-diacres dit : *Orate*, jusqu'au moment où le second dit : *Levate*. Le Pape s'étant levé, l'assistance, qui avait prié comme lui, se leva aussi. Le Pape entonna le *Veni Creator* que les chapelains et le peuple achevèrent, en alternant les strophes.

Le St-Père récita l'oraison et s'assit. Les postulateurs se présentèrent pour la troisième fois, et l'avocat répéta la même formule en ajoutant aux deux mots précédents, le mot *instantissimè*. A quoi le prélat secrétaire répondit que Sa Sainteté, intimement persuadée que la canonisation qu'on implorait d'elle était une chose agréable à Dieu, voulait bien prononcer la sentence définitive. A ces mots, l'assemblée se leva et Pie IX, la mitre en tête, assis sur sa chaire en qualité de docteur et de chef de l'Eglise universelle, parla en ces termes :

« En l'honneur de la sainte et indivisible Trinité, pour l'exaltation de la foi catholique et pour l'accroissement de la Religion chrétienne, par l'autorité de N. S. J.-C., des bienheureux apôtres Pierre et Paul et la Nôtre, après une mure délibération, et ayant souvent imploré le secours divin, de l'avis de Nos vénérables frères les cardinaux de la sainte Eglise romaine, les patriarches, archevêques et évêques présents dans la ville, nous décrétons et nous définissons Saints, et nous inscrivons au catalogue des Saints : les Bienheureux Pierre-Baptiste, Martin de l'Ascension, François Blanco, prêtres ; Paul Miki, Jean Sohan, Philippe de Jésus, clercs ; Didace Jacques Kisaï, catéchiste ; François de St-Michel, Gonzalez Garcia, Paul Suzuqui, Gabriel de Duisco, Jean Quizuya, Thomas Danchi, François, Thomas Kosaki, Joachim Salkijor, Bonaventure, Léon Carasumaro, Mathias, Antoine, Louis Ibarchi, Paul Yuaniki Ibarchi, Michel Kozaki, Pierre Sequezein, Cosme Raquisa, François Fahelante, laïques, tous martyrs, et Michel de Sanctis, confesseur, — statuant que leur mémoire devra être rappelée tous les ans avec une pieuse dévotion dans l'Eglise universelle, savoir : celle de Pierre-Baptiste et de ses compagnons le 5 février, où ils ont souffert pour le Christ, parmi les saints martyrs ; et celle de Michel, le 5 juillet, parmi les saints confesseurs nonpontifes. Au nom du Père, du Fils et du Saint-Esprit. *Amen*.

Au mot *Amen*, les postulateurs s'avancèrent de nouveau vers le trône, et l'avocat consistorial remercia Sa Sainteté au nom du cardinal procureur, en ajoutant qu'il la suppliait de vouloir bien ordonner l'expédition des lettres apostoliques concernant la canonisation. Le Pape répondit : *decernimus* et le bénit. Le cardinal procureur alla baiser la main et le genou de Sa Sainteté pendant que l'avocat, adressant la parole aux protonotaires apostoliques, les priait de dresser acte de tout, à quoi le premier de ces prélats répondit en se tournant vers les camériers secrets appelés à rendre témoignage : *conficiemus vobis testibus*.

Alors le Pape se leva, déposa la mitre et entonna le *Te Deum*. Quarante mille voix poursuivirent le chant pour donner un libre cours à l'émotion qui faisait battre tous les cœurs, et pour rendre grâce à Dieu, qui venait de se glorifier dans ses saints. Les cloches de la basilique communiquaient l'allégresse de l'assistance aux fidèles qui n'avaient pu en faire partie ; les canons du château St-Ange annoncèrent le grand évènement à la ville éternelle, et les cloches de toutes les églises convièrent à réciter les prières prescrites pour gagner les indulgences.

Après le *Te Deum*, le premier des cardinaux-diacres assistants, récita le verset : Priez pour nous, Pierre-Baptiste, Paul et vos compagnons, et Michel. *Alleluia!* Le peuple y ayant répondu, le Pape récita l'oraison propre des nouveaux saints : « Seigneur J.-C., qui vous êtes dédié les « prémices de la foi chez les peuples du Japon, « dans le sang des saints martyrs Pierre-Bap- « tiste, Paul et leurs compagnons, morts du sup- « plice de la croix à votre exemple, et qui avez « fait brûler dans le cœur de saint Michel, votre « confesseur, le feu de la charité ; accordez- « nous, nous vous en supplions, d'être excités « par les exemples de ceux dont nous célébrons « aujourd'hui la fête solennelle, ô vous qui ré- « gnez dans les siècles des siècles. »

L'*Amen* répondu par le peuple mit fin à l'acte de la canonisation.

Le St-Père montant sur le trône de Tierce, prit les ornements pontificaux pour la messe qu'il allait célébrer. Le cardinal Mattei l'assistait en qualité de cardinal-évêque ; le cardinal Antonelli en qualité de diacre ministrant, et Mgr Nardi, auditeur de Rote, en qualité de sous-diacre apostolique. Après le chant de l'évangile en grec et en latin, Pie IX prononça une émouvante homélie en l'honneur des 27 confesseurs de la foi. Le cardinal-diacre ministrant récita le *Confiteor* en ajoutant aux mots *Petro et Paulo, Petro Baptistæ, Paulo, eorum sociis et*

*Michaeli*. Le sous-diacre apostolique s'avançant alors, la croix papale en main, vers le trône, promulgua l'indulgence plénière pour tous les fidèles présents à la cérémonie, et partielle pour quiconque visiterait les tombeaux des saints le jour consacré à leur fête. En donnant la bénédiction apostolique, le Pape inséra leurs noms dans la formule.

La présentation des oblations de cierges, de pain, de vin, d'eau, de deux tourterelles, de deux colombes et de quelques petits oiseaux eut lieu à l'offertoire. Les oblations étaient disposées sur trois tables à gauche de l'autel. Chaque table, correspondant à une des trois postulations, supportait cinq cierges peints aux armes du souverain Pontife et de l'ordre religieux auquel appartenait le saint; deux de ces cierges étaient du poids de 60 livres et trois de 12 livres. A côté étaient deux pains, l'un doré, l'autre argenté, aux armes de Sa Sainteté et déposés sur des plateaux d'argent. Deux petits barils, l'un doré, l'autre argenté, renfermaient le vin et l'eau, et trois cages, les tourterelles, les colombes et les petits oiseaux.

A l'offertoire, les cardinaux Patrizzi, de l'ordre des évêques, Gousset, de l'ordre des prêtres, Ugolini, de l'ordre des diacres, et Clarelli, procureur de la canonisation, se dirigèrent vers les tables, suivis de personnes désignées pour porter les oblations et se présentèrent ensuite devant le trône, conduits par un cérémoniaire et les massiers apostoliques. Le cardinal-postulateur, qui marchait de front avec le cardinal-évêque, monta les degrés du trône et se mit à côté du Pape. Le cardinal-évêque s'avançant, prit des mains de ses gentilshommes les deux grands cierges qu'il présenta à Sa Sainteté. Elle les bénit et les remit au préfet des cérémonies. Après le départ du cardinal, le porteur d'un des petits cierges se présenta, le remit au postulateur, et celui-ci au Pape. Il en fut de même pour les colombes.

Le cardinal-prêtre offrit alors les deux pains portés par ses gentilshommes, et le cardinal procureur le second des petits cierges et la cage des tourterelles. Le cardinal-diacre offrit ensuite les deux barils d'eau et de vin apportés par ses gentilshommes, et le cardinal procureur le troisième des petits cierges et la cage des petits oiseaux. Tous étant retournés à leur place, sauf le cardinal procureur, on fit les deux autres oblations, l'une pour les saints jésuites, à laquelle prirent part les cardinaux Altieri, Seytowski, Bofondi ; et l'autre pour saint Michel de Sanctis, à laquelle prirent part les cardinaux de Reisach, Villecourt et Roberti.

Le St-Père déposant le grémial qu'il avait pris pendant la présentation, se lava les mains dans de l'eau que lui versa le sénateur de Rome et s'essuya avec un linge présenté par le cardinal-évêque assistant. Après quoi il poursuivit la célébration de la messe. Le saint sacrifice terminé, Sa Sainteté déposa les ornements sacrés dans la chapelle de la Pietà et se retira dans ses appartements.

L'affluence des fidèles de toutes les nations accourus dans la basilique pour partager les émotions de cette solennité fut immense. Dans les tribunes séparées paraissaient le roi et la reine des Deux-Siciles, la reine douairière, le prince et les princesses ses enfants, le comte et la comtesse de Trani, le comte et la comtesse de Trapani et l'infante de Portugal, Isabelle-Marie. Le corps diplomatique et tout ce qu'il y avait à Rome de notabilités romaines ou de l'étranger, avaient également pris place dans les Tribunes.

La cérémonie finit à une heure de l'après-midi. La foule passa le reste de cette grande journée dans l'allégresse et le recueillement. Le soir, les églises des Franciscains, des Jésuites et des Trinitaires, le pont St-Ange, la coupole de St-Pierre et d'autres lieux furent brillamment illuminés.

La canonisation des martyrs du Japon produisit immédiatement les résultats les plus merveilleux dans cet empire. Yédo, cité de deux millions d'âmes, toutes les campagnes, les villes voisines et même les plus éloignées, s'ébranlèrent en faveur de la religion chrétienne ; de toutes parts on déclarait que bientôt tout le Japon voudrait recevoir le baptême, si le gouvernement donnait aux populations la liberté de conscience, comme elle avait été promise par les traités (1). Les néophites, sortis de prison, prièrent les missionnaires de solliciter la franche exécution de ces traités, disant du reste avec des milliers de leurs compatriotes : « Ne craignez pas pour nous : une fois que nous serons « bien convaincus de la vérité de votre religion « que nous entrevoyons, nous ne craindrons ni « les tortures, ni la mort. » Tous les matins, de nombreuses troupes d'indigènes accouraient à la maison des missionnaires pour entendre enseigner la doctrine chrétienne : on aurait voulu les entendre parler du matin au soir : ce n'était qu'avec beaucoup de peine que les premiers arrivés consentaient à se retirer pour faire place à d'autres. Beaucoup passaient des jours entiers à stationner autour de la maison avant de pouvoir pénétrer dans la chapelle continuellement encombrée. Les missionnaires s'é-

(1) Non-seulement on ne la donnait pas ; mais on faisait signer en secret, à domicile, un acte de malédiction contre la religion de Jésus, ce qui était une violation de l'esprit du traité avec la France.

tant procuré un harmonium, crurent vivement intéresser les néophites en accompagnant les chants de l'Eglise avec cet instrument. Mais ceux-ci leur dirent : « Pères, cette musique est bien belle ; mais nous aimons encore mieux vous entendre exposer la doctrine chrétienne ; celle-ci va à l'âme, tandis que la musique ne va qu'aux oreilles. Parlez toujours ; nous ne nous lasserons jamais de vous écouter. » A peine initiés aux vérités chrétiennes, ces braves gens mettaient pour les communiquer aux autres et pour en faire des prosélytes, le même zèle qui a caractérisé les chrétiens japonais au XVIe et au XVIIe siècles. Un vieillard dit un jour aux missionnaires : « Tous mes enfants sont établis, et ayant « de quoi vivre, je ne m'occupe que pour passer « le temps. Apprenez-moi bien la loi du vrai « Dieu. Quand je serai assez instruit, je consa« crerai tout mon temps à instruire à mon tour « ma famille et mes autres compatriotes. »

A la vue de ces excellentes dispositions du peuple japonais, un voyage en France fut jugé utile. M. Girard vint à Paris où il trouva le ministre des affaires étrangères, M. Drouyn de Lhuys, dans les meilleures dispositions pour donner tout l'appui possible à la prédication des missionnaires français au Japon. Les négociations du provicaire du Japon avec le gouvernement ayant abouti, il partit de Paris bien consolé et plein d'espoir de voir bientôt une florissante chrétienté au Japon, résolu, avec l'aide de Dieu, d'ériger une église monumentale, sous le vocable du sacré cœur de Jésus, à Yokohama, près de Yédo, et une autre, sous le vocable des saints Pierre-Baptiste, Paul et leurs compagnons, à Nangazaki, à la place même où ils ont été crucifiés. Ces projets semblent d'autant plus réalisables, que dans un voyage que M. Girard fit en Angleterre, avant de repartir pour le Japon, S. E. le cardinal Wiseman lui dit : « Votre « passage à Londres est tout providentiel. Les « catholiques anglais, désirant ardemment la « résurrection de la foi au Japon, avaient pensé « à fonder une maison de missionnaires, à « l'instar du séminaire des Missions étrangères « de Paris, pour venir en aide aux prêtres fran- « çais dans cet intéressant pays. Votre présence « en Angleterre les a décidés à se mettre de « suite à l'œuvre pour établir cette maison, et « je les seconderai de toutes mes forces. On m'a « dit que les trois quarts des Anglais étant en- « core protestants, il faudrait commencer par « les convertir. J'ai répondu : Dieu a dit : *Date* « *et dabitur vobis* ; en faisant l'œuvre de Dieu, « Dieu fera lui-même la nôtre. »

De Paris, M. Girard se rendit à Rome, où le samedi saint, 4 avril 1863, il présenta au baptême un Japonais de 19 ans, très-intelligent, qu'il avait connu à Yédo et qui avait été amené en France par un grand seigneur belge. Le néophite Saitou Kendjïroo fut baptisé par le cardinal-vicaire sous les noms de Marie-Joseph-Xavier. Ce jeune homme, qui donne les plus belles espérances, fut ramené à Paris où il entrera probablement dans un séminaire; et M. Girard, nommé préfet apostolique, s'embarqua avec un confrère, M. Lacaigne, qui l'avait rejoint à Rome, pour retourner au Japon. Il partit de Marseille le 19 mai, emportant pour le consul général de France à Yédo, les dépêches du ministère en faveur de la mission, et la croix de commandeur de St-Grégoire qu'envoyait le St-Père à celui qui représentait si bien le catholicisme et la France dans ces contrées.

Le gouvernement japonais, malgré l'envoi de son ambassade en Europe, n'en était pas devenu mieux disposé à faire bénévolement des concessions aux Européens, surtout en matière religieuse. Ainsi le gouverneur de Yokohama demanda la disparition des trois caractères gravés au frontispice de la chapelle, sous prétexte que les Européens pour lesquels seuls elle a été bâtie ne savent pas lire le chinois, et qu'ils sont trop tentant pour les Japonais. Le gouvernement du pays multiplia les policemens et ne cessa de demander des concessions de toute espèce aux représentants des nations étrangères qui, tantôt ne s'entendaient pas, et tantôt accordaient tout ce qu'on leur demandait. Le 6 juillet 1861, la légation britannique avait manqué de tomber sous le sabre d'une foule d'assaillants que les gardes japonais avaient laissé passer pour commettre le crime projeté. Elle ne fut sauvée que par une espèce de miracle. Le gouvernement japonais ne se justifia que par le mensonge. M. l'abbé Mermet échappa trois fois au poignard. Dans l'article IV du traité, il est dit que le gouvernement japonais a déjà aboli dans l'empire l'usage des pratiques injurieuses au christianisme. Or on voit encore de distance en distance, sur les routes, des poteaux ou des colonnes sur lesquels ont été gravées des malédictions contre la religion chrétienne, que devaient proférer les passants sous peine de mort. On a fait semblant depuis 2 ou 3 ans d'abolir l'obligation de cette malédiction dans la banlieue de la capitale de l'empire, mais le gouvernement envoie à domicile des policemens qui obligent les habitants à proférer ces outrages et à fouler une plaque de cuivre sur laquelle est gravée l'empreinte d'une croix. On va jusqu'à placer dessus les enfants qui ne peuvent pas encore marcher seuls. Le 14 septembre 1862, trois Anglais et une dame se promenant à cheval, rencontrèrent à Kanagarwa le cortége d'un intendant du prince de Saxuma qui retournait à sa province. Les Yakouguins ne pouvant supporter que ces étrangers n'évacuassent pas la rue, comme les habitants du pays, portèrent deux coups de sabre à la dame qui les évita et s'enfuit. Ses compagnons se précipitant, pour se mettre entre elle et les sicaires, le premier tomba mortellement blessé; le second reçut une entaille au ventre et le troisième eut le bras cassé. L'amiral anglais demanda une réparation qu'il ne put obtenir.

Ce n'est pas tout. Les puissances européennes avaient obtenu à Yédo, dans l'espace appelé Goters-Yama, des emplacements pour leurs légations. Les constructions étaient assez avancées, lorsque le 1er février 1863, le bâtiment de la légation anglaise fut détruit avec de la poudre et consumé par les flammes. Au moment où l'incendie était à son comble, un signal d'une quinzaine de coups de canon annonça à la capitale l'anéantissement de l'édifice. Vers la mi-mars arriva dans le port de Yoko-hama l'amiral anglais Kuper avec une escadre, chargé, dit-on, de réclamer une grosse amende et l'extradition du chef de la bande qui a massacré M. Richardson et blessé ses compagnons; et, en cas de refus, de s'emparer des îles Lieou-Tcheou. Dans le même moment, le Mikado, ou souverain spirituel, rendit un décret qui chargeait le Taïcoun d'accélérer l'expulsion des étrangers et de prendre toutes les mesures nécessaires à cet effet, recommandant de communiquer ces ordres au Daïmios.

Pour comprendre la portée de ce décret, il faut savoir qu'il n'y a légalement au Japon qu'un souverain, le Mikado, qui est à la fois le chef spirituel et, en théorie, le chef temporel de l'empire. Depuis trois siècles, de grandes familles investies de la lieutenance générale, par suite de la faiblesse des empereurs, ont fini par devenir aussi puissantes que nos maires du palais et par rendre leur dignité héréditaire. Quelques autres en même temps se sont aussi rendues héréditaires dans le gouvernement des provinces, comme nos grands feudataires, ducs et comtes, dans le moyen-âge. Or quand ces grands ou daïmios ont délibéré si on ouvrirait l'empire aux étrangers, la majorité a été pour l'affirmative, il est vrai; mais la minorité a protesté, et cette minorité a pour elle le Mikado qui a réprouvé la délibération d'admission comme contraire aux antiques traditions. Voyons donc combien il est important de se hâter de prier et de prier avec ardeur. Dieu mène l'homme qui s'agite, mais aussi il aime que nous lui fassions une douce violence par nos supplications.

# NOTICE

SUR

# L'ÉTABLISSEMENT DE L'ASSOCIATION

## DE PRIÈRES

### POUR LA CONVERSION DU JAPON.

Lorque Dieu veut dispenser aux hommes quelques grâces particulières, avec le temps il se sert d'instruments qui, selon la sagesse humaine, paraîtraient devoir en rendre l'application impossible : *infirma mundi elegit Deus ut confundat fortia* : Dieu choisit ce qu'il y a de plus faible, afin de confondre ce qui est fort, de montrer clairement l'action de sa main toute-puissante. C'est ainsi qu'il a fondé son Eglise par le ministère de douze pauvres pêcheurs et triomphé de la puissance et de la sagesse des hommes par la faiblesse et la folie de la croix.

En 1841, l'abbé Robin prêtre du diocèse de St-Claude, professant la philosophie chez les Lazaristes, à Montdidier, l'histoire du christianisme au Japon lui tomba sous la main. Il lut et relut plusieurs fois cet ouvrage, et toujours avec un nouveau ravissement, faisant les vœux les plus ardents pour le retour de la foi chez un peuple si digne d'intérêt. Forcé par une maladie sérieuse de retourner dans son pays, il ne laissa pas à Montdidier son enthousiasme pour les Japonais. Souvent, depuis lors, il songea à l'établissement d'une association spéciale de prières pour cette grande nation ; il tenta même de rédiger un calendrier de ses innombrables et si glorieux martyrs, mais sans oser communiquer ses idées à personne ; il craignait que son dessein ne parût tout-à-fait chimérique.

En 1844 envoyé comme curé à Digna, dans le canton de St-Amour, il y établit, entre autres dévotions, la neuvaine en l'honneur de saint François-Xavier, laquelle a lieu du 3 au 12 mars dans presque toutes les paroisses de la Franche-Comté. Par elle, il espérait augmenter le nombre des associés à la propagation de la foi, qui ne s'élevait pas à plus de 12, et il se proposait aussi à cette fin de tâcher de se procurer des reliques de l'apôtre des Indes.

Cependant, l'association pour le Japon lui revenait toujours à l'esprit : mais, plus il y pensait, plus il la jugeait difficile, et moins il osait en parler, surtout à ses paroissiens, gens pleins de foi sans doute, mais peu familiarisés avec les œuvres extraordinaires du zèle et de la charité.

Au mois de juin 1847, l'abbé Robin se rencontra à Nance, à une revue du Jubilé avec le P. de Nolhac. Gagné par les manières douces et par la piété de ce missionnaire, il se décida à parler de son projet. Après avoir réfléchi au pied du crucifix, le Père dit qu'il était persuadé que cette pensée venait de Dieu, et qu'il fallait la mettre à exécution ; que, de son côté, il ferait tout son possible pour trouver des reliques de saint François-Xavier. Le P. de Nolhac tint parole ; le 3 août, il manda qu'à force de recherches il était enfin parvenu à en découvrir une et qu'il avait plus que jamais la confiance que, sous le patronage de l'apôtre des Indes et du Japon, l'œuvre se développerait et ferait un vrai bien par ses résultats.

Dans l'intervalle, l'histoire du christianisme au Japon avait été communiquée à quelques prêtres zélés et à de pieux laïques, en leur insinuant le projet d'association de prières pour cet empire. Tous avaient fortement pressé l'abbé Robin de le mettre à exécution et au plus tôt. Un confrère lui avait écrit : « La lecture de « l'histoire japonaise m'a fait le plus grand bien. « Quel héroïsme chez ces bons chrétiens ! quels « hommes ! quelles femmes ! quels enfants ! « quels vieillards ! quels missionnaires ! Mais « aussi quelle cruauté à froid chez ces lâches « Cubo-Sama !... Je me suis dit souvent, en li« sant leurs horreurs : pourquoi n'avions-nous

« pas là seulement 10,000 Français pour se met-
« tre à la tête de ces nombreux et intrépides chré-
« tiens ! Aujourd'hui le Japon, la Corée et le cé-
« leste Empire seraient une pépinière de saints ;
« l'univers serait catholique. Voyez ce qu'ils ont
« fait à Arima ; et cependant ils étaient à bout
« de leurs légions de martyrs et ils n'avaient
« plus de pasteurs ! Oh, oui, cher et bien-aimé
« confrère, une noble et chrétienne pensée vous
« est venue du ciel lorsque vous avez proposé
« au bon Père de Nolhac d'établir des neuvai-
« nes en faveur du Japon. Le sang de tant de
« martyrs, le beau caractère de cette nation,
« l'influence immense que, convertie, elle au-
« rait sur les autres peuples idolâtres, tout nous
« dit que le Seigneur exaucera nos prières. Met-
« tez donc, je vous en conjure, la main à cette
« œuvre ; elle est digne de votre zèle et Dieu
« la bénira. »

Un autre confrère lui avait dit : « Je vous en-
« gage très fortement à mettre à exécution et
« au plus tôt l'admirable projet qui vous a été
« inspiré du ciel. Seulement, je me permettrai
« de vous observer que je n'aime pas le ca-
« ractère de provisoire que vous avez donné
« à votre association de prières ; il faut qu'elle
« soit définitive. Il faut prier non-seulement
« jusqu'à l'entrée des missionnaires au Japon,
« mais encore après pour la conversion de tout

« cet empire ; il faut qu'il devienne le grand « séminaire de l'Asie. Vous aurez des contra- « dictions, des difficultés, des moqueries ; mais « tel est le caractère des œuvres de Dieu. Ne « vous découragez donc jamais et marchez tou- « jours. »

Un savant et pieux laïque Nicolas Piard avait aussi écrit : « J'ai lu et relu avec la plus grande « édification le livre, ou, ce qui est mieux dit, « le martyrologe du P. Charlevoix. Que nous « sommes loin de cette belle époque de la foi des « premiers chrétiens du Japon ! de ces heureux « et bienheureux catéchumènes de saint Fran- « çois-Xavier et de ses illustres successeurs dans « l'œuvre de la propagation évangélique ! L'on se « sent tout honteux de n'avoir pas encore eu la « pensée de lire ces intéressants et admirables « mémoires... Faut-il espérer que, de nos jours, « ces belles provinces ouvriront leurs portes à « de nouveaux missionnaires ? Oui, car le sang « des martyrs n'a pas coulé en vain : de leur « sang, il naîtra des prédicateurs animés du « même esprit pour confondre l'empire de l'i- « dolâtrie. »

Les journaux ayant annoncé que Mgr Forcade, nommé depuis peu vicaire apostolique du Japon, était arrivé à Nantes et devait prochainement retourner en Orient, l'abbé Robin lui écrivit pour faire part à S. G. du projet d'association de prières pour le Japon et pour lui demander sa bénédiction épiscopale. Le 6 octobre, l'évêque-missionnaire répondit de Rome : « Monsieur le curé, je n'ai reçu qu'avant-hier à « Rome la bonne lettre que vous m'avez adressée « à Nantes... Tout ce que vous me dites m'est « une preuve nouvelle de ce dont je suis depuis « longtemps intimement convaincu : que l'heure « des miséricordes divines est enfin arrivée pour « le grand et malheureux empire du Japon. Ses « portes de fer, depuis deux cents ans fermées, « seront bientôt brisées : Dieu nous a parlé de « trop de manières dans ces derniers temps « pour que nous puissions en douter. Votre « confrérie me va à merveille. Moi-même dans « ces jours, je rêvais aux moyens d'obtenir pour « ma pauvre mission le plus de prières possibles, une masse de prières qui fît violence au « ciel. Je songeais à différents expédients sans « pouvoir m'arrêter sur aucun ; je ne pensais « pas au vôtre qui est sans doute le meilleur : « c'est la Providence elle-même qui vous envoie « vers moi pour me tirer d'embarras. Les indulgences que peut accorder un évêque étant « fort peu étendues, je serais disposé à en solliciter auprès du souverain Pontife de plus « abondantes pour votre œuvre. Veuillez donc « m'envoyer sans délai vos idées à cet égard, « me dire ce que vous désireriez, ce que, selon

« vous, il serait bon de demander. J'agirai en-
« suite. Ne faites rien toutefois sans savoir si la
« chose agrée à Mgr. votre évêque. Vous vou-
« driez avoir des détails sur l'état actuel du
« christianisme au Japon. De ce que le Saint-
« Siége a donné un évêque à ce malheureux
« pays, vous en concluez sans doute que si les
« difficultés anciennes, difficultés si grandes que
« depuis deux siècles elles font juger la mission
« impossible, n'ont pas entièrement disparu,
« elles sont aujourd'hui, du moins, bien dimi-
« nuées. Il n'en est rien : le Japon est toujours
« fermé, toujours, humainement parlant, ina-
« bordable, tout aussi bien fermé et tout aussi
« inabordable qu'il l'a jamais été. Je vous
« parle ainsi sur de bons et récents renseigne-
« ments, après avoir fait par moi-même des
« tentatives jusqu'aux portes de Nangazaki.
« L'érection de mon vicariat apostolique, faite
« par le pape Grégoire XVI, serait une énigme
« pour moi, comme elle l'est pour bien d'au-
« tres, si je ne savais que, ce que l'homme ne
« peut, Dieu le peut et le fait s'il le veut, et si
« des raisons toutes particulières ne me don-
« naient la parfaite conviction que Dieu veut en
« effet actuellement le retour de la foi au Japon.
« Qu'il y reste encore des chrétiens, tout me
« porte à le croire ; mais, jusqu'ici, personne
« n'ayant pu rétablir avec eux des relations in-

« terrompues en 1640, je ne puis vous dire en « quel état ils se trouvent, ni vous en donner « aucune nouvelle... Il ne faut pas chercher le « moins du monde les causes de la ruine de « cette Église dans la persécution qui n'en a « été que l'occasion, mais entre autres choses « et par dessus tout dans l'absence d'un clergé « indigène. S'il y avait eu au Japon 50 évêques « et 10,000 prêtres Japonais (et l'on pouvait « avoir au moins cela avec plus d'un million de « chrétiens éclairés et fervents), le principe de « Tertulien eût été aussi vrai au Japon que par- « tout ailleurs, et soyez-en sûr.... Remerciez « pour moi ceux de MM. vos confrères qui ont « bien voulu associer leurs paroisses à votre « confrérie, et dites de ma part à tous les bons « curés que vous rencontrerez que je les prie « instamment d'essayer d'en faire autant. Il n'y « a que la prière, la prière et encore la prière « qui puisse nous ouvrir le Japon, qui puisse « le sauver. Grâce à votre confrérie, à cette « sainte et féconde pensée que Dieu vous a ins- « pirée, vous serez sans doute beaucoup plus « que moi le nouvel apôtre du Japon... Je vous « bénis, M. le curé, vous, vos paroissiens, et, « par dessus tous les autres, ceux d'entre eux « qui sont de la sainte confrérie... »

Une copie de cette belle lettre fut envoyée à St-Claude avec un projet de règlement d'association pour le Japon. Mgr l'évêque répondit qu'il se faisait un plaisir d'approuver les moyens que l'abbé Robin se proposait de prendre pour augmenter le nombre des abonnés à la propagation de la foi et surtout pour obtenir la conversion du Japon; qu'il approuvait également le règlement dressé à cet effet et faisait des vœux bien ardents pour la prospérité de l'entreprise.

L'établissement de l'association devait être précédé d'une retraite donnée par un Père que le supérieur de la maison de Dole avait promis d'accorder. Mgr du Japon avait aussi accueilli la proposition de se rendre à Digna à son retour de Rome à Paris, qui concordait avec le temps de la retraite. Etant tombé malade en route, il fut obligé de regagner directement la capitale en s'entourant de grandes précautions. Quant au Père, il travailla avec tant de succès que presque toute la paroisse s'approcha des sacrements, que 50 personnes s'associèrent à la propagation de la foi et 450 à la confrérie du Japon. Peu après, Nance la voyait s'établir avec des fruits tout aussi admirables.

On aurait peut-être été moins étonné de ce beau début si on avait su alors que le vicaire de J.-C. avait déjà béni l'association et puisé dans les trésors de l'Église pour enrichir ses membres. Mgr Forcade envoya les rescrits apostoliques avec une lettre qui se terminait ainsi :

« J'ai bien regretté, je vous l'assure, M. le
« curé, de n'avoir pu me rendre dans votre pa-
« roisse à mon retour de Rome ; mais, vrai-
« ment, alors ma santé ne me le permettait pas.
« Quoiqu'à mon grand regret je n'aie pu voir le
« bon curé de Digna ni ses chers paroissiens, le
« curé et la paroisse n'en seront toujours pas
« moins dans mon cœur. Et si jamais, comme
« je l'espère bien, la divine Providence nous
« ouvre le Japon, on saura dans nos nouvelles
« chrétientés ce que vous avez fait, ce que vous
« persévérez et persévèrerez à faire pour nous.
« Le prières du pasteur et du troupeau vous
« seront toujours assurées..... Je m'empresse
« de vous adresser le rescrit apostolique des
« indulgences que vous m'aviez demandées, et
« un autre rescrit qui en accorde également à
« tous les fidèles. Je n'ai pas besoin de vous
« recommander de faire part de ces faveurs
« pontificales à toutes les âmes pieuses que vous
« rencontrerez. »

A la fin de l'année 1850, le nombre des personnes agrégées à l'association s'élevait à 1,800, la plupart étaient du pays où elle avait pris naissance. Dans le but de lui donner une plus grande publicité, le curé de Digna fit imprimer un petit écrit contenant : 1° Un précis de l'histoire du christianisme au Japon ; 2° Une notice sur l'établissement de l'association ; 3° Les statuts de l'association et les indulgences accordées par N. S. P. le Pape. Au mois de mars 1852, l'*Union franc-comtoise* publia sur l'association un article qui fut reproduit par l'*Univers*, par le *Journal de Bruxelles* et par d'autres feuilles publiques. A la suite de ces publications, on écrivit de divers côtés à Digna pour avoir des renseignements plus précis sur les conditions requises pour établir l'association ou pour s'y faire affilier.

Le 15 mars, Mgr Gaume, protonotaire apostolique et vicaire général de Nevers, écrivit : « C'est d'aujourd'hui seulement que j'ai con-« naissance de la belle œuvre dont le Bon Dieu « vous a inspiré la pensée. Comme prêtre, j'en « suis heureux ; comme franc-comtois, j'en suis « fier. Veuillez être assez bon pour me faire « connaître les conditions requises pour en faire « partie. » Même demande par M. Herpin, prêtre de Rennes, en Bretagne, et encouragements de M. le chevalier Lelièvre de Staumon, de Profondeville-les-Namur, en Belgique. M. l'abbé Mertian manda qu'il propageait l'association à Haguenau, en Alsace, et M. l'abbé Lamelot qu'il la prêchait à Longien. Le 1er avril, M. l'abbé Martin, directeur de l'établissement des sourds-muets à Besançon, en expédiant une liste, assura que l'association de prières pour le Japon ferait beaucoup de chrétiens dans ce malheureux pays ; qu'elle attirerait d'abondantes bénédictions sur la mission. Ce prêtre, aussi zélé que savant, a envoyé de Besançon plus de 1,200 noms pour être transcrits sur le registre de l'association à Digna. Le 14 avril, M. Ducat, vicaire de Champlitte, sur le point d'entrer chez les jésuites, et depuis parti pour la mission de Siam, manda qu'il désirait laisser dans le pays un grain de la bonne semence, en établissant l'association à Champlitte. Le 4 mai, M. le curé de Thivars annonça que tous les jours une personne de sa paroisse se rendait en pèlerinage à Chartres pour implorer l'intercession de la Sainte Vierge en faveur de ses ouailles ; que désormais le pèlerinage se ferait aussi dans le but d'obtenir la conversion du Japon ; mais qu'il attendait que, quand Dieu aurait rouvert cet empire à nos missionnaires, on tâcherait d'y faire ériger un sanctuaire à Notre-Dame de Chartres. Le 6 mai, M. Alexandre Arborio de Verceil, grand seigneur piémontais, très-zélé pour les missions, ayant ouï parler de l'association par un journal italien, fit écrire à Digna par un père jésuite qu'il éprouvait le plus vif désir de prendre part à la sainte croisade de prières pour faire violence au ciel et d'être agrégé à la charitable milice ; que le R. P. Surgu allait travailler à l'extension de l'association à Avignon et dans le Piémont. Le même mois encore, plusieurs grandes familles de Lyon et des environs envoyèrent leurs noms à Digna pour les faire inscrire sur le registre de l'association. En 1854, elle fut établie à Amodans et à More, dans le diocèse de Besançon, et Mademoiselle Eugénie Duban, personne très-pieuse et très-charitable de cette ville, fit faire et distribua une immense quantité de petits chapelets, dit chapelets de saint François-Xavier, pour la conversion du Japon.

Il serait trop long d'analyser toute la correspondance des premières années de l'établissement de l'association : nous nous bornons à donner des extraits de celle de M. Pélissier, prêtre du diocèse du Puy. Dans une lettre du 20 mai 1852, il témoignait le désir de courir la chance des frais d'une seconde édition du Précis de l'histoire du christianisme au Japon, bien qu'il eût à prélever sur ses honoraires de vicaire l'entretien d'un père octogénaire ruiné en 1848. Ce jeune prêtre, appelé de temps en temps par Mgr l'évêque du Puy à donner des retraites dans les paroisses de ce religieux diocèse, avait inspiré à beaucoup de personnes la pratique de prier et de faire des communions pour la conversion du Japon.

Dans une de ces retraites, en 1852, il y eut deux communions générales : la dernière, le jour de la clôture, fut à l'intention de la conversion du Japon. Tous les jours, matin et soir, on récitait un chapelet à cette intention. Dans le diocèse du Puy, chaque village possède une maison appelée *Assemblée*, où, sous la direction d'une pieuse fille, qu'on qualifie du nom de *Béate*, se réunissent tous les jours les enfants, les jeunes personnes et les mères, et les dimanches les jeunes gens et les pères de famille. Là, on fait le catéchisme, la lecture, la prière. Le jeune missionnaire ayant fait connaître à ces institutrices dévouées l'œuvre du Japon, ces pauvres filles mirent une ardeur admirable à prier et à faire prier pour les Japonais. Dans la paroisse de Beaulieu et dans plusieurs autres du voisinage, tous les exercices du mois de Marie furent terminés par une prière à cette intention. Le dimanche 16 mai, M. l'abbé Pélissier s'étant rendu à une de ces assemblées, après avoir fait prévenir de sa visite, y trouva un nombre considérable de personnes, tant de l'endroit que des paroisses voisines. Après les prières du mois de Marie, il fit une chaleureuse instruction sur les persécutions endurées par les chrétiens au Japon et sur le zèle que tout fidèle doit avoir pour que la croix soit de nouveau arborée dans cet empire. Vint ensuite ce qu'on appelle dans le pays la distribution des récompenses. Les petits enfants interrogés sur ce qu'ils feraient pour les Japonais: « Mon Père, je réciterai trois *Ave Maria* matin et soir à cette intention. »

Les enfants plus âgés répondaient : « Voici l'Ascension, voici la Pentecôte : je communierai pour la conversion du Japon. Le ton de candeur de ces petits anges attendrissait jusqu'aux larmes. En parcourant la paroisse, le jeune prêtre rencontrant ces enfants, leur disait : « Pensez-vous à nos petits Japonais si malheureux? Récitons un *Ave Maria.* » Les enfants de s'empresser de le dire avec l'invocation : « Saint François-Xavier, priez pour nous et particulièrement pour le Japon. » Après les prières journalières pour les infortunés Japonais, un enfant s'adressant à la Béate du village d'Audiac, lui dit naïvement : « Est-ce donc que les petits Japonais pour qui nous prions tous les jours, le matin et le soir, ne sont pas guéris ? Sont-ils donc toujours malades ? — Oui, répondit la pieuse institutrice, ils le seront tant qu'ils n'auront pas le bonheur d'être comme vous enfants de Dieu et de l'Eglise par le baptême, et de connaître comme vous le bon et doux petit Jésus et la miséricordieuse Marie, votre toute bonne mère. — Eh bien, reprit l'enfant, nous continuerons à prier encore. » Dans une communauté religieuse qui instruit 400 jeunes personnes à Rosières, chaque jour on faisait le chemin de la croix à l'intention du retour de la foi au Japon, et chaque mois une communion à la même fin. D'autres maisons dépendant de cette zélée communauté, rivalisaient d'ardeur avec elle pour adresser au ciel de ferventes prières. Dans une lettre du 8 septembre, M. l'abbé Pélissier dit : On prie toujours avec ferveur à Beaulieu et dans les paroisses voisines pour la conversion du Japon. Une foule de personnes, le jour de l'Assomption et pendant l'Octave, ont fait la sainte communion à cette intention. L'œuvre est devenue populaire dans le canton, grâce au zèle de plusieurs excellents prêtres. La confrérie a toutes les sympathies de Mgr l'évêque du Puy et de M. le supérieur du séminaire qui en entretient souvent les jeunes lévites. Le 21 mai 1863, le jeune missionnaire écrivit : Le Japon n'a pas été oublié dans le redoublement de piété produit par le grand jubilé de Notre Dame du Puy. On a prié avec une ardeur toujours croissante. Pendant une retraite donnée dans ce beau mois, tous les jours le chapelet fut récité à l'intention du Japon, et le jour de la communion générale, un souvenir de compassion fut accordé à ces infortunés insulaires. Ce souvenir fut renouvelé le jour de la première communion. Le 3 août, il manda : Ici l'œuvre du Japon va toujours son train. *Absit à me hoc peccatum ut cessem orare.* Non, mille fois non. C'est partout ; c'est à temps, c'est à contre-temps que j'en parle, et je le redis avec bonheur : Il y a progrès dans cette si excellente œuvre. Rien d'étonnant que les œuvres les plus saintes soient traversées : c'est au contraire une ferme assurance de succès que de voir les attaques formidables auxquelles elles sont en butte de la part du démon. Ce n'est pas à nous de scruter les moments que Dieu a réservés pour l'exécution de ses desseins : mais c'est toujours à nous de prier, de prier encore, de prier sans cesse. Souvent au moment où l'on croit tout perdu, c'est alors que tout se met en train de marcher. M. Tronson, supérieur de St-Sulpice, aimait à répéter : « N'épargnons pas les prières, « uand les choses sontd ésespérées : c'est préci« sément le temps que le Bon Dieu choisit pour « faire ses meilleurs coups. »

A Lons-le-Saunier et à Salins, où on réunit toutes les semaines les pauvres pour les instruire et les faire prier, les prêtres, directeurs de ces réunions, résolurent de terminer les exercices par l'invocation : Saint François-Xavier, priez pour nous et particulièrement pour le Japon. Le nombre des associés inscrits à Digna seulement s'élevait à plus de 3000 et 80 habitants de cette paroisse faisaient partie de la propagation de la foi, c'est-à-dire un habitant sur 7.

En 1853 le directeur de l'association écrivit à Son Eminence le cardinal préfet de la propagande pour rendre compte de l'état de l'œuvre et s'offrir d'aller au Japon, si le Saint-Père agréait ses services. Voici la traduction de la réponse :

Très révérend Monsieur,

Comme vous le désirez, nous venons de mettre sous les yeux de notre très Saint-Seigneur, ce que par vos lettres du 23e jour de novembre de l'Incarnation du Seigneur, vous nous avez fait connaître sur l'établissement de la pieuse association que vous dirigez pour obtenir du Père des miséricordes, par des prières quotidiennes, la conversion des peuples du Japon. Or Sa Sainteté veut que cette œuvre, tout particulièrement recommandable entre les autres du même genre, soit conduite avec soin; qu'elle soit louée : et elle octroie avec le plus tendre amour sa bénédiction apostolique, en témoignage de sa bienveillance paternelle, aux fidèles chrétiens qui s'occupent de cette association. Témoignant ces choses de grand cœur au prêtre qui s'est adressé à Nous, nous souhaitons que le Dieu tout-puissant et très-grand lui accorde toutes sortes de prospérités.

A Rome, au palais de la Sacrée congrégation de la propagation de la foi le 31 décembre 1853.

Votre dévoué J. Ph. Card. Fransoni, Préfet.

Au rév. Monsieur Léon Robin, curé à Digna, diocèse de St-Claude. Al. Barnabo, secrétaire.

Cette gracieuse réponse eût pour résultat de faire persévérer le curé de Digna à prier avec ses paroissiens pour la conversion du Japon.

Depuis 1847, tous les dimanches, à la grand'-messe, ils récitent un *Pater* et un *Ave* pour le Japon avec l'invocation: *Saint François-Xavier priez pour nous et particulièrement pour le Japon*. Ils célèbrent aussi solennellement, chaque année, la neuvaine du 25 novembre au 3 décembre, jour de la fête de saint François-Xavier, faisant les exercices le matin et le soir : exercices accompagnés de prédications.

En 1854, des protestants de Genève étant venus dans un hameau de la paroisse, situé dans les montagnes à 10 kilomètres de l'Eglise paroïssiale, dans le dessein de corrompre les habitants de ce hameau à prix d'argent, ceux-ci qu'on regardait comme des sauvages, témoignèrent une si vive indignation de ce qu'ils appelaient la plus sanglante injure qu'on pût leur faire, que le curé de Digna ouvrit une souscription et que dans moins de trois ans, avec les seuls secours de la charité, on bâtit une église, un presbytère, une maison d'école pour deux religieuses; on meubla l'église et la sacristie, on dota les sœurs institutrices ; on obtint l'érection d'une succursale et l'envoi d'un curé pour la desservir. L'église fut bénite par Mgr Mabile et consacrée par Mgr Fillion sous le vocable de saint François-Xavier, regardé partout le pays comme l'auteur de cette merveilleuse création, qu'il a sollicitée de Dieu en récompense des prières qui lui ont été adressées avec tant de persévérance, pour la paroisse en même temps que pour le Japon.

En la même année 1854, le 22 juillet, M. Eléonore Bailly, vicaire-général de St-Claude et supérieur du grand Séminaire, écrivit au Directeur : « Réjouissez-vous ! un Franc-Comtois a peut-« être plus que tout autre, l'espérance de voir « le Japon se rouvrir. Ce Franc-Comtois, c'est « M. l'abbé Mermet, des Bouchoux qui, après « être demeuré deux ans au séminaire de Lons-« le-Saunier, a fini ses études ecclésiastiques « aux Missions étrangères. Le 12 août prochain « il va s'embarquer pour entrer au Japon. Je « les recommande, lui et son œuvre, à vos priè-« res. Tout à vous.— Bailly. »

L'association se maintenait donc toujours à Digna, mais elle avait fini par n'avoir plus de liens au dehors ; on n'y savait même plus si on priait encore quelque part en commun pour la conversion du Japon, lorsque le 10 janvier 1863 le curé de Digna reçut la lettre suivante :

Monsieur le curé,

Récemment arrivé du Japon pour les intérêts de cette intéressante mission dont je suis chargé, j'entendis Mgr Forcade, notre premier vicaire apostolique, dans une visite que je fis à Sa Grandeur à Nevers, il y a quelques jours, me parler de nouveau de la pieuse association de prières pour le Japon, fondée il y a je crois une quinzaine d'années dans votre paroisse de Digna... J'ai l'intention, Monsieur le curé, en visitant les parents d'un de mes confrères du Japon, M. Mermet, du diocèse de St-Claude, de me permettre de vous faire une courte visite dans votre paroisse de Digna, si vous le trouvéz bien, pour me mettre mieux au courant moi-même auprès de vous, de tous les exercices de cette pieuse association qui nous est si chère et si utile, et pour m'entendre avec vous sur ce qu'il pourrait y avoir à faire, soit à Digna même, soit à Rome, où je pense passer prochainement dans mon voyage de retour au Japon, soit pour ressusciter l'association, si elle n'existait plus, soit pour l'enrichir de nouvelles grâces, dans ces temps où l'aurore des nôuveaux jours de salut de la nation Japonaise semble poindre à nos yeux bien réjouis. J'aurai l'honneur de vous raconter en détail les heureux événements qui sont pour nous le fondement d'espérances bien chères, et qui ont motivé ma visite en France... J'espère que nos pieux associés seront heureux d'apprendre que leurs vœux et saintes prières n'ont pas été sans résultat.

En attendant le plaisir de recevoir de vos nouvelles, j'ai l'honneur d'être...

P. M. Girard, provic. apost. et sup. de la mission du Japon.

On pense quelle fut la réponse qui fut faite à une lettre si agréablement surprenante. Mgr de St-Claude ayant été informé des intentions de M. le provicaire du Japon, répondit le 17 janvier:

Monsieur et cher curé,

C'est une excellente pensée que vous avez eue de faire profiter votre paroisse du séjour que vous accorde le digne supérieur des missions du Japon qui va vous visiter. Je serais tenté d'en être jaloux. Aussi je m'empresse de vous donner tous les pouvoirs que vous désirez pour conduire à bonne fin, pour la gloire de Dieu et le salut des âmes, le *triduum* demandé. Je comprends tout dans ces pouvoirs, confession, salut, bénédiction, etc., dans la mesure de ce dont je puis disposer seulement. Et maintenant que Dieu vous soit en aide! j'en apprendrai avec bonheur les édifiants succès.

Recevez, cher M. le curé, la sincère assurance de mes meilleurs sentiments en N. S.

† LOUIS-ANNE, év. de St-Claude.

Le 24 mars, M. Girard arriva à Digna avec un néophite japonais de 19 ans, d'une bonne famille de Yédo, qui s'était attaché à lui dans cette capitale. Quoique les habitants n'eussent été prévenus qu'à l'église, à la prière du soir de ce jour, le lendemain 25, à la grand'messe, l'église était comble et la population écouta avec avidité les récits de ce qui venait de se passer dans la ville de Yédo et dans les environs et les espérances très-fondées de voir bientôt le peuple japonais entrer en masse dans le giron de la sainte Eglise. Toute la paroisse fut électrisée en pensant qu'elle voyait et entendait chanter la messe au supérieur de la mission ; que c'était lui-même qui racontait les faits les plus admirables; qu'elle avait là sous les yeux un néophite japonais venu de 5,000 lieues et d'un pays d'où personne n'était sorti, où personne n'avait pu pénétrer depuis 200 ans. M. le pro-vicaire célébra aussi la messe et prêcha dans la communauté de Châtel et visita l'église de saint François-Xavier érigée dans les montagnes. Avant de partir, il règla, entre autres choses, que tous les ans le curé de Digna lui enverrait le catalogue des nouveaux associés et des associés défunts, qu'il y aurait au Japon des messes particulières pour eux, et que ces catalogues seraient copiés dans des registres que la mission conserverait très-religieusement. Enchanté de la paroisse de Digna, M. le pro-vicaire partit pour Rome, où le samedi saint, 4 avril, le néophite fut baptisé sous les noms de Marie-Joseph-Xavier.

Pendant son séjour à Rome, M. Girard, nommé préfet apostolique, obtint du St-Père une indulgence plénière pour les associés aux conditions ordinaires, pour chacune des quatre fêtes suivantes : 1° Le 29 septembre, pour la fête de saint Michel archange, choisi par saint François-Xavier lui-même pour premier patron du Japon ; 2° Le dimanche après l'octave de l'Assomption pour la fête du très-saint et immaculé cœur de Marie, auquel Mgr Forcade consacra le Japon, lorsqu'il en était le vicaire apostolique ; 3° Le 3 décembre, pour la fête de saint François-Xavier, comme premier apôtre du Japon ; 4° Le 5 février, pour la fête des saints Pierre-Baptiste, Paul Miki et leurs compagnons, martyrs, dont la fête a été fixée par le St-Siége à ce jour-là. M. le préfet apostolique obtint en outre une indulgence de 300 jours pour le *Pater*, l'*Ave* et l'invocation qui se récitent au Prône, et une autre de 300 jours encore pour la récitation du petit chapelet de saint François-Xavier à l'intention de convertir le Japon.

M. Girard avait dit au directeur de l'association qu'il lui fallait absolument, et dans le plus bref délai, arriver à réunir 300 à 400,000 associés pour prier pour le Japon. Le Directeur lui avait répondu : « Il est possible d'arriver jusqu'à « ce nombre, en allant à Rome solliciter du « Souverain Pontife, la plus large de ses béné- « dictions, une bénédiction à deux mains bien « étendues, et je ferai ce voyage. » A la conférence ecclésiastique du 19 mai, les prêtres du canton de St-Amour apprenant que leur confrère de Digna allait partir pour Rome, signèrent, pour être remise au St-Père, une adresse dans laquelle ils protestaient de leur soumission et de leur dévouement au Pontife-roi et s'engageaient à prier et à faire prier pour le Japon. MM. les curés du canton de Cuiseaux firent une adresse semblable.

Le 14 juin, au moment où le directeur allait partir, quelques-uns de ses paroissiens lui remirent une petite somme pour être offerte au St-Père. Il arriva à Rome le 21, et le 4 juillet il eut le bonheur d'être admis à une audience particulière de N. S. P. le pape qui dura près d'une demi-heure. Le St-Père écouta avec la plus bienveillante attention le récit de l'origine et de l'établissement de l'association, des faveurs que Sa Sainteté lui avait déjà accordées et de la grâce qui était encore réclamée. Pie IX éprouva en lisant la supplique suivante une émotion qui démontre la vivacité de son désir de sauver tous les hommes et sa profonde connaissance des moyens les plus propres à y arriver :

« Très-saint Père,

« Prosterné humblement aux pieds de Votre Sainteté, Léon Robin, prêtre, curé au diocèse de St-Claude en France, enhardi par sa tendresse filiale, par votre bonté paternelle et par les besoins pressants de la sainte Eglise, ose supplier avec une foi ardente Votre Sainteté d'ajouter encore une nouvelle grâce à celles que vous venez de donner dans la proclamation du dogme de la Conception immaculée de la Bienheureuse Vierge Marie et dans la canonisation des vingt-six martyrs japonais.

« Très-saint Père, vous avez dit que, grâce à la protection de la Vierge sans tache et des héroïques serviteurs du Christ au Japon, Dieu nous donnera l'abondance de miséricorde nécessaire pour soutenir avec fermeté la guerre et les souffrances, et pour assister ensuite au triomphe de la paix. Oui, très-saint Père, mais les héroïques serviteurs du Christ au Japon ne sont pas seulement les vingt-six martyrs que vous avez canonisés en 1862 ; il y a encore le GRAND MARTYRE à élever sur les autels, c'est-à-dire Charles Spinola et ses 59 compagnons.

« Très-saint Père, réunissez sur les autels les martyrs brûlés vifs en 1622 à leurs compagnons crucifiés en 1597 ; et alors avec la Bienheureuse Vierge Marie immaculée, et par cette glorieuse Libératrice, les vingt-six croix et les soixante bûchers, joints aux souffrances et à la croix du Rédempteur, refouleront dans l'abîme, d'une part l'idolâtrie, et d'autre part les monstrueuses erreurs qui désolent la société chrétienne.

« Daignez, très-saint Père, jeter un regard favorable sur les vœux et sur le dévouement à votre personne sacrée du moindre de vos enfants prosterné à vos pieds bénis.

« *Le curé de Digna, directeur de l'association de prières pour la conversion du Japon,* LÉON ROBIN.

« Rome, 24 juin 1863, en la fête de saint Jean-Baptiste. »

Le St-Père termina l'audience à peu près en ces termes : Je vous bénis de toute l'étendue de mon pouvoir. Je bénis vos paroissiens pour qu'ils vous soient dociles. Je vous accorde avec amour toutes les bénédictions que vous m'avez demandées. Je bénis tout ce que vous avez entrepris pour la sainte Eglise.

Le St-Père avait témoigné qu'il consentirait volontiers à procéder à cette canonisation; il avait dit qu'il fallait que les jésuites qui étaient les procurateurs de la cause, fissent les démarches nécessaires. Voici le bienheureux résultat de cette demande :

« Monsieur le curé,

« La lettre si pleine d'intérêt que vous m'avez adressée est arrivée à Rome la veille du jour où Sa Sainteté a daigné signer la reprise de la cause du vénérable Charles Spinola et de ses compagnons, et de trois autres causes annexées à celle-là. Vos prières, Monsieur le curé, et celles de vos nombreux associés pour la conversion du Japon, ne sont pas certainement étrangères au concours de circonstances tout-à-fait exceptionnelles qui ont préparé les voies à cette importante décision. Parmi ces circonstances, il est bien juste de donner un rang spécial à la supplique que vous présentâtes au St-Père dans l'audience qu'il vous accorda. Ce premier résultat déjà obtenu sera pour les membres de l'association un puissant encouragement à redoubler de zèle pour attirer de nouvelles miséricordes du Seigneur sur cette mission jadis si florissante et néanmoins encore fermée aux prédicateurs de l'Evangile.

« Je recevrai avec reconnaissance le précieux document dont vous m'avez envoyé copie. Veuillez bien remercier Monseigneur l'évêque de St-Claude d'y avoir apposé la sanction de son autorité.

« Veuillez bien, dans vos bonnes prières, recommander à Notre Seigneur, la Compagnie de Jésus et son Général, et agréer l'assurance de mes sentiments respectueux et reconnaissants avec lesquels j'ai l'honneur d'être,

Monsieur le curé,

*Votre très-humble serviteur en J.-C.*,

PIERRE BECKX,

Général de la Cie de Jésus.

« Rome, 11 août 1863. »

Sous le même pli se trouvait encore la lettre suivante :

« Rome, 12 août 1863.

« Mon cher ami, P. C.,

« La réponse que vous adresse notre Père général, vous annonce une nouvelle bien consolante. En l'apprenant, vous vous rendrez plus facilement compte de l'émotion qu'éprouva le Souverain Pontife lorsque vous lui demandâtes la Béatification de Vén. Spinola. Les procès de cette cause et de trois autres causes annexées à celle-là ayant été depuis longtemps instruits, le St-Père, dans son bref pour la reprise des travaux préliminaires à la Béatification, a tenu compte de ceux qui avaient été faits précédemment ; en sorte que l'on peut espérer un dénouement heureux et prochain.

« De même que votre supplique n'a certainement pas été étrangère à la décision que le St-Père a prise plus promptement qu'on n'aurait osé l'espérer, de même aussi les lettres des évêques que vous vous proposez de solliciter, ne pourront avoir qu'un heureux résultat. Quelle récompense ne recevrez-vous pas un jour dans le ciel, mon cher ami, pour votre zèle à faire honorer ces illustres confesseurs de la foi, et, en attendant, quel appui n'en recevrez-vous pas dans l'exercice du saint ministère, pour faire persévérer les âmes dans le service de Dieu, ou les y ramener.

« Recommandez à notre divin Maître, dans vos bonnes prières, au saint autel surtout, votre bien humble serviteur et ami tout dévoué en N. S.

« PH. DE VILLEFORT. S. J. »

Le vénérable Général des jésuites dit dans sa lettre : « Vos prières et celles de vos nombreux « associés pour la conversion du Japon, ne sont « pas certainement étrangères au concours de « circonstances tout à fait exceptionnelles, qui « ont préparé les voies à cette importante déci- « sion. » Certainement le Directeur a prié et prié avec foi : mais pour l'influence qui a déterminé ces circonstances tout-à-fait exceptionnelles, il faut l'attribuer à quelques bonnes âmes de la paroisse de Digna, aux religieuses de Châtel, de Cousance, de Cuiseaux, et surtout aux nombreuses et si ferventes communautés de Nevers, qui pendant tout le temps du voyage ont ardemment prié pour qu'il tournât à la plus grande gloire de Dieu et au salut des âmes. Il faut toujours rendre à chacun ce qui lui est dû, même aux absents, et nous le faisons avec bonheur, disant en même temps que ce succès inoui est un merveilleux prélude, un signe saisissant de ce qu'on doit attendre de la grande canonisation, et d'une masse de plusieurs centaines de milliers de voix qui s'élèveront, comme partant d'une seule poitrine, pour demander l'illumination de l'Orient, la conversion de l'Occident, le salut de tous.

La samedi 14 novembre arriva à Digna Mgr Forcade, évêque de Nevers, ancien vicaire apostolique du Japon. Le lendemain, fête de la Dédicace, Sa Grandeur officia pontificalement à la messe et aux vêpres, au milieu d'un grand concours de fidèles. Le 31 décembre, sur 550 habitants dont se compose la paroisse de Digna, 125 faisaient partie de l'œuvre de la Propagation de la foi !

## STATUTS

### DE L'ASSOCIATION DE PRIÈRES

### POUR LA CONVERSION DU JAPON.

I. Il est établi dans l'église de Digna une pieuse association de prières pour la résurrection et la propagation de la foi dans l'empire du Japon.

II. Cette association a pour but d'aider par

des prières l'entrée au Japon des évêques et des missionnaires envoyés par le St-Siége pour prêcher l'Evangile dans cette contrée.

III. Les personnes de tout âge, de tout sexe et de toute condition pourront, sur leur demande, être admises dans l'association. Elles donneront leurs noms et prénoms que le directeur inscrira sur un registre particulier.

IV. Le curé de Digna est directeur-né de l'association ; lui seul peut admettre et inscrire sur le registre les personnes qui demandent à en faire partie.

V. L'apôtre des Indes, ayant été aussi le premier missionnaire du Japon, sera le patron de l'association. Chaque associé portera la médaille des martyrs du Japon.

VI. Les associés sont invités à réciter chaque jour l'oraison *Père éternel...* ou le *Pater* et l'*Ave* pour la conversion des Japonais, et surtout l'invocation : *Saint François-Xavier, priez pour nous et particulièrement pour le Japon.*

VII. Une neuvaine publique et solennelle commencera le 25 novembre et se terminera le 3 décembre, fête de saint François-Xavier, par une communion générale, outre la neuvaine du 3 au 12 mars, jour de sa canonisation.

VIII. Des messes et des prières particulières pour les associés se diront au Japon, où le directeur enverra chaque année les listes des nouveaux membres et des membres défunts qui lui seront adressées.

IX. Tous les dimanches, après la prière du soir, on chantera ou on récitera le psaume, *Quare fremuerunt gentes* etc., et, après la lecture ou l'instruction, l'*Ecce dedi te* avec l'oraison de saint François-Xavier.

X. Tous les associés sont instamment priés de s'enrôler dans l'association de la propagation de la foi et de chercher à lui gagner des associés.

Antoine-Jacques de Chamon, par la grâce de Dieu et l'autorité du St-Siége apostolique, Évêque de St-Claude : nous autorisons par ces présentes M. Robin, curé de Digna, à ériger dans son église une pieuse association sous le titre d'association de prières pour la propagation de la foi dans tout l'univers et particulièrement dans l'empire du Japon. Nous avons approuvé et approuvons les statuts et règlements ci-dessus, et nous recommandons aux associés de les observer fidèlement.

Donné à St-Claude sous notre seing, le sceau de nos armes et le contre-seing du secrétaire de notre Evêché, le 22 octobre de l'an de grâce 1847.

*Signé :* † ANTOINE-JACQUES, *Evêque de Saint-Claude.*

GIROD, *Secrétaire.*

# INDULGENCES

## ACCORDÉES AUX MEMBRES DE L'ASSOCIATION DE PRIÈRES

## POUR LA CONVERSION DU JAPON.

—

*Indult apostolique.*

—

Très-Saint-Père,

Augustin Forcade, évêque de Samos et vicaire apostolique du Japon, expose très-humblement à Votre Sainteté qu'un pieux ecclésiastique du diocèse de St-Claude en France, nommé Léon Robin, curé de Digna, a depuis quelque temps, établi une confrérie qui a pour objet d'obtenir de Dieu le retour de la foi catholique au Japon. Cette association, établie dans sa paroisse et dans diverses paroisses voisines, a été approuvée par l'Evêque actuel de St-Claude. Je prie Votre Sainteté d'enrichir d'indulgences une si utile association en accordant : 1° 100 jours d'indulgences pour deux dizaines de chapelet récitées en commun par les associés de l'un et de l'autre sexe pour la conversion du Japon ; 2° 300 jours d'indulgences pour le tiers du rosaire récité également en commun par les susdits pour la fin sus-mentionnée ; 3° 300 jours d'indulgences pour le rosaire récité en particulier par les associés pour la conversion du Japon ; 4° 100 jours d'indulgences pour le chapelet récité en particulier par les mêmes pour la fin susdite ; 5° 500 jours d'indulgences en faveur des associés pour l'assistance à la prière qui se fait chaque dimanche pour la conversion du Japon dans les églises où est établie la confrérie ; 6° une indulgence plénière qui sera gagnée par les associés qui s'approcheront dignement des sacrements de pénitence et d'eucharistie pour la conversion du Japon à la fin des deux neuvaines qui se font annuellement dans l'église où est établie la confrérie, l'une immédiatement avant la fête de saint François-Xavier, et l'autre du 3 au 12 mars.

---

En l'audience du Saint-Père, tenue le 14 novembre 1847 :

Notre Très-Saint-Père Pie IX, Pape par la divine Providence, sur le rapport de moi soussigné, pro-secrétaire de la Congrégation de la Propagande, après avoir examiné l'exposé, a bénignement accordé la grâce ci-dessus demandée, nonobstant toutes choses contraires.

Donné à Rome, au palais de ladite sacrée Congrégation, les jour et an que dessus.

*Signé :* Alexandre BARNABO, pro-secrétaire.

*Præsentes litteras apostolicas à nobis visas et recognitas publicare et exsequi permittimus.*

*San-Claudii, die 8 februarii, 1848.*

† *Antonius-Jacobus, Episcopus Sancti-Claudii.*

# INDULGENCES

## ACCORDÉES AUX PRIÈRES

## POUR LA CONVERSION DU JAPON.

### *Indult apostolique.*

Très-Saint-Père,

Augustin Forcade, Evêque de Samos et Vicaire apostolique du Japon, supplie humblement Votre Sainteté de daigner accorder à perpétuité quarante jours d'indulgences, à gagner par tous les fidèles de l'un et de l'autre sexe, toutes les fois 1° qu'ils feront une prière pour la conversion du Japon ; 2° ou qu'ils exhorteront un autre fidèle à prier pour la conversion dudit Empire ; — et une indulgence plénière à gagner deux fois l'an, en se confessant, communiant, visitant une église quelconque, et priant comme ci-dessus.

—

En l'audience du St-Père, tenue le 14 novembre 1847 :

Notre Très-Saint-Père Pie IX, Pape par la divine Providence, sur le rapport de moi soussigné, pro-secrétaire de la sacrée Congrégation de la Propagande, après avoir examiné l'exposé, a bénignement accordé la grâce ci-dessus demandée, nonobstant toutes choses contraires.

Donné à Rome, au palais de ladite sacrée Congrégation, les jour et an que dessus.

*Signé :* Alexandre BARNABO, pro-secrétaire.

Vu et reconnu la traduction authentique :

† AUGUSTIN, Evêque de Samos.

—

Nous, Antoine-Jacques de Chamon, Evêque de Saint-Claude, avons reconnu l'authenticité du présent rescrit apostolique, et nous en autorisons la publication dans notre diocèse.

Saint-Claude, le 8 février 1848.

ANTOINE-JACQUES, Evêque de Saint-Claude.

---

## NOUVELLES INDULGENCES

### ACCORDÉES A L'ASSOCIATION DE PRIÈRES

### POUR LA CONVERSION DU JAPON.

Très-Saint-Père,

Prudence-Marie Girard, Supérieur de la mission du Japon, supplie humblement Votre Sainteté d'accorder pour tous les membres de l'association de prières pour la conversion du Japon :

1° Une indulgence plénière, aux conditions ordinaires, à chacune des quatre fêtes suivantes : 1° Saint Michel-Archange ; 2° Cœur très-pur de Marie ; 3° Saint François-Xavier ; 4° Saints martyrs Pierre-Baptiste, Paul et leurs compagnons ;

2° Une indulgence de 300 jours pour le *Pater*,

l'*Ave* et l'invocation : *Saint François-Xavier, priez pour nous et particulièrement pour le Japon*, qui se récitent tous les dimanches au prône, dans les paroisses où l'association est établie.

—

Ce qui suit est la copie de l'autographe du St-Père.

Die 13 aprilis 1863.

Progratiâ, servatis omnibus servandis, et in formâ Ecclesiæ consuetâ.

Piu P. P. IX.

—

Copie de l'attestation de S. G. Mgr Capalti, secrétaire de la Sacrée Congrégation de la Propagande.

Testor ego subscriptus s. congregationis de Propagandà fide secretarius rescriptum quod legitur sub prœcedenti supplice libello esse autographum SS. D. N. Pii Div. Prov. PP. IX.

A. Capalti.

L. S.

Præsentes litteras apostolicas indicatas per hæc, a nobis recognitas publicare et exsequi permittimus.

Ledonis die 1er junii 1863.

† Ludovicus Anna, Episc. San-Claudiensis.

## INSTRUCTION

# SUR LA NEUVAINE

### A SAINT FRANÇOIS-XAVIER.

La guérison miraculeuse du père Marcel Mastrilli, jésuite napolitain, a donné lieu à l'établissement de la Neuvaine. Ce Père ayant été frappé d'un coup mortel à la tête, dans le temps qu'il travaillait à la décoration d'une église, n'attendait plus que la mort. Après qu'il eut reçu les derniers sacrements, saint François-Xavier lui apparut en habit de pèlerin, lui demanda s'il voulait guérir, et lui fit faire vœu d'aller au Japon, où il prédit qu'il mourrait martyr. Le vœu fait, le malade se trouva en parfaite santé, dit publiquement la messe le lendemain, et partit bientôt après pour se rendre à la mission du Japon, où il fut couronné du martyre, l'an 1637, quatre ans après l'apparition. Il était fils du marquis de Saint-Marzan, d'une des plus illustres familles de Naples. On l'avait vu à l'extrémité, on le vit soudainement guéri, et tout Naples en fut saisi d'admiration. Le pape Urbain VIII, Philippe IV, roi d'Espagne, et la reine voulurent entendre ce miracle de la propre bouche du père Mastrilli. L'histoire en fut imprimée à Naples et à Rome, et le bruit s'en répandit partout.

Ce fut dans cette visite miraculeuse que saint François-Xavier déclara au père Mastrilli qu'il s'emploierait auprès de Dieu pour ceux qui imploreraient son intercession neuf jours de suite. Peu de temps après le père Mastrilli ayant porté une personne fort affligée à faire cette *Neuvaine*, sa peine cessa. Plusieurs autres personnes employèrent le même moyen et furent pareillement exaucées.

Cette sainte pratique passa bientôt d'Italie en Espagne, et s'établit en Portugal, en France, en Allemagne, et jusque dans le Nouveau Monde. On s'en servit pour invoquer le saint dans des maladies incurables, dans des pertes considérables, des procès, des périls, des peines d'esprit, des tentations fâcheuses, etc. On y a eu recours pour réussir dans ses entreprises, pour être délivré de ses habitudes criminelles, pour obtenir la conversion des pécheurs, pour avancer dans ses études, pour faire une bonne première communion, pour connaître sa vocation, pour mille autres besoins.

La neuvaine publique et générale se fait solennellement au mois de mars ou au mois de novembre : la première du 4 au 12 mars, et la seconde du 25 novembre au 3 décembre. On peut la faire en particulier dans tout autre temps.

I. Dès la veille du jour auquel vous voulez commencer la Neuvaine, mettez-vous en état de grâce par une bonne confession, ou du moins par une parfaite douleur de tous vos péchés. Il serait à propos, peut-être même nécessaire de vous examiner sur le passé et de voir s'il n'y a rien d'omis ou de négligé dans vos confessions précédentes, qui soit un obstacle à la grâce que vous attendez. Demandez-la dès-lors, cette grâce, avec une grande humilité, avec une grande foi, une grande résignation et une grande confiance en l'intercession de saint François-Xavier. Lisez dès ce jour et méditez la considération préparatoire pour la Neuvaine. *(Vous la trouverez ci-après.)*

II. Vous communierez le premier et le dernier jour de la Neuvaine, si vous le pouvez sans rien déranger dans les devoirs de votre état.

III. Vous entendrez chaque jour la sainte messe en esprit si vous ne pouvez y assister corporellement, et s'il est possible, vous en ferez dire quelques-unes dans l'intention d'honorer Dieu, de le remercier des grâces qu'il a faites à saint François-Xavier, et d'obtenir celle que que vous demandez par son intercession.

IV. Vous lirez la considération propre de chaque jour, et si vous en avez le loisir, vous la méditerez pendant quelque temps. Conservez-en quelque bonne pensée qui vous occupe pendant la journée et qui vous aide à la passer saintement, afin que vous soyez toujours prêt à recevoir la grâce que vous sollicitez. Vous ne savez en quel temps Dieu a déterminé de vous l'accorder : veillez continuellement sur vous-même et priez.

V. Vous réciterez chaque jour quelques prières, *comme celle que vous trouverez ci-après avec les litanies du saint*. Ou si vous ne pouvez pas lire, vous direz dix fois le *Pater et l'Ave*, et dix fois le *Gloria Patri*, en vous reccommandant à Dieu, à la sainte Vierge et à saint François-Xavier, et en exposant vos besoins avec une humble simplicité, par les paroles que votre dévotion vous suggérera intérieurement. N'oubliez pas que la confiance en la toute puissante bonté de Dieu et au crédit de son serviteur, doit être l'âme de votre prière : que vous ne devez vous y proposer qu'un bon motif, et qu'il faut toujours prier avec soumission à la volonté de Dieu, principalement si c'est une grâce temporelle que vous demandez.

VI. Assistez à quelqu'un des offices de la Neuvaine quand elle se fait solennellement, comme à la messe, à la prédication, à la bénédiction ; mais si vous ne pouvez pas même aller prier devant l'autel de saint François-Xavier, ayez une de ses images devant laquelle vous puissiez prier à la maison avec toute votre famille.

VII. Accompagnez vos prières de l'aumône et de quelques œuvres de charité, telles que l'instruction des ignorants, la visite des hôpitaux, des prisons, de quelque malade ou d'une personne affligée.

VIII. Prenez, surtout pendant ce temps de dévotion, un esprit de pénitence, et pratiquez-en quelques actes. Si vous ne voulez pas jeûner, ni faire d'autres austérités, vous pourrez du moins vous priver de quelques plaisirs permis, vivre avec plus de recueillement, prévenir une personne que vous auriez peine à voir, quoique votre inférieure, être attentif sur vous-même pour réprimer votre vivacité, régler votre humeur, retenir votre langue, modérer votre curiosité, vaincre vos répugnances, sacrifier à Dieu quelque chose qu'il vous demande peut-être depuis longtemps, et remplir vos devoirs avec plus de soin et de perfection.

De ce dernier exercice dépend principalement le fruit de la Neuvaine, puisque les prières les plus agréables à Dieu et les plus efficaces sont moins les paroles qu'on emploie pour célébrer ses louanges, que les œuvres qu'il commande.

# NEUVAINE

## EN L'HONNEUR

# DE SAINT FRANÇOIS-XAVIER.

---

## CONSIDÉRATION

### POUR LA VEILLE DE LA NEUVAINE OU POUR LE PREMIER VENDREDI.

*Motifs de confiance en saint François-Xavier.*

Le nombre prodigieux de miracles qui se sont opérés dans toutes les parties du monde en faveur de ceux qui ont invoqué saint François-Xavier, et les grâces particulières obtenues par son intercession, ont attiré à ce grand saint la confiance des peuples de toutes les nations. On a eu recours à lui pour toutes sortes de besoins, soit spirituels, soit temporels; et de tous ceux qui y ont eu recours, il y en a peu qui n'aient ressenti les effets du crédit qu'il a dans le ciel.

Le désir et l'espérance d'obtenir aussi quelques grâces, vous font implorer le secours du saint Apôtre ; que ne devez-vous pas attendre de sa puissante intercession, si vous vous adressez à lui avec les dispositions qu'on a marquées ci-devant, et surtout avec une grande confiance !

Pourriez-vous ne pas sûrement compter sur la bonté d'un saint qui brûla d'un zèle si ardent pour les âmes, qui alla chercher les barbares jusqu'aux extrémités de la terre, et qui se fit tout à tous, pour faire du bien à tous? Vous refuserait-il? Vous fuirait-il dans le temps que vous recourez à lui avec tant d'empressement? Il faudrait ou que sa charité eût bien changé de nature dans le ciel, ou qu'il eût bien perdu de son crédit auprès de Dieu.

Cependant les miracles continuent: son corps, depuis plus de deux cents ans, se conserve à Goa, sans corruption, quoiqu'il ait été enterré deux fois et assez longtemps dans la chaux vive. Outre plusieurs morts ressuscités, et quatre-vingt-huit miracles spécifiés dans le procès de sa canonisation, il a été prouvé que grand nombre de personnes ont été rendues à la vie par son intercession depuis sa mort, et la grande partie depuis peu de temps.

L'évêque de Malacca a déposé être arrivé, à sa connaissance, huit cents miracles dans son seul diocèse. Et les habitants de Potamo en Calabre, ont fait un livre des faveurs miraculeuses qu'ils ont obtenues par son moyen. On a publié en Allemagne, une relation fidèle des prodiges sans nombre que, depuis 1715, le saint ne cesse d'opérer à Oberbourg, dans la basse Styrie. Enfin, les grâces singulières qu'on obnt chaque jour dans les Indes par sa puissante tercession, ont engagé le Pape Benoît XIV à clarer par un bref du 24 février 1747, cet pôtre, protecteur principal de toute l'Inde ientale. Que faut-il de plus pour exciter votre nfiance ?

RÉFLEXIONS.

I. Saint François-Xavier n'aura pas moins de arité pour moi, qu'il en a eu pour tant d'au- es. Son zèle est aussi bienfaisant aujourd'hui l'il le fut autrefois.

II. Le Saint Apôtre n'a rien perdu du grand édit qu'il avait auprès de Dieu. Il est la source s grâces, puis-je craindre de n'être pas aucé ?

III. Si je dois craindre, c'est de ne pas prier ec un cœur assez pur, avec assez de confiance Dieu, de ferveur et de résignation : disposi- ons nécessaires.

PRIÈRE.

Dieu tout-puissant, qui glorifiez ceux qui vous orifient, et qui vous tenez honoré des honneurs l'on rend à vos saints, accordez-moi la grâce l'en honorant, comme je le fais, les mérites votre bienheureux serviteur, François-Xavier, ressente les effets de sa sainte protection. Ainsi soit-il.

# PRIÈRES

## POUR TOUS LES JOURS DE LA NEUVAINE.

### PRIÈRE A JÉSUS-CHRIST.

Mon Seigneur Jésus-Christ, vrai Dieu et vrai homme, le tout aimable Sauveur de mon cœur, par ces cinq grandes plaies que votre amour pour nous a imprimées en votre sacré corps étendu sur l'arbre de la croix, et par l'immaculée Conception de votre très-glorieuse Mère et toujours Vierge Marie, daignez je vous supplie m'accorder, N. et N. *(Il faut ici désigner les grâces particulières qu'on demande en la Neuvaine, etc.)*; donnez-moi part en vos miséricordes, et au secours tout-puissant de vos grâces. Souvenez-vous, Seigneur, que votre sang et votre mort sont le prix de ma liberté, la source de tout mon bonheur, et que l'Immaculée Conception de votre sainte mère, est le premier fruit de votre passion. Ne perdez pas, ô mon Sauveur ! ce que vous avez racheté si chèrement ; mais, exaucez, par l'excès infini de vos bontés pour moi, mes très-humbles prières, je vous en conjure pour votre plus grande gloire.

Ainsi soit-il.

PRIÈRE A SAINT FRANÇOIS-XAVIER.

Glorieux Apôtre des Indes et du Japon, saint rançois-Xavier, je viens, avec une humble conance, implorer aujourd'hui votre protection, et ous supplier de me servir d'intercesseur auprès u père des miséricordes. Vous avez toujours té si zélé pour le bien des âmes, et si charitale à les assister dans tous leurs besoins, vous onnez encore tous les jours des marques éclaantes du pouvoir que vous avez dans le ciel, yez, grand saint, le même zèle et la même harité pour moi ; employez votre crédit auprès e Dieu pour m'obtenir la grâce que je lui deande par cette Neuvaine que je fais en votre onneur. Vous êtes allé jusqu'aux extrémités u monde pour faire du bien à des barbares et des ennemis de la foi. Voici, ô mon Père! un nfant de l'Eglise qui vient à vous, qui vous hoore, qui bénit Dieu de tout son cœur, des grâes dont il vous a comblé ; qui vous choisit pour on protecteur et qui vous invoque avec une enère confiance. Seriez-vous moins sensible à s besoins? Seriez-vous moins zélé et moins uissant aujourd'hui, que vous ne l'étiez alors? eux qui vous réclament font encore tous les urs une heureuse expérience de ce zèle et de pouvoir : n'y aurait-il que moi qui ne ressenrais pas les doux effets de votre bienfaisante charité ? Non, mon aimable protecteur, vous ne me refuserez pas ; la confiance que j'ai en vous est trop grande pour ne pas croire que vous exaucerez ma prière, que vous vous intéresserez pour moi, afin que j'obtienne la grâce que je vous demande, pour votre plus grande gloire. Ainsi soit-il.

*Il faut réciter, ici, trois* Pater *et trois* Ave, Maria, *et dire l'oraison suivante :*

Père saint, glorieux François-Xavier, qui avez sensiblement protégé ceux qui ont eu recours à vous, daignez m'obtenir de la bonté infinie de Dieu, qu'à l'heure de ma mort, mon cœur, détaché des pensées du monde, se recueille tout en lui ; qu'il l'aime uniquement, et ne soupire plus qu'après les biens de l'éternité, et, qu'étant dégagé des objets qui ne l'auront que trop occupé pendant la vie, il puisse librement chercher et trouver l'unique nécessaire en ce monde, qui est de mourir en paix sous la protection de la Vierge Marie, dans les plaies de Jésus son très-cher Fils, et tenant affectueusement la croix entre mes mains ; et tandis qu'i plaira à la Providence de me conserver la vie, mon très-aimable protecteur et père, obtenez-moi aussi la grâce de vivre comme je voudrais avoir vécu à l'heure de ma mort ; faites que j'imite vos vertus, que j'accomplisse en tout la volonté de Dieu, et qu'ainsi la mort me soit un passage pour arriver à la vie éternelle ; je vous en supplie par le sang précieux de Jésus-Christ, et par l'Immaculée Conception de la sainte Vierge. Comme l'un et l'autre ont toujours été les plus tendres objets de votre dévotion, et que vous avez promis d'écouter favorablement tous ceux qui recourraient à vous en les invoquant : je les invoque, ô bienheureux Apôtre ! et j'espère que j'aurai part à vos promesses.

Ainsi soit-il.

*Prière que saint François-Xavier a composée, et qu'il récitait tous les jours pour demander à Dieu la conversion des infidèles* (1).

Père éternel, créateur de toutes choses, souvenez-vous, s'il vous plaît, que vous avez créé les âmes des infidèles à votre image et ressemblance ; voyez néanmoins, comme l'enfer s'en remplit au préjudice de votre gloire. Souvenez-vous du sang que Jésus-Christ, votre très-cher Fils, a libéralement versé, et de tout ce qu'il a souffert pour elles : ne permettez pas que ces pauvres âmes l'ignorent plus longtemps, et le méprisent davantage ; laissez-vous toucher par les prières de vos élus et de votre Eglise son

(1) Indulgences de 300 jours chaque fois qu'on récite cette prière. Pie IX, 24 mai 1847.

épouse ; souvenez-vous de vos miséricordes ; oubliez leur idolâtrie ; faites qu'elles connaissent le Rédempteur que vous leur avez envoyé ; et qu'elles adorent l'aimable Jésus votre Fils et notre Seigneur, notre salut ; notre vie et notre résurrection ; par qui nous avons été délivrés et sauvés, et à qui en doivent être rendus l'honneur et la gloire dans les siècles infinis.

MÉMOIRE DE LA PASSION.

C'est lui (J.-C.), qui a porté nos maux, et qui a souffert les douleurs que nous devions souffrir. Nous l'avions regardé comme un lépreux, comme un homme frappé de Dieu et humilié ; c'est pour nos péchés qu'il a reçu toutes ces blessures, c'est pour nos crimes qu'il a été froissé comme nous le voyons.

℣. Notre paix est établie sur les souffrances de Jésus-Christ....

℟. Et nous avons été guéris par ses plaies.

ORAISON.

Mon Seigneur J.-C., qui du plus haut du ciel où vous reposez dans le sein adorable de votre Père, êtes descendu en terre, où vous avez versé votre précieux sang pour la rémission de nos péchés, faites, de grâce, qu'au jour du jugement, étant à votre droite, nous méritions d'entendre ces consolantes paroles : *Venez, les bénis de mon Père.*

### MÉMOIRE DE L'IMMACULÉE CONCEPTION.

Sainte Marie, secourez les malheureux, aidez les pusillanimes, ranimez ceux qui sont accablés de tristesse, priez pour le peuple, intervenez pour le clergé, intercédez pour le sexe féminin dévoué; qu'ils éprouvent votre aide tous ceux qui célèbrent votre sainte Conception immaculée.

℣. Votre Conception immaculée, Vierge, Mère de Dieu :

℟. A annoncé la joie au monde entier.

### ORAISON.

Dieu, qui par la Conception immaculée de la Vierge, avez préparé une digne demeure à votre Fils, nous vous en prions, Vous qui avez préservé cette Vierge de toute tache en prévision de la mort de ce même Fils, accordez-nous aussi de parvenir purs auprès de Vous par son intercession.

### MÉMOIRE DE SAINT IGNACE.

Le Seigneur a conduit le juste par les voies droites, et lui a montré le royaume de Dieu ; il lui a donné la science des saints, il l'a honoré dans ses travaux, et a achevé ses ouvrages.

℣. Le Seigneur l'a aimé et l'a rendu illustre.

℟. Il l'a revêtu de la robe de gloire.

ORAISON.

Mon Dieu, qui avez renforcé l'église militante d'un nouveau secours, par le moyen de saint Ignace, afin de faire éclater partout la plus grande gloire de votre saint nom : faites que nous combattions ici à son imitation, et qu'avec son aide, nous méritions un jour d'être couronnés ensemble dans le ciel. Ainsi soit-il.

---

## PREMIER JOUR.

*Prière aux Saints Anges.*

GRAND Dieu, souverain Seigneur des Anges, qui avez confié le salut des hommes à la garde et à la vigilance de ces esprits bienheureux, je vous offre tous leurs mérites et ceux de votre fidèle serviteur saint François-Xavier qui reçut le nom d'ange sur la terre, parce qu'il conserva toute sa vie une inviolable pureté, et qu'il préserva un grand nombre d'âmes, confiées à ses soins, des dangers et des chutes contraires à cette vertu. Donnez-moi, je vous en conjure, *cette pureté admirable* qu'il avait reçue, et accordez-moi la grâce que je vous demande par cette Neuvaine, pour votre plus grande gloire. Ainsi soit-il.

℣. Saint François-Xavier, priez pour nous.
℟. Et particulièrement pour le Japon.

## SECOND JOUR.

### *Prière aux Archanges.*

Grand Dieu, Seigneur des Archanges, auxquels vous avez confié les affaires les plus importantes de votre gloire, et du salut des hommes ; je vous offre les mérites de ces esprits très-fidèles, et ceux de votre grand serviteur saint François-Xavier, que vous avez de même employé pour procurer votre gloire et le salut d'une infinité d'âmes. Je vous conjure de m'accorder *la grâce de remplir fidèlement les devoirs de mon état*, et d'exaucer la demande que je vous fais dans cette Neuvaine, si c'est pour votre plus grande gloire. Ainsi soit-il.

℣. Saint François Xavier, priez pour nous.

℟. Et particulièrement pour le Japon.

---

## TROISIÈME JOUR.

### *Prière aux Principautés.*

Grand Dieu, Seigneur des Principautés, qui en éclairant les hommes par de secrètes instructions et des avertissements intérieurs, prennent un soin particulier de leur salut, suivant les ordres qu'ils ont reçus de votre divine Providence, je vous offre les mérites de ces esprits zèlés, avec ceux de votre grand serviteur saint François-Xavier qui a éclairé des lumières de la foi et converti tant de provinces et de royaumes. Accordez-moi je vous prie, *la grâce d'imiter le zèle dont cet Apôtre était consumé pour le salut des âmes,* et ne me refusez pas ce que je vous demande par cette Neuvaine pour votre plus grande gloire. Ainsi soit-il.

℣. Saint François-Xavier, priez pour nous.

℟. Et particulièrement pour le Japon.

---

## QUATRIÈME JOUR.

*Prière aux Puissances.*

GRAND Dieu, Seigneur des Puissances qui ont reçu de vous le pouvoir de réprimer et dompter les ennemis de notre salut, je vous offre les mérites de ces esprits si redoutables à l'enfer avec ceux de votre grand serviteur saint François-Xavier, à qui vous donnâtes une vertu particulière pour vaincre et chasser les démons des contrées idolâtres qu'il soumit à la foi. Accordez-moi, je vous prie, *la grâce de surmonter toutes les tentations qui me seront suscitées par ces esprits de ténèbres,* avec celle que je vous demande par cette Neuvaine, pour votre plus grande gloire. Ainsi soit-il.

℣. Saint François-Xavier, priez pour nous.
℟. Et particulièrement pour le Japon.

---

## CINQUIÈME JOUR.

### *Prière aux Vertus.*

GRAND Dieu, Seigneur des Vertus, par qui vous opérez vos prodiges et vos miracles, je vous offre les mérites de ces esprits féconds en merveilles, avec les mérites de votre grand serviteur saint François-Xavier, qui reçut de vous, par une mission extraordinaire, comme les premiers Apôtres, le don des miracles pour convertir les peuples des Indes et du Japon. Accordez-moi *cette vive foi qui l'animait*, et la grâce que je vous demande par cette Neuvaine, pour votre plus grande gloire. Ainsi soit-il.

℣. Saint François-Xavier, priez pour nous.
℟. Et particulièrement pour le Japon.

---

## SIXIÈME JOUR.

### *Prière aux Dominations.*

GRAND Dieu, Seigneur des Dominations, qui communiquent aux autres, et qui exécutent avec tant de soumission les ordres sacrés de votre Providence, je vous offre les mérites de ces esprits si prompts à vous obéir, avec ceux de votre grand serviteur saint François-Xavier, qui conduisait les autres avec tant de sagesse et qui obéissait aveuglément à tous ses supérieurs. Accordez-moi, je vous en conjure, *la grâce d'imiter cette parfaite soumission à tous mes légitimes supérieurs*, et ne me refusez pas ce que je vous demande par cette Neuvaine, pour votre plus grande gloire. Ainsi soit-il.

℣. Saint François-Xavier, priez pour nous.

℟. Et particulièrement pour le Japon.

---

## SEPTIÈME JOUR.

### *Prière aux Trônes.*

GRAND Dieu, Seigneur des Trônes, sur qui votre gloire et votre majesté reposent ; je vous offre les mérites de ces esprits élevés, et ceux de votre grand serviteur saint François-Xavier, dont le cœur pur et détaché de tous les biens d'ici-bas, fut comme le trône de votre gloire. Accordez-moi, je vous prie, *la grâce d'imiter cette pureté de cœur et ce détachement parfait*, afin que je n'aie désormais que du mépris pour le monde, pour ses faux biens, pour ses plaisirs trompeurs, et que ce soit en vous seul que je cherche le repos et la paix. Daignez aussi m'accorder la grâce que je demande pendant cette Neuvaine, pour votre plus grande gloire. Ainsi soit-il.

℣. Saint François-Xavier, priez pour nous.

℟. Et particulièrement pour le Japon.

---

## HUITIÈME JOUR.

### *Prière aux Chérubins.*

Grand Dieu, Seigneur des Chérubins, à qui vous avez communiqué les sublimes lumières de votre sagesse ; je vous offre les mérites de ces esprits éclairés, et ceux de votre grand serviteur saint François-Xavier, à qui vous avez révélé vos mystères les plus secrets, et que vous avez rempli des plus vives lumières, pour qu'il pût éclairer les nations infidèles. *Instruisez-moi des mystères de votre sagesse et pénétrez-moi d'une vive crainte de vos redoutables jugements*, afin que je puisse apprendre aux autres, par mes paroles et par mes exemples, à vous connaître et à vous craindre. Je vous prie de m'accorder aussi la grâce que je vous demande par cette Neuvaine, pour votre plus grande gloire. Ainsi soit-il.

℣. Saint François-Xavier, priez pour nous.

℟. Et particulièrement pour le Japon.

## NEUVIÈME JOUR.

*Prière aux Séraphins.*

GRAND Dieu, Seigneur des Séraphins, qui brûlent sans cesse pour vous de l'amour le plus pur et le plus ardent ; je vous offre les mérites de ces esprits embrâsés de votre divin amour, et ceux de votre grand serviteur saint François-Xavier, qui fut consumé du même feu, et qui l'alluma dans tous les cœurs ; accordez-moi, je vous prie, *quelques étincelles du feu sacré de votre saint amour, avec un zèle ardent de l'inspirer aux autres*, et ne me refusez pas la grâce que je demande par cette Neuvaine, pour votre plus grande gloire. Ainsi soit-il.

℣. Saint François-Xavier, priez pour nous.

℟. Et particulièrement pour le Japon.

---

## PRIÈRE

### A SAINT FRANÇOIS-XAVIER,

### POUR OBTENIR UNE BONNE MORT PAR SON INTERCESSION.

SAINT Apôtre, qui avez assisté tant de malades avec une si grande charité, qui leur avez administré les derniers sacrements avec tant de zèle, qui, par vos ferventes prières, avez obtenu à tant de personnes la grâce de mourir saintement, et qui enfin, abandonné de tout secours humain, mourûtes vous-même de la mort des saints, en invoquant les saints noms de *Jésus* et de *Marie* : assistez-moi par votre puissante intercession, dans mes maladies et au moment de ma mort, afin que je puisse louer Dieu éternellement. Ainsi soit-il.

---

## LITANIES DE SAINT FRANÇOIS-XAVIER.

SEIGNEUR, ayez pitié de nous.
Jésus-Christ, ayez pitié de nous.
Seigneur, ayez pitié de nous.
Jésus-Christ, écoutez-nous.
Jésus-Christ, exaucez-nous.
Père céleste, qui êtes Dieu, ayez pitié de nous.
Fils, Rédempteur du monde, ayez pitié de nous.
Esprit saint, qui êtes Dieu, ayez pitié de nous.
Très-sainte Trinité, un seul Dieu, ayez pitié de n.
Sainte Marie, mère de Dieu, priez pour nous.
Sainte Marie, la plus parfaite des Vierges, priez.
Saint François-Xavier, très-ardent zélateur de de la gloire de Dieu, priez pour nous.
St F.-Xavier, très-dévot à Jésus crucifié, priez.
St F.-Xavier, très-fidèle consolateur des affligés,

St Fr.-Xavier, vainqueur des démons, priez.

St F.-Xavier, évangéliste de paix, priez pour n.

St F.-Xavier, puissant intercesseur pour obtenir la santé des malades, priez pour nous.

St F.-Xavier, propagateur de la foi, priez pour n.

St F.-Xavier, destructeur de l'idolâtrie, priez.

St F.-Xavier, observateur de la pauvreté, priez.

St F.-Xavier, amateur de la chasteté, priez.

St F.-Xavier, modèle de l'obéissance, priez.

St F.-Xavier, orné de toutes les vertus, priez.

St F.-Xavier, imitateur des anges dans la rapidité des conquêtes évangéliques, priez pour n.

St F.-Xavier, patriarche des peuples de l'Orient, priez pour nous.

St F.-Xavier, prophète par le don des grâces et des lumières, priez pour nous.

St F.-Xavier, Apôtre par l'étendue et les succès du zèle, priez pour nous.

St F.-Xavier, martyr par le désir de mourir pour Jésus-Christ, priez pour nous.

St F.-Xavier, confesseur par la sainteté des œuvres, priez pour nous.

St F.-Xavier, Vierge de corps et d'esprit, priez.

St F.-Xavier, imitateur de tous les saints, priez.

St F.-Xavier, patron de notre Association, priez.

Agneau de Dieu qui effacez les péchés du monde, pardonnez-nous, Seigneur.

Agneau de Dieu, etc. exaucez-nous, Seigneur.

Agneau de Dieu, etc. ayez pitié de nous.

*Ant.* Je vous ai envoyé aux nations étrangères pour les éclairer, et pour annoncer la grâce du salut jusqu'aux extrémités de la terre. Vous ferez la paix de ces peuples, vous leur rendrez la vie quand vous prendrez possession de leur pays, comme d'un héritage abandonné. Vous direz aux pauvres esclaves : quittez vos chaînes et sortez de vos cachots ; ouvrez vos esprits aux lumières de la vérité qui vient en dissiper les ténèbres. *Is.* 49.

℣. J'ai choisi cet homme pour être un vase d'élection.

℟. Destiné à faire connaître mon nom aux Gentils. *Act.* 9.

℣. Seigneur exaucez ma prière.

℟. Et que ma voix aille jusqu'à vous.

ORAISON.

Seigneur, qui avez voulu mettre les peuples des Indes et du Japon au nombre des enfants de votre Église, par la prédication et les miracles de saint François-Xavier ; soyez-nous propice et accordez-nous la grâce d'imiter parfaitement les vertus de celui dont nous invoquons les mérites, par Notre-Seigneur Jésus-Christ.

Ainsi soit-il.

## ELOGIA

*In formam litaniarum digesta ad honorem sancti Francisci-Xaverii, è societate Jesu, Indiarum et Japoni apostoli, miraculorum gloria toto orbe celeberrimi.*

Kyrie eleïson.
Christe, eleïson.
Christe, audi nos.
Christe, exaudi nos.
Pater de cœlis Deus, miserere nobis.
Fili Redemptor mundi, Deus, miserere nobis.
Spiritus Sancte Deus, miserere nobis.
Sancta Trinitas unus Deus, miserere nobis.
Sancta Maria, ora pro nobis.
Sancta Dei genitrix,
Sancta Virgo Virginum,
Sancte Francisce-Xaveri, Indiarum et Japonii apostole,
Sancte Francisce-Xaveri, propugnator Fidei,
Sancte Francisce-Xaveri, idolarum destructor,
Sancte Francisce-Xaveri, fidelis imitator Christi,
Sancte Francisce-Xaveri, columna templi Dei,
Sancte Francisce-Xaveri, crucis salutiferæ prædicator,
Sancte Francisce-Xaveri, pacis evangelista,
Sancte Francisce-Xaveri, magister credentium,

Sancte Francisce-Xaveri, vas electionis,
Sancte Francisce-Xaveri, lumen cæcorum,
Sancte Francisce-Xaveri, pes claudorum,
Sancte Francisce-Xaveri, vita mortuorum,
Sancte Francisce-Xaveri, malignorum spiritum terror,
Sancte Francisce-Xaveri, refugium miserorum,
Sancte Francisce-Xaveri, laborantium consolator,
Sancte Francisce-Xaveri, fulgens lux gentium,
Sancte Francisce-Xaveri, præsidium agonisantium,
Sancte Francisce-Xaveri, imitator Apostolorum,
Sancte Francisce-Xaveri, gloria confessorum,
Sancte Francisce-Xaveri, patrone sodalitatis nostræ,
Agnus Dei, qui tollis peccata mundi, parce nobis Domine,
Agnus Dei, qui tollis peccata mundi, exaudi nos Domine,
Agnus Dei, qui tollis peccata mundi, miserere nobis.

ANTIPHONA.

Ecce dedi te in lucem gentium, ut sis salus mea usquè ad extremum terræ. Dedi te in fœdus populi, ut suscitares terram, et possideres hæreditates dissipatas : ut diceres his, qui vincti sunt, exite ; et his qui in tenebris, revelamini. *Isaïe*. 49.

℣. Vas electionis est mihi iste.

℟. Ut portet nomen meum coram gentibus. *Act*. 6.

℣. Domine exaudi orationem meam.

℟, Et clamor meus ad te veniat.

ORATIO.

Deus, qui Indiarum et Japonii gentes, beati Francissi prædicatione et miraculis Ecclesiæ tuæ aggregare voluisti, concede propitius, ut cujus gloriosa merita veneramur, virtutum quoque imitemur exempla. Per Dominum nostrum Jesum Christum Filium tuum, qui tecum vivit et regnat in unitate Spiritûs Sancti Deus, per omnia sæcula sæculorum. Amen.

RÉFLEXIONS.

I. Suis-je bien à Dieu ? N'ai-je pas autant et plus de raison que Xavier, de songer sérieusement à ma conversion, et de détacher mon cœur de la terre ?

II. Qu'est-ce qui m'empêche d'être tout à Dieu ! moi-même : il faut me vaincre ; le démon, il faut lui résister ; le monde, il faut le mépriser.

III. Xavier suit sa vocation et se sanctifie. C'est en accomplissant mes devoirs, dans la vue de plaire à Dieu, que je puis et que je dois me sanctifier aussi.

PRIÈRE.

C'est à vous, mon Dieu, qu'est réservée la conquête de mon cœur; vous seul pouvez le détacher de la terre ! Rompez, Dieu tout-puissant, les liens qui l'y retiennent encore, et convertissez-moi parfaitement à vous ; je vous en conjure par l'intercession de votre fidèle serviteur saint François-Xavier.

---

## CONSIDÉRATION

### POUR LE SECOND JOUR.

*La mortification de saint François-Xavier et son amour pour les souffrances.*

On ne peut-être à Jésus-Christ dit saint Paul,

si l'on ne crucifie sa chair et ses désirs déréglés ; c'est-à-dire, si l'on ne se mortifie. C'est ce que comprit, d'abord, saint François-Xavier, et ce qui lui fit embrasser la pénitence. Dans la première qu'il fit, il jeûnait sans prendre aucune nourriture trois ou quatre jours de suite, et se tourmentait par des austérités étonnantes qu'il modéra, à la vérité, par l'ordre d'Ignace, mais dont il ne quitta jamais entièrement l'usage. Pour venger quelques complaisances qu'il avait eues de paraître avec plus de grâce et d'agilité dans ses exercices, que ceux de son âge, il se serra les bras et les cuisses avec de petites cordes, si étroitement, qu'il se mit en danger de mourir ; il fallait une espèce de miracle pour le sauver. Destiné à prêcher Jésus crucifié, il appuyait efficacement, par ses exemples, ce qu'il enseignait, de la nécessité de se faire violence à soi-même, et de faire pénitence. En Europe, il logea dans les hôpitaux, et vécut toujours d'aumônes ; aux Indes, ses repas ordinaires étaient comme ceux des pauvres du pays, du riz et de l'eau : encore mangeait-il si peu, qu'un de ses compagnons assure que c'était une espèce de miracle qu'il en pût vivre. Au Japon, il s'abstint entièrement de chair et de poissons ; des racines amères et des légumes cuits à l'eau, faisaient toute sa nourriture parmi ses travaux continuels. Il faisait, à pied, tous ses voyages de terre, même au Japon, où les chemins sont très-rudes ; et il marchait souvent nu-pieds, dans la saison la plus rigoureuse. Il dormait trois heures au plus, tantôt à terre sous la cabane d'un pêcheur, tantôt sur les cordages d'un navire, ou sur quelque simple planche. Toutes les austérités que les Bonses, grands hypocrites, faisaient semblant d'exercer pour en imposer au peuple, il les pratiquait à la lettre, tant le désir de souffrir pour J.-C. et pour l'édification du prochain, lui inspirait l'amour de la croix, et la lui faisait embrasser de bon cœur.

RÉFLEXIONS.

I. J'ai péché ; je puis encore pécher : puissants motifs pour m'engager à la pénitence et à mortifier un corps qui peut perdre mon âme.

II. Je risque en différent trop de faire pénitence. Je ne pourrai plus à la mort ; elle est terrible en purgatoire, éternelle et désespérante en enfer.

III. Mais quelle pénitence puis-je faire ? celle que les saints ont faite. Du moins, j'unirai mes croix à celle du Sauveur, et je les porterai pour son amour.

PRIÈRE.

Je suis criminel, ô mon Dieu ! et sans vous je ne puis satisfaire pour mes péchés. Aidez-moi donc, ô Dieu de force, à me faire une salutaire violence, et à souffrir, en esprit de pénitence, les peines attachées à mon état ; je les unis aux souffrances de mon Sauveur, et vous les offre avec celles de saint François-Xavier.

---

## CONSIDÉRATION

### POUR LE TROISIÈME JOUR.

*L'amour de saint François-Xavier pour Dieu et son zèle pour sa gloire.*

L'AMOUR de Dieu s'était tellement allumé dans le cœur de Xavier, qu'il en était tout embrâsé. Souvent on lui voyait le visage tout en feu. Il ne pouvait cacher ni retenir les transports de sa flamme ; on lui entendait dire, même pendant le sommeil, *ô très-sainte Trinité ! ô mon Jésus ! ô Jésus, l'amour de mon cœur !* Rien ne l'affligeait tant que de voir Dieu offensé. Il brûlait du désir de répandre son sang pour sa gloire. Dans la révélation qu'il eut, des peines et des travaux qui l'attendaient dans les Indes et au Japon, *encore plus*, s'écria-t-il, *encore plus, Seigneur ;* il ne pouvait s'en rassasier.

Son amour ne s'en tint pas à ses tendres affections ; ce qu'il entreprit et qu'il exécuta, en montre bien mieux la force. Nommé à la mission des Indes, il quitta l'Italie et le Portugal où il travaillait avec un succès prodigieux, traversa le grand océan, alla jusqu'aux extrémités de l'Asie; pénétra dans plusieurs régions jusqu'alors inconnues; fit plus de chemin qu'il n'en faudrait pour faire trois fois le tour du monde; prêcha l'évangile dans toutes les îles du Japon, renversa plus de quarante mille idoles; baptisa, de sa propre main, plus de douze cent mille idolâtres, et fit adorer Dieu dans près de trois cents petits royaumes (1); essuya pour cela de nombreux et pénibles travaux; s'exposant à des dangers terribles, affrontant la mort, bravant les supplices, surmontant les plus grands obstacles, et faisant tout céder à la force de son zèle. Quel zèle! Quel amour! Cependant, comme s'il n'avait rien fait, il se propose encore d'entrer dans la Chine, de pénétrer dans la Tartarie, de retourner par le septentrion pour réduire les hérétiques, et rétablir les mœurs en Europe, enfin, d'aller en Afrique et repasser de-là en Asie, pour y chercher et conquérir de nouveaux royaumes à J.-C.: tel est le zèle que l'amour de Dieu inspire.

RÉFLEXIONS.

I. Puis-je, sans me confondre, comparer ici

(1) Ces paroles ne doivent pas être prises pour une exagération. Ces royaumes étaient à peu près comme ceux de la Pentapole dont parle la Genèse.

ma froideur et mon indifférence pour les intérêts de Dieu, avec les mouvements du zèle et de la ferveur de Xavier ?

II. Ou glorifier Dieu en l'aimant et en le faisant aimer en ce monde, ou se résoudre à en être éternellement haï dans l'autre : quelle affreuse alternative !

III. Aimons-le, agissons et souffrons pour sa gloire ; empêchons le mal, procurons le bien : ce sont des pratiques de zèle ; personne n'en fut jamais dispensé.

PRIÈRE.

Que j'ai de confusion de vous aimer si peu et de vous servir si mal, ô le Dieu de mon cœur ? Après tout le bien que vous m'avez fait, et que vous me promettez encore ; serai-je donc toujours ingrat ? non, Seigneur, car je veux vous aimer désormais et ne plus aimer que vous ; je commence dès ce moment ; soutenez ma faiblesse. Ainsi soit-il.

---

## CONSIDÉRATION

### POUR LE QUATRIÈME JOUR.

*La charité de saint François-Xavier envers le prochain et son zèle pour le salut des âmes.*

La charité envers le prochain fut toujours

profondément gravée dans le cœur de Xavier. Il avait pour les pauvres affligés et les malades, une vraie tendresse de père. On le voyait, tout légat apostolique qu'il était, mendier dans Goa, pour subvenir aux besoins des Portugais et des Indiens qui étaient dans la nécessité. La plus grande partie des miracles qu'il a faits, il les a faits pour remédier aux maux particuliers ou publics. Les personnes mêmes qui le persécutaient, avaient plus de part à sa charité et à ses prières que les autres. Presque tout le temps qu'il reçut de si mauvais traitements du gouverneur de Malaca, il offrit pour lui le sacrifice de la sainte messe.

Mais où son ardente charité a paru davantage, c'est dans le zèle embrâsé qu'il a eu pour le salut des âmes ; il aurait voulu convertir tous les hommes de tous les pays de l'univers ; et il travaillait à la conversion des particuliers, avec autant de soin qu'il en eût eu pour le salut de toute une nation. Qu'un pauvre ou qu'un enfant le demandât, il quittait tout, et se livrait tout entier à la charité. Rien ne le retenait quand il s'agissait du bien des âmes. On eut beau lui représenter, que dans l'île du More, où il voulait aller, où il alla en effet, et qu'il convertit, on eut beau lui représenter que l'air y était contagieux à tous les étrangers, que la terre s'y entr'ouvrait et qu'elle engloutissait dans des tourbillons de cendres et de flammes, plusieurs de ses habitants ; que les habitants sauvages et cruels, s'empoisonnaient les uns les autres, et se nourrissaient de chair humaine, sans épargner leur propre père. A tout cela il répondit : que s'il y avait dans cette île de grandes richesses, quantité d'hommes intéressés ne s'épouvanteraient pas de ces dangers, et qu'ils y seraient déjà entrés : ajoutant : *Quoi donc! des âmes à sauver seront-elles regardées comme rien, et faut-il que la charité soit moins intrépide que l'avarice?* On ne peut lire sans étonnement ce que les hérétiques mêmes ont écrit des effets admirables de son zèle, et ce qu'ils en ont écrit n'est qu'une petite partie de ce qu'il a fait.

RÉFLEXIONS.

I. Tout chrétien est Apôtre dans sa propre famille ; le zèle doit intéresser réciproquement les pères et mères à l'égard des enfants, des domestiques, etc.

II. On se rend coupable de ne travailler pas autant qu'on le doit au salut du prochain ; mais quel crime ne serait-ce-pas de contribuer à sa perte de quelque manière que ce fût?

III. Quel zèle peut avoir pour les autres celui qui manque de charité pour lui-même? Xavier a procuré le salut d'un million d'âmes, et je ne songe pas seulement à sauver la mienne.

PRIÈRE.

Vous avez racheté nos âmes au prix de votre sang, divin Jésus; que ne puis-je répandre le mien pour le salut de mes frères ! Au moins je m'emploierai à les édifier, à les consoler, à les instruire, à les sanctifier autant que je pourrai, aidé de votre grâce et de l'exemple de saint François-Xavier. Ainsi soit-il.

---

## CONSIDÉRATION

### POUR LE CINQUIÈME JOUR.

*La confiance en Dieu de saint François-Xavier.*

On peut entreprendre et tout espérer, lorsque, comme saint François-Xavier, on se confie pleinement en Dieu. Jamais homme ne s'est trouvé en tant de périls sur mer et sur terre que ce saint Apôtre. Après une furieuse tempête qui avait brisé le vaisseau, il s'est vu exposé trois jours et trois nuits sur une planche, à la merci des vents et des flots ; les barbares ont souvent décoché sur lui leurs flèches empoisonnées. Il est tombé plusieurs fois entre les mains d'une populace en furie. Des Sarrasins l'ont poursuivi à coup de pierres. Les Brachmanes l'ont cherché pour le tuer, jusqu'à mettre le feu aux maisons où ils le croyaient caché. Les Bonzes, prêtres des idoles, ont souvent attenté à sa vie et se sont une fois assemblés au nombre de trois mille, résolus de faire leurs derniers efforts pour le perdre. Mais tous ces dangers ne servaient qu'à redoubler son courage, et plus il était menacé, plus il se confiait en Dieu. *Quand nous serions*, disait-il, dans une de ses lettres, *non-seulement dans les pays des barbares, mais même dans l'empire des démons, ni la barbarie la plus cruelle, ni toute la rage de l'enfer ne pourraient nous nuire sans la permission de Dieu : c'est le seul que je craigne.*

Aussi semble-t-il que Dieu touché de la confiance et de la foi de son serviteur, lui eût mis sa puissance entre les mains. Témoins ces miracles si surprenants qui lui étaient si ordinaires, et qui frappèrent tellement les païens, qu'ils l'appelaient l'homme de prodiges, l'ami du ciel, le maître de la nature, le Dieu de la terre. Il renouvela tous les miracles qui s'étaient vus du temps des Apôtres ; il chassa les démons ; il eut le don des langues ; il guérit des malades sans nombre ; il ressuscita plusieurs morts ; il arrêta lui seul une armée de barbares ; il empêcha les succès d'une flotte ennemie des fidèles ; il changea les eaux de la mer ; c'est-à-dire, dans une soif pressante, il ôta à l'eau de la mer son amertume naturelle ; calma les tempêtes, sauva du naufrage, prophétisa l'avenir, découvrit le secret des cœurs... C'était pour lui une espèce de miracle que de n'en point faire : il était puissant, parce qu'il mettait sa confiance en celui qui peut tout.

### RÉFLEXIONS.

I. Notre peu de confiance vient de notre peu de foi. Dieu me veut du bien, et il peut m'en faire ; j'en suis persuadé : que faudrait-il de plus pour exciter toute ma confiance ?

II. Ce sont nos infidélités continuelles qui nous rendent timides auprès de Dieu. Nous n'osons espérer en lui parce que nous savons qu'il n'est pas content de nous.

III. Prenons tous les moyens de plaire à un Dieu infiniment bon : et nous pourrons, comme saint François-Xavier, sûrement compter sur les effets miraculeux de sa puissance.

### PRIÈRE.

Seigneur, je mets toute ma confiance en vous. Vous voyez mes besoins, vous pouvez me secourir ; vous êtes mon père... Que tout l'enfer s'arme contre moi ; je ne crains rien, non plus que saint François-Xavier, sous une aussi puissante protection. Je vous la demande, ô mon Dieu ! par l'intercession du bienheureux Apôtre. Ainsi soit-il.

## CONSIDÉRATION

### POUR LE SIXIÈME JOUR.

*La douceur de saint François-Xavier.*

Dès que Xavier se fut donné à Jésus-Christ, une des premières leçons qu'il prit de ce divin maître fut la douceur. Cet aimable vertu bannit dès-lors de son âme tous les mouvements déréglés de la colère, le rendit maître de son humeur, et alla même jusqu'à modérer l'ardeur de son zèle, malgré la vivacité de son tempérament qui était tout de feu. Un air prévenant et gracieux, des manières ouvertes, une humeur gaie, complaisante et portée à faire du bien à tout le monde, lui gagnaient les cœurs. Il était si agréable et d'un si bon commerce, qu'il n'y avait personne qui ne cherchât sa compagnie : soldats, marchands, sauvages, hommes polis, tous étaient ravis de l'avoir avec eux. Le roi de Congo, un de ceux qui avaient été convertis par son moyen, lui dit un jour, charmé de son entretien : *Père François, si je vais en Paradis, j'y veux être auprès de vous.*

Il ne se fit aimer du prochain que pour engager le prochain à aimer Dieu. Aussi personne ne pouvait tenir contre les charmes de sa douceur. Une fois entr'autres, il logea avec trois soldats, d'une vie très-déréglée, et demeura un carême entier avec eux, toujours gai et de bonne humeur, afin de les gagner. Il convertit de la même manière, un gentil-homme portugais, impie déclaré, qui se rendit à ses pressantes et affectueuses sollicitations. Les Indiens les plus barbares, et les pécheurs les plus endurcis dans le crime, perdaient leur dureté et leur férocité naturelle auprès de lui.

Ce n'est pas qu'il ne fût sévère et inflexible quand il le fallait ; terrible même, lorsque l'occasion demandait qu'il s'armât de toute la force de son zèle. Il en usa ainsi contre le gouverneur de Malaca, qui, par un esprit d'intérêt et de jalousie, traversa toujours opiniâtrement le dessein qu'avait Xavier, de passer à la Chine, pour y aller annoncer l'évangile. Encore cette fermeté apostolique était-elle tempérée par des ménagements pleins de bonté : car pour les mauvais traitements, les insultes et les calomnies qui lui furent faites de la part de ce Portugais, il n'y répondit que par le silence et la modestie, et par les prières qu'il adressa tous les jours à Dieu pour lui, étant à l'autel.

### RÉFLEXIONS.

I. Nous aimons la douceur dans les autres, leur modération nous charme : mais les autres n'aimeraient-ils pas voir en nous, ce qui nous plaît en eux ?

II. Domptez votre humeur : aidez-vous de votre raison contre ce qui choque votre raison ; modérez même le zèle : l'emportement est un mal ; le mal ne fut jamais un bien.

III. Le bonheur de ressembler à Jésus-Christ, et d'avoir part à ses promesses, la satisfaction de vivre en paix avec Dieu, avec le prochain et avec nous-mêmes : puissants motifs d'être doux.

PRIÈRE.

Aimable Jésus, qui nous avez si soigneusement recommandé la douceur, aidez-moi à supporter patiemment tout le mal qu'on pourrait me faire, à modérer ma vivacité naturelle, et à conserver mon âme dans la paix, comme saint François-Xavier, au milieu des troubles dont ma vie est sans cesse agitée.

---

## CONSIDÉRATION

### POUR LE SEPTIÈME JOUR.

*L'humilité de saint François-Xavier.*

UNE des choses à quoi Xavier s'étudia davantage, et où il fit plus de progrès, fut l'humilité. Avant que de partir pour les Indes, on lui demanda par ordre du roi de Portugal, un mémoire de tout ce qui lui serait nécessaire pour e voyage. Il répondit à l'intendant de marine qu'il remerciait très-humblement le roi, et qu'il n'avait besoin de rien. Du moins, reprit l'officier, *vous ne refuserez pas un valet pour vous servir? Je prétends bien*, repartit Xavier, *me servir moi-même et servir les autres*. Il le fit en effet, pendant la navigation et tout le temps qu'il fut aux Indes. Les officiers et les marchands portugais qui connaissaient la noblesse de sa naissance (*car il tirait son origine d'une famille illustre et même alliée au sang des rois de Navarre et d'Aragon*) ne pouvaient assez s'étonner de le voir se contenter, comme le dernier des hommes, servir les malades et se faire comme le valet de tous. Mais rien n'était plus édifiant, que les humbles sentiments que Xavier avait de lui-même. Parmi les œuvres éclatantes qui lui attiraient l'admiration et les applaudissements de tout le monde, occupé de son néant, et de ses péchés, il se confondait et ne comprenait pas qu'il y eût rien en lui qu'on pût estimer. Ses miracles, il les attribuait à la foi des malades, ou à l'innocence des enfants qu'il employait pour les faire, et les bénédictions que Dieu répandait sur ses travaux, étaient, disait-il, l'effet des prières qu'on faisait pour lui; si le succès ne répondait pas à son zèle, il ne s'en prenait qu'à lui-même : tout le mal venait de lui, ses péchés étaient la cause de tout le bien qu'il ne faisait pas. *Je n'ai jamais si bien connu, qu'au Japon, l'abîme d'imperfections et de fautes qui sont dans mon âme; je les vois, et je connais sensiblement combien il m'est nécessaire d'avoir quelqu'un qui veille sur moi et qui me gouverne* : c'est ce qu'il écrivait au père Ignace, son général.

RÉFLEXIONS.

I. Que de raisons de nous humilier ! la vue de ce que nous sommes, l'incertitude de ce que nous serons, l'aveuglement de notre esprit, la faiblesse de notre cœur, nos péchés.

II. Notre orgueil naturel et les bienséances imaginaires opposent de grands obstacles à l'humilité; mais tiendront-ils ces obstacles, contre l'exemple et les préceptes de Jésus-Christ?

III. Etudions ce divin modèle, et faisons en sorte que nos pensées, nos vues, nos discours et nos manières expriment, autant qu'il se pourra, les traits de son humilité.

PRIÈRE.

Vous connaissez, ô mon Dieu ! combien l'humilité m'est nécessaire, et jusqu'où l'aveugle complaisance que j'ai pour moi, me rend la pratique de cette vertu difficile. Accordez-moi la grâce de mieux connaître mes misères, de dompter mon orgueil, et de me plaire dans les plus humiliantes confusions. Ainsi soit-il.

## CONSIDÉRATION

### POUR LE HUITIÈME JOUR.

*La piété de saint François-Xavier.*

C'EST dans les premiers exercices qu'il fit ıs la conduite d'Ignace, que Xavier avait puisé ı esprit de piété, qui contribua tant à sa sanccation : il l'entretint et l'augmenta par une ·quente communication avec Dieu. A Goa, il retirait dans les clochers pour n'être pas in'rompu pendant les deux heures qu'il donnait aque jour à la méditation. Il s'occupait de ème dans le vaisseau depuis minuit jusqu'au ;er du soleil. Les matelots qui le savaient, diient : *nous n'avons rien à craindre des vents, Père François parle à Dieu.* C'était dans les ;lises et sur le marche-pied de l'autel, qu'il enait ordinairement un peu de repos, priant, reste de la nuit, près du saint sacrement.

Il se confessait tous les jours, quand il y avait ıelque prêtre qui pût l'entendre. Il célébrait saint Sacrifice avec un air si recueilli et si uchant, qu'il communiquait sa ferveur à tous s assistants. On voyait couler de ses yeux, des :mes de reconnaissance, de tendresse et de ie. On l'entendait s'entretenir avec Dieu comme l l'eût vu présent devant lui. Il avait une grande dévotion à la très-sainte Trinité ; il l'invoquait si souvent par ces paroles : *ô sanctissima Trinitas !* qu'elles avaient passé dans la bouche des Gentils, qui les disaient sans en comprendre le sens. Il avait une confiance toute particulière aux mérites de la passion de notre Seigneur. Il honorait la sainte Vierge comme sa mère et sa patronne, et il n'omettait rien pour affectionner les nouveaux chrétiens à son culte, et pour les engager à recourir à elle ; il recourait aussi aux saints Anges, à saint Joseph, sous la protection desquels il mettait ses missions.

Fidèle observateur des règles de son institut, il faisait fleurir, en Asie, parmi ses frères, cet esprit d'ordre et de régularité dont le père Ignace animait, en Europe, sa compagnie naissante. On ne vit jamais religieux plus amateur de la pauvreté que lui. Il était chaste comme un ange, et obéissant jusqu'à être prêt d'interrompre le cours de ses conquêtes évangéliques, comme il le déclara lui-même, et à partir des extrémités du Monde, pour se rendre à Rome, à la première lettre du nom d'Ignace. Une piété aussi édifiante, ne pouvait que produire d'excellents fruits dans les âmes.

### RÉFLEXIONS.

I. Nous nous plaignons de n'avoir pas assez de piété ; c'est que l'affection du monde, et l'attention à nous satisfaire en tout, prend la place du goût des choses du ciel.

II. Cependant il est de la foi, que le moindre acte de la vie intérieure et tout ce qui se fait pour l'âme, est une chose plus précieuse que le monde entier.

III. Le fréquent usage des sacrements, de la prière, des bons livres, et l'attention sur soi-même, font naître la piété, et avec elle, les secours de la grâce et l'espérance de la gloire ; combien peu de personnes font usage de ces moyens de salut ! aussi le désordre est-il à son comble.

PRIÈRE.

Esprit-saint, qui répandez dans nos cœurs les dons célestes de votre grâce, établissez mon âme dans une piété parfaite, afin que je vous serve désormais avec une pureté de cœur et une ferveur d'esprit qui égalent, s'il se peut, la pureté et la ferveur de votre fidèle serviteur saint François-Xavier. Ainsi soit-il.

---

## CONSIDÉRATION

### POUR LE NEUVIÈME JOUR.

*L'abandon de saint François-Xavier à la Providence et sa sainte mort.*

Toute la vie de saint François-Xavier a été

un parfait abandon à la conduite de la Providence. Il accepta, dans cet esprit, la mission des Indes, et en l'acceptant, quel sacrifice ne fit-il pas? il fallait quitter son pays, ses proches, toute la consolation et les commodités qu'il pouvait attendre en Europe. Il allait traverser un long espace de mer, se résoudre à essuyer les plus dangereuses tempêtes, à vivre parmi les idolâtres, s'exposer à souffrir les rigueurs de toutes les saisons, la faim, la soif, la dernière indigence, les persécutions, l'exil, les mauvais traitemens, la mort. Xavier n'envisage point, ou du moins passe par-dessus ces difficultés, Dieu le veut : il ordonne : c'est assez, il obéit et s'abandonne entièrement à sa disposition. Il était, comme saint Paul le dit lui-même, lié par l'esprit, et n'avait de mouvement que celui qu'il en recevait, attentif et docile à toutes ses inspirations. C'est ainsi que, sans examiner les dangers qui le menacaient, il suivit la voix qui lui disait d'aller à l'île du More, et de faire le voyage du Japon.

Mais si jamais sa soumission aux ordres de Dieu et son plein abandon à la Providence se signalèrent, ce fut particulièrement dans le dessein qu'il prit de passer à la Chine, malgré les grands obstacles qu'il y trouva, et qu'il surmonta presque tous. Déjà il est à la vue de ce vaste empire; ses désirs paraissent accomplis. Mais le marchand qui avait promis de le passer, lui manque de parole, et le Chinois qui devait lui servir d'interprète disparaît. Dans ce contretemps, la fièvre le saisit, et connaissant qu'il ne devait pas guérir, il ne songea plus qu'à se préparer au voyage de l'éternité.

Le vaisseau lui était contraire. On laissa le malade sur le rivage, exposé à un grand vent ; il y serait mort, si un Portugais ne l'eût fait porter dans une pauvre cabane qui ne valait guère mieux que le rivage. Là, Xavier attendait sa dernière heure, abandonné de tout le monde, sans remèdes, sans aliments, sans secours. Tout lui manque, excepté Dieu, sur lequel il se repose pour tout ; il se console, tantôt en regardant le ciel, et tantôt un crucifix qu'il tenait dans sa main, tournant quelquefois ses yeux baignés de larmes vers la Chine, plein de regrets de la laisser idolâtre, mais content de faire un sacrifice à Dieu, de son zèle et de sa vie. Enfin, ayant passé deux jours sans prendre de nourriture, et s'affaiblissant d'heure en heure, il rendit doucement l'esprit, le second jour de décembre 1552, à la quarante-sixième année de son âge, et la sixième et demie de son apostolat dans les Indes. Ses dernières paroles en mourant, furent : *In te Domine speravi, non confundar in æternum.* Seigneur, je mets toute ma confiance en vous, ne m'abandonnez pas pendant l'éternité.

## RÉFLEXIONS.

I. Qu'il y a de douceur à remettre ainsi son âme entre les mains de Dieu ! c'est, de tous les désirs, celui qui doit uniquement désormais occuper mon cœur.

II. Je ne puis me préparer ce bonheur, qu'en me soumettant avec une entière résignation à celui qui dispose de tous les événements de ma vie.

III. Quelque chose donc qu'il m'arrive de fâcheux ou d'agréable. Dieu le veut ; je m'y soumets ; ma soumission le glorifie, et me comble de ses grâces.

## PRIÈRE.

Seigneur, je veux tout ce que vous voulez, parce que vous le voulez ; traitez-moi comme il vous plaira pendant ma vie, pourvu que vous ne m'abandonniez pas au dernier moment, et que vous m'accordiez la grâce de mourir de votre amour, comme votre bienheureux serviteur saint François-Xavier. Ainsi soit-il.

# EXERCICES

# POUR LA NEUVAINE SOLENNELLE

### du 25 novembre au 3 décembre.

LE MATIN.

*Prière du matin comme dans le Catéchisme.*
*Lecture de la Neuvaine avec la Considération.*
*Quelques réflexions.*
*Messe.*

LE SOIR.

**Psaume 2.**

QUARE fremuerunt gentes, * et populi meditati sunt inania?

Astiterunt reges terræ et principes convenerunt in unum, * adversus Dominum et adversus Christum ejus.

Dirumpamus vincula eorum, * et projiciamus à nobis jugum ipsorum.

Qui habitat in cœlis irridebit eos, * et Dominus subsanabit eos.

Tunc loquetur ad eos in irâ suâ, * et in furore suo conturbabit eos.

Ego autem constitutus sum rex ab eo super

Sion montem sanctum ejus ; * prædicans præceptum ejus.

Dominus dixit ad me : * Filius meus es tu ; ego hodie genui te.

Postula a me, et dabo tibi gentes hæreditatem tuam, * et possessionem tuam terminos terræ.

Reges eos in virgâ ferreâ, * et tanquam vas figuli confringes eos.

Et nunc reges, intelligite ; * erudimini, qui judicatis terram.

Servite Domino in timore, * et exultate ei cum tremore.

Apprehendite disciplinam, * nequando irascatur Dominus et percatis de viâ justâ.

Cum exarserit in brevi ira ejus, * beati omnes qui confidunt in eo. Gloria Patri, etc.

*Prédication. — Ensuite au pied de l'autel.*

**Antienne.**

*(Voir pour le chant à la fin du volume )*

Ecce dedi te in lucem gentium, ut sis salus mea usque ad extremum terræ. Dedi te in fœdus populi ut suscitares terram et possideres hæreditates dissipatas ; ut diceres his qui vincti sunt : exite ; et his qui in tenebris : revelamini.

℣. Vas electionis est mihi iste :

℟. Ut portet nomen meum coram gentibus.

OREMUS.

Deus qui Indiarum et Japonii gentes, beati

Francisci prædicatione et miraculis, Ecclesiæ tuæ aggregare voluisti ; concede propitius, ut cujus gloriosa merita veneramur, virtutum quoque imitemur exempla. Per Christum Dominum nostrum. ℟. Amen.

*Tantum ergo.* ℣. ℟. et oraison du saint Sacrement.

Bénédiction avec le saint Ciboire.

*Laudate Dominum omnes gentes.*

---

# EXERCICES

## POUR LES DIMANCHES.

### AU PRONE DE LA MESSE PAROISSIALE.

*Pater* et *Ave* avec l'invocation :

℣. Saint François-Xavier, priez pour nous.

℟. Et particulièrement pour le Japon.

℣. Saints martyrs du Japon :

℟. Priez pour l'Eglise, la France et la paroisse.

### A LA PRIÈRE PUBLIQUE, LE SOIR.

Avant la récitation de la prière, chanter ou au moins réciter le psaume : *Quare fremuerunt gentes* ; puis après la prière, faire le sermon ou la lecture.

Ensuite, Antienne *Ecce dedi te*, etc., avec ℣. ℟. et l'oraison du saint.

*Tantum ergo* ℣. ℟. et Oraison du St-Sacrement.

*Laudate ou Parce Domine* 3 fois.

---

## PETIT CHAPELET.

A la Conférence des filles et à la réunion des femmes pour réciter le rosaire, on dit le petit chapelet de saint François-Xavier. De même pendant les exercices du mois de Marie.

### MANIÈRE DE RÉCITER LE PETIT CHAPELET.

On dit sur la médaille, pour gagner l'indulgence qui y est attachée, un *Ave Maria*.

Entre la médaille et le premier grain, on récite la prière suivante, composée par saint François-Xavier :

« Père éternel, créateur de toutes choses, « souvenez-vous, s'il vous plaît, que vous avez « créé les âmes à votre image et à votre « ressemblance. Voyez néanmoins comment « l'enfer s'en remplit au préjudice de votre « gloire. Souvenez-vous du sang que Jésus-« Christ, votre très-cher fils, a libéralement « versé et de tout ce qu'il a souffert pour elles. « Ne permettez pas que ces pauvres âmes l'igno-« rent plus longtemps et le méprisent davantage. « Laissez-vous toucher par les prières de vos

« élus et de votre Eglise, son épouse. Souve-
« nez-vous de vos miséricordes ; oubliez leur
« idolâtrie ; faites qu'elles connaissent le Ré-
« dempteur que vous leur avez envoyé, et
« qu'elles adorent l'aimable Jésus, votre Fils et
« notre Seigneur, notre Salut, notre Vie et no-
« tre Résurrection, par qui nous avons été dé-
« livrés et sauvés, et à qui en doivent être ren-
« rendus l'honneur et la gloire dans les siècles
« infinis. Amen. »

Sur chacun des trois grains suivants un *Gloria Patri*. Sur le gros grain : Par votre virginité très sainte et par votre immaculée Conception, ô la plus pure des Vierges, obtenez que mon âme et que mon corps soient purifiés.

Sur chacun des 10 grains suivants : dites :

℣. Saint François-Xavier, priez pour nous.

℟. Et particulièrement pour le Japon.

Terminez par cette invocation :

℣. Saints Martyrs du Japon.

℟. Priez pour l'Eglise, la France et la paroisse.

---

## PRIÈRE A SAINT FRANÇOIS-XAVIER,

### POUR DES BESOINS PARTICULIERS.

Glorieux saint François-Xavier, apôtre des Indes et du Japon, s'il est de la plus grande gloire de Dieu que j'obtienne ce que je demande présentement, je vous prie d'intercéder pour moi auprès de Notre-Seigneur. Que si vous connaissez qu'il ne doive pas tirer de ma prière cette plus grande gloire, demandez vous-même ce qui sera plus nécessaire pour mon salut et qui lui plaira davantage. Ainsi soit-il.

---

## NEUVAINE AUX SAINTS MARTYRS JAPONAIS

### A L'USAGE DES ASSOCIÉS POUR LA CONVERSION DU JAPON.

*Pour demander par l'intercession de la Vierge immaculée et de ces glorieux soldats du Christ le retour à Dieu de tous les impies de l'Occident, qui sont toujours nos frères par leur baptême.*

L'enfer ne s'est peut-être jamais autant agité que dans le temps présent pour substituer le règne de Satan à celui de J.-C. C'est un fait devenu si palpable, que non-seulement les âmes vraiment religieuses en sont épouvantées, mais encore que les indifférents en ressentent par moment une vive inquiétude et crient aux pasteurs : Eclairez vos ouailles, instruisez fortement vos paroissiens sur la nature mauvaise et sur les effroyables conséquences de doctrines et de pratiques qui seraient pour eux comme le feu entre les mains des enfants.

Ce conseil est excellent en théorie, mais pour le faire suivre, c'est autre chose, même quand on a deux ou trois cents sermons dans son répertoire. Ces années dernières on affichait tous les dimanches un tissu de mensonges, de calomnies contre le Pape, les évêques et le catéchisme, et de pompeux éloges des faits et gestes des Passaglia, des Caperto, des Cavour, des Fumel, des Farina, et autres gens de même farine. Un pauvre curé était dans un cruel embarras, tantôt jugeant qu'il devait parler de ces pamphlets, tantôt qu'il valait mieux gémir en silence. Un jour, arrive chez lui un directeur de Séminaire à qui il communique ses perplexités. Le directeur lui répondit : « Gardez-vous « bien de dire quelque chose, si vous appelez « l'attention sur ces affiches, tous vos parois- « siens courront les lire. » Eh oui ! défendre aux peuples d'entrer dans les sociétés secrètes, de se laisser entraîner aux pratiques démoniaques, de lire certains journaux, certaines brochures horriblement mauvaises, ce serait un puissant moyen de les populariser encore davantage.

Mais cependant vous êtes prêtre ; vous devez au moins crier au loup, quand cette bête féroce ravage la bergerie. Oui certainement, il faut crier : mais les cris que nous pousserons ne seront pas pour éclairer des aveugles qui ne veulent pas voir, des sourds qui ne veulent pas entendre, qui disent carrément au pasteur : *Non serviam ; e contra, tu mihi servies* ; ces cris seront pour en appeler à Celui qui peut leur rendre la vue et l'ouie, qui peut même faire voir, faire entendre les aveugles-nés, les sourds-muets de naissance ; nos cris seront des appels à la miséricorde divine, des appels en commun, nous fondant sur la déclaration du Sauveur, que là où deux ou trois personnes sont réunies en son nom, il se trouve au milieu d'elles. Or, si Notre Seigneur se trouve au milieu de deux ou trois personnes qui prient en son nom, combien plus sera-t-il au milieu de deux ou trois cents, au milieu de deux ou trois mille, au milieu de deux ou trois cent mille, toutes animées par la même foi qui dirige le vicaire de J.-C., et contribuant de leurs aumônes, comme de leurs supplications, au salut du monde entier.

Des gens qui avaient trouvé singulier qu'on cherchât à propager une association de prières pour la conversion du Japon, se sont ensuite autrement exclamées quand on leur a dit que par ce moyen on voulait en venir à former une puissante coalition pour arracher de la miséricorde de Dieu la conversion des hérétiques, des rationalistes, des révolutionnaires, de tous les impies du monde occidental. Mais cette miséricorde n'est-elle pas infinie ? Mais le salut est-il absolument impossible à un homme qui est encore sur la terre ? Mais J.-C. n'a-t-il pas dit : « Cherchez et vous trouverez, demandez et vous « recevrez, frappez et on vous ouvrira ; Tout ce « que vous demanderez à mon Père en mon « nom, vous l'obtiendrez. » Or, quelle efficacité n'auront pas les demandes, si la généreuse armée des suppliants peut compter, a droit même de compter avoir à sa tête, devant le trône de Dieu, une autre armée de deux millions de héros qui ont versé leur sang pour J.-C. Telles sont les riches points d'appui des associés pour la conversion du Japon. S'ils le veulent, aussi forts que Gédéon, ils pourront écraser et refouler dans l'abîme toutes les légions infernales que la justice de Dieu a laissé inonder la terre. Nous nous rappellerons toujours avec un nouveau bonheur ces paroles de Mgr Nogret, en nous bénissant et en bénissant en notre personne l'association pour la conversion du Japon : « Oui, cette pensée qui veut sauver tout le « monde, les infidèles et en même temps les « mauvais chrétiens, est une pensée éminem- « ment catholique et très louable dans un « prêtre. »

Un littérateur chrétien laïc, Eugène de Riancey, mourant à 40 ans de douleur, à la vue des coups terribles portés à la religion, disait : « On « ne saurait plus vivre ainsi sur la terre ; il « vaut mieux mourir. » Nous prêtre, nous éprouvions les mêmes douleurs qui nous minaient aussi la santé ; mais nous savions que, sentinelle de l'armée du Dieu vivant, nous n'avions pas le droit de nous laisser mourir au poste sans avoir fait des efforts désespérés pour le défendre. C'est à la suite de cette connaissance que nous avons été inspirés de sortir d'une position qui n'était pas tenable, en concevant le plan de cette Neuvaine pour le retour à Dieu de tous ses ennemis, même les plus acharnés. Puisse sa pratique être féconde pour le salut des âmes, comme sa conception a procédé d'un ardent désir de ramener tous les hommes à Dieu leur Créateur, leur Rédempteur, de manière qu'il n'y ait plus qu'un seul troupeau, comme il n'y a qu'un seul pasteur.

# EXERCICES

# POUR LA NEUVAINE SOLENNELLE

## POUR LA CONVERSION DES HÉRÉTIQUES, DES RATIONALISTES ET DES IMPIES.

Cette Neuvaine commence le 28 janvier et se termine le 5 février, jour de la fête des SS. Pierre-Baptiste Blasquès, Paul Miki et leurs compagnons martyrs.

Par un Indult du 13 avril 1863, N. S. P. le Pape Pie IX, a accordé une indulgence plénière aux associés pour la conversion du Japon, aux conditions ordinaires, le jour de la fête de ces martyrs.

### 1. EXERCICES COMMUNS POUR TOUS LES JOURS.

Chant du *Credo*, comme aux dimanches pendant l'année.

#### ACTE DE FOI.

Mon Seigneur Jésus, qui avez dit à saint Pierre : Pais mes agneaux, pais mes brebis, confirme tes frères dans la foi ; tout ce que tu lieras sur la terre, sera lié dans le ciel; et tout ce que tu délieras sur la terre, sera délié dans le ciel; je crois fermement tout ce que croit et enseigne la sainte Eglise catholique par la bouche de Notre Saint-Père le Pape, que je professe reconnaître comme seul successeur légitime de saint Pierre et comme votre représentant infaillible sur la terre; tellement que j'entends ne rien croire, ni de *moins*, ni de *plus*, ni *autrement* que ne croit le Pape; mais croire absolument *avec* lui et *comme* lui.

Je veux encore obéir au Pape, et dans ce qu'il commande, et dans ce que je saurai qu'il désire qu'on croie et qu'on fasse, quand même il s'arrêterait à le conseiller.

En un mot, je veux me rattacher au Pape, de toutes mes entrailles, ô mon Dieu! parce que vous vivez en lui d'une manière toute particulière, l'ayant investi de la primauté d'honneur et de juridiction sur toute l'Eglise, de l'infaillibilité de la doctrine et d'une éminente sagesse de gouvernement pour le salut des hommes de bonne volonté. Amen.

Actes de foi, d'espérance et de charité, comme dans le catéchisme du diocèse.

Lecture ou instruction.

## ANTIENNE AUX SS. MARTYRS JAPONAIS.

(*Voir pour le chant à la fin du volume.*)

Ecce ego mitto ad vos prophetas et sapientes et scribas, et ex illis occidetis et crucifigetis et ex eis flagellabitis in synagogis vestris et persequemini de civitate in civitatem. (Matt. XXIII, 34.)

℣. Proprio Filio suo non pepercit Deus;

℟. Sed pro nobis omnibus tradidit illum.

### OREMUS.

Domine Jesu Christe, qui ad tui imitationem per crucis supplicium primitias Fidei apud Japoniæ gentes in Sanctorum martyrum Petri-Baptistæ, Pauli et sociorum sanguine dedicasti; quique in corde sancti Michaelis confessoris tui charitatis ignem exardescere fecisti; concede quæsumus, ut quorum hodie solemnia colimus, eorum excitemur exemplis. Qui vivis et regnas in sæcula sæculorum.

*Tantum ergo* et oraison du saint Sacrement.

Bénédiction.

*Parce* 3 fois.

## EXERCICES PARTICULIERS A CHAQUE JOUR.

On pourrait prendre pour sujet d'instruction ou de lecture le martyrologe des saints japonais, la mort pénitente d'un impie et surtout l'affirmation des principes catholiques qui sont aujourd'hui le plus contestés, en signalant à la suite la nature mauvaise et les monstrueuses conséquences des impiétés opposées à ces principes.

### CONCLUSION.

Quand saint François-Xavier fut arrêté par la mort, il se proposait d'entrer en Chine, de pénétrer dans la Tartarie, de retourner par le nord pour réduire les hérétiques et rétablir les mœurs en Europe ; d'aller de là en Afrique, et de repasser en Asie pour y chercher et conquérir de nouveaux royaumes à J.-C. Or, voilà ce que les associés sont appelés à réaliser aujourd'hui par la prière en commun et par l'aumône. Il est vrai que les besoins des âmes sont bien plus grands que du temps de l'apôtre des Indes et du Japon, et que les associés ne sont pas des François-Xavier, pas même des Laferronnais ; mais ils ont à leur service le puissant patronnage de Marie invoquée comme Immaculée, celui de l'archange saint Michel, celui des apôtres saint Pierre, saint Paul et saint Thomas, celui de saint François-Xavier, celui des 26 martyrs canonisés en 1862 ; ils auront peut-être bientôt encore celui de Charles Spinola et de deux cents de ses compagnons, indépendamment de deux millions d'autres martyrs japonais qui marcheront à la suite de ces puissants intercesseurs.

Qu'à ces auxiliaires invincibles les associés joignent une foi pure comme celle de Pie IX, une humilité telle que chaque membre se regarde comme rien en voyant tous les autres plus dignes d'être exaucés, enfin une grande persévérance dans la prière et l'aumône, et la victoire sur l'idolâtrie et sur l'impiété est assurée. Dieu lui-même obéira aux associés et bien mieux encore qu'il n'a obéi à Josué. Ce nouveau mode de croisade renouvellera infailliblement la face de la terre.

Ainsi, en s'associant pour prier *pour* le Japon, et *par* les martyrs du Japon pour l'Europe, on baptisera l'Orient, on convertira l'Occident et on verra ainsi l'Agneau immolé dès la création du monde, adoré de tous les peuples jusqu'aux extrémités de la terre. (Apoc. XIII. 3. Tob. XII. 13.)

## AUTRE NEUVAINE

# aux saints canonisés

### EN 1862.

Pèlerin de Rome et heureux témoin des fêtes de la Pentecôte de 1862, M. Boulanger, aumônier de la Visitation au Mans, a déposé aux pieds du Souverain Pontife une supplique dans le but d'obtenir une indulgence plénière par une neuvaine spéciale aux saints canonisés le 8 juin. Cette faveur lui a été accordée sans restriction, et *tous les fidèles* peuvent y participer. M. Boulanger a publié à cette occasion un opuscule contenant les légendes des saints martyrs Japonais, une neuvaine en leur honneur et un chemin de la croix en union de leurs mérites et prières. Cet opuscule a été approuvé par Mgr l'évêque du Mans le 13 septembre 1862.

Autorisé à extraire ce que nous jugerions utile pour l'ajouter au *Manuel*, nous en avons pris la neuvaine et les renseignements sur l'association de communions établie à Rome, dans l'église St-Laurent *in Damaso*.

## VŒUX EXPRIMÉS PAR SA SAINTETÉ

*Avant la canonisation, qui pourraient servir de prière pour chaque jour de la neuvaine.*

« Que les serviteurs de Dieu et les Saints qui se multiplient, ne cessent d'intercéder pour nous et nous obtiennent l'abondance de miséricorde nécessaire pour soutenir avec fermeté et résignation les souffrances présentes, et pour assister ensuite aux triomphes de la paix !

« Que les pensées tendant à séparer les pasteurs du troupeau n'atteignent pas leur but ; que les saints martyrs nous obtiennent cette grâce du Seigneur ! Que la très-sainte Vierge, à l'intercession de laquelle nous devons d'être resté sain et sauf jusqu'à ce moment, daigne nous continuer sa protection, et qu'elle nous inspire un abandon parfait à la divine Volonté !

« Que le Seigneur veuille faire descendre sur nous toute sa bénédiction! Que cette bénédiction soulage et protège tous ceux qui travaillent à soutenir le vaisseau de l'Eglise ballottée par les flots, pour que leurs voix ne soient pas couvertes par le bruit de la tempête qui s'est déchaînée ! Que cette bénédiction serve à ranimer tous les bons et à convertir les méchants !

« J'espère que les saints martyrs (Japonais)

et les reliques des saints apôtres... nous obtiendront la conversion de la foi qui est le premier de tous les biens, le courage pour combattre toutes les erreurs et les ennemis de l'Eglise, et pour résister aux épreuves, s'il y en a, même jusqu'au martyre.

---

## PREMIER JOUR.

Pie IX est l'homme des grandes idées et des grandes choses. A son pontificat déjà si fécond, s'est ajouté par la canonisation de 27 bienheureux à la fois, un nouveau et brillant fleuron. La Basilique Vaticane et Rome ne furent pas seules en fête à l'occasion de cette solennité : la catholicité tout entière répondant à l'appel de son chef bien-aimé, envoya évêques, prêtres et fidèles par milliers se grouper autour du Pontife, alors que, dans la plénitude de la puissance apostolique, il devait prononcer un de ces arrêts que le ciel ratifie et que la terre accueille avec joie. La canonisation célébrée en 1862, le jour de la Pentecôte, comptera parmi les gloires de la Ville Eternelle à cause du grand secours qui a été donné à l'univers catholique, quand il en avait le plus pressant besoin.

## LITANIES.

Seigneur, ayez pitié de nous.
Christ, ayez pitié de nous.
Seigneur, ayez pitié de nous.
Christ, écoutez-nous.
Christ, exaucez-nous.
Ste Trinité, qui êtes un seul Dieu, ayez p. de n.
Sainte Marie conçue sans péché, priez pour nous.
Sainte Marie, reine des Martyrs.
S. Pierre-Baptiste Blasquès.
S. Paul Miki.
S. Jacques Kisaï.
S. Jean Soan de Gotto.
S. Martin de l'Ascension.
S. François Blanco.
S. Philippe de Jésus.
S. Gonzalès Garcia.
S. François de Padhilla.
S. Paul Yuniqui-Jbarchi.
S. François de Méaco.
S. Bonaventure de Méaco.
S. Jean Kizaya.
S. Thomas d'Anki.
S. Léon Caraïmaro.
S. Paul Zouzouqui.
S. Joachim Saccaquibarrad.
S. Gabriel de Duisco.
S. Côme Raquisa.

S. Michel Cosaqui.
S. Mathias de Meaco.
S. Louis Jbarchi.
S. Antoine de Nangazaki.
S. Thomas Cosaqui.
S. Pierre Soukéchiro.
S. François Fahélante.
S. Michel de Sancti.

Agneau de Dieu, qui effacez les péchés du monde : épargnez-nous, Seigneur.

Agneau de Dieu, qui effacez les péchés du monde : exaucez-nous, Seigneur.

Agneau de Dieu, qui effacez les péchés du monde : ayez de pitié de nous.

℣. Saints Pierre-Baptiste, Paul et vos compagnons, St-Michel, priez pour nous.

℟. Afin que nous soyons rendus dignes des promesses de J.-C.

ORAISON.

O Dieu ! qui avez confirmé les prémices de la foi parmi les peuples du Japon, par le sang de vos saints martyrs Pierre-Baptiste, Paul et leurs compagnons, et qui avez fait brûler le feu de votre amour dans le cœur de votre serviteur saint Michel, accordez-nous la grâce d'imiter les exemples de ceux dont nous célébrons la mémoire. Par notre Seigneur J.-C...

*Pater, Ave, Gloria Patri.*

Les martyrs obtinrent leurs palmes surtout par la force de la grâce qui leur fut donnée par J.-C., grâce qui les a rendus capables de mépriser toutes les promesses et les menaces des tyrans et de supporter les tourments jusqu'à la mort.

Saints martyrs, qui ayant vécu en ce monde avec piété, y avez souffert la persécution (2 Tim. 3); priez pour nous.

---

## SECOND JOUR.

Le jour de la canonisation des martyrs Japonais a été un beau jour de gloire et de triomphe pour Marie, la reine des martyrs. C'est Marie, de tous les martyrs la plus profondément et la plus longuement martyrisée, qui est la force de ces glorieux témoins de son divin Fils. Sa vie n'a été qu'un long et cruel martyre qui ne finira qu'avec le monde : car elle souffre dans les martyrs dont elle est la reine, comme une mère souffre dans ses fils que déchire la douleur, ou que torture l'épreuve. Ce fut surtout leur amour pour Marie qui fit des chrétiens japonais, une pépinière de martyrs qui soupiraient après les supplices et la mort qu'ils ont endurée avec un calme héroïque.

*Litanies, Pater, Ave, Gloria.*

Les martyrs trouvaient du courage à supporter tous les tourments dans le désir ardent d'atteindre ces promesses de J.-C. : Bienheureux ceux qui souffrent persécution pour la justice, parce que le royaume du ciel leur est destiné.

Saints martyrs, qui vous êtes glorifiés dans la croix du Seigneur, et qui avez possédé vos âmes par la patience (Luc, 21. Galat. VI) ; priez pour nous.

---

## TROISIÈME JOUR.

Les martyrs Japonais contemplant du haut du ciel les misères, les agitations et les épreuves de la pauvre humanité, qui se débat sous la main de Dieu, veillent avec amour sur l'Eglise dont ils sont les princes et les héros : ils regardent avec admiration ce grand Pontife qui les a glorifiés, et leurs prières nous préparent des jours meilleurs. Un siècle qui voit de grands évènements comme la définition du dogme de la Conception Immaculée, la canonisation d'une cohorte de martyrs, l'admirable union de l'épiscopat avec son chef, ne saurait être voué à la mort et aux ruines. Marie et les martyrs dont elle est la reine contemplent avec amour ce siècle qui célèbre si éloquemment leur gloire, et en retour de ces élans de foi et d'amour, obtiendront pour lui le pardon et la paix.

*Litanies, Pater, Ave, Gloria.*

Ce qui inspirait aux martyrs le désir et la force de mourir, c'était leur amour pour J.-C., qui a voulu mourir de douleur sur une croix par amour pour nous. Dilexit nos, et tradidit semet ipsum pro nobis.

Saints martyrs, qui ayant haï votre vie en ce monde, l'avez conservée pour l'éternité (Joann. 12) ; priez pour nous.

---

## QUATRIÈME JOUR.

Le regard de Pie IX, tranquille même au milieu de la tempête, étudie le chemin qui doit conduire au port. Naguère il protestait contre l'oubli de la chute originelle, en déclarant qu'une seule créature privilégiée entre toutes, à cause de sa destinée de mère du Sauveur des hommes, avait été dès son origine préservée par les mérites du Rédempteur, de la tache commune à tous les enfants d'Adam. Aujourd'hui où les intérêts grossiers étouffent tous les nobles instincts, Pie IX parle au monde étonné de la sainteté en canonisant ceux qui ont donné leur sang pour la défense de la foi ; il fait descendre jusque sur la terre la gloire dont ils sont couronnés au ciel.

*Litanies, Pater, Ave, Gloria.*

A voir le mépris que les martyrs faisaient, dans le temps de leur supplice, du monde et de toutes ses possessions et jouissances, on apprend à mépriser les biens faux, menteurs, périssables, pour se rattacher aux biens vrais et éternels ; on comprend ces paroles : Que sert à l'homme de gagner tout le monde s'il vient à perdre son âme.

Saints martyrs, qui, ayant vaincu le monde par la foi, avez opéré les œuvres de justice et mérité de recevoir l'effet des promesses (Hébr. 1); priez pour nous.

---

## CINQUIÈME JOUR.

A mesure que disparaissent les convictions généreuses sous les préoccupations du bien-être matériel, tout devient incertain et mobile. Delà, cette dégénérescence des âmes, cet affaiblissement des caractères, qui font de notre siècle, malgré ce qu'il y a de fascinateur, un des plus étranges de l'histoire. Dieu ne peut pas plus plier devant les vaines et criminelles théories que le tentateur souffle aux hommes, qu'il n'a pu se soumettre au tentateur lui-même. Il faudra toujours porter sa croix à la suite de J.-C., être enté par la mortification sur cet arbre de vie, subir comme le grain de froment une destruction mystérieuse, afin de porter des fruits réels et abondants. La meilleure preuve qu'on l'aime, ce seront toujours ces sacrifices journaliers, habituels que l'on s'impose pour lui.

*Litanies, Pater, Ave, Gloria.*

On apprend à mettre sa confiance en Dieu et à se rallier de plus en plus à la foi catholique, en voyant briller dans la constance des martyrs la puissance de Dieu qui leur fait vaincre toutes les séductions de la vie présente.

Saints martyrs, qui avez été éprouvés par les moqueries et les coups, qui avez supporté les chaînes et les prisons, qui avez été lapidés, sciés et tourmentés par divers supplices (Hebr. 1); priez pour nous.

---

## SIXIÈME JOUR.

La mort, objet d'horreur pour la nature, est un instrument de salut et de gloire, depuis que J.-C. a passé par la mort. On le voit dans les martyrs. Ils reçoivent de sa mort une gloire plus éclatante que l'immortalité. C'est parce qu'ils sont morts qu'ils sont montés aux plus hauts honneurs ; c'est avant d'être immortels qu'ilsont reçu de la mort la palme et la couronne. S'ils n'avaient point été mortels, les martyrs ne seraient pas devenus des martyrs, l'élite de la milice céleste.

*Litanies, Pater, Ave, Gloria.*

En pensant aux martyrs nous apprenons à recourir à Dieu aussitôt que nous nous sentons faiblir, ou que nous craignons de manquer de courage pour supporter les peines, les épreuves, les tentations. Quand les épreuves sont grandes, on dit alors avec eux: Seigneur, coupez, brûlez, taillez, tranchez ici-bas, pourvu que vous m'épargniez pour l'éternité : quand il faudrait mourir j'espérerai toujours en vous.

Saints martyrs, qui avez passé par de grandes tribulations, et qui avez lavé vos vêtements dans le sang de l'agneau (apoc. 7); priez pour nous.

---

## SEPTIÈME JOUR.

Les gens patients et résignés sont les plus nobles soldats de J.-C., porte-étendard des martyrs de l'âme et des martyrs du sang. Orné, comme d'une pourpre éblouissante, de cette chair qui gardera éternellement les cicatrices de ses plaies, il voit avec une indicible complaisance cette milice laborieuse et éprouvée dont les corps, à l'image du sien, resplendissent d'une vive lumière. Pour prix de leur patience il les a revêtus d'une gloire incomparable à laquelle les anges ne sauraient aspirer, leur sublime nature ne leur ayant pas fourni l'occasion d'exercer la vertu de résignation dans les souffrances. L'âme, posée dans les conditions de la chair, peut donc acquérir, au moyen des afflictions, une gloire supérieure à celle des anges.

*Litanies, Pater, Ave, Gloria.*

L'exemple des martyrs apprend comment on doit aimer Dieu. C'est surtout en souffrant beaucoup pour l'accomplissement de ce qu'il demande de nous, étant dans la disposition de tout laisser pour Lui, emplois, biens, amitiés, pays, parents, santé et enfin la vie.

Saints martyrs, qui ayant souffert persécution pour la justice, êtes maintenant en possession du royaume des cieux (Math. 5); priez pour nous.

---

## HUITIÈME JOUR.

L'exemple des martyrs est destiné à faire naître en nous l'horreur du péché et à fortifier la disposition où nous devons être de tout souffrir plutôt que de perdre la grâce divine. C'est pour ne pas offenser Dieu mortellement que les martyrs ont enduré tant de tourments. Les efforts qu'on exige de nous, pour dompter nos passions, n'ont pas de comparaison avec les sacrifices des martyrs. Si nous voulons être sauvés, Dieu doit découvrir en nous la disposition de souffrir avec le secours de sa grâce, qui ne fait jamais défaut, tous les maux de la vie plutôt que de perdre cette grâce. La grâce ne manque jamais à l'homme : c'est l'homme qui manque très-souvent à la grâce.

*Litanies, Pater, Ave, Gloria.*

Les martyrs, ont acquis la gloire en acceptant la mort pour plaire à Dieu. Quiconque meurt en acceptant volontairement la mort et les peines de la mort, celui-là expire avec le mérite d'une sorte de martyre.

Saints martyrs, qui avez été forts contre ceux qui vous abreuvaient d'afflictions (Sap. 5); priez pour nous.

---

## NEUVIÈME JOUR.

Beaucoup disent : je saurais mieux mourir que vivre pour J.-C. Comment ceux qui sont lâches dans les petites tentations, mous dans les plaisirs, pourraient-ils être invincibles dans les douleurs ? Ils ne peuvent sacrifier à Dieu un plaisir honteux d'un moment, un vil intérêt, une ombre de réputation ; une raillerie les fait rougir de l'évangile, et ils donneraient pour la foi leur sang, leur vie et tout avec elle! Non,

non : leurs mœurs et leurs sentiments ne promettent que l'apostasie; sans attendre la persécution ils démentent déjà leur foi.

*Litanies, Pater, Ave, Gloria.*

Les martyrs ont donné à J.-C. jusqu'à leur vie. Si nous voulons pouvoir espérer faire de même dans l'occasion, appliquons-nous sans relâche à faire de bonnes œuvres, afin, dit St-Pierre, de rendre certaines notre vocation et notre élection et de secouer ainsi les chaînes du péché (2 Petr. 1, 10). Nous avons besoin plus que jamais de recourir à ces puissants moyens de rendre le ciel favorable. Donnons généreusement pour la propagation de la foi, pour le denier de St-Pierre, pour la défense et la conservation de la foi, pour les écoles d'Orient et la Terre Sainte, pour toutes les œuvres de piété et de charité. Dieu a promis de nous le rendre au centuple, même dès cette vie. C'est là le plus sûr et le plus productif des placements.

Saints martyrs, qu'aucune force, ni déception, ni la mort n'ont pu séparer de la charité de J.-C. (Rom. 8); priez pour nous.

## ASSOCIATION DE COMMUNIONS MENSUELLES

POUR LES BESOINS ACTUELS DE L'ÉGLISE,

*Erigée à Rome, à Saint-Laurent* in Damaso.

1° Le but de cette association est d'avoir pour chaque jour de l'année le plus grand nombre possible de fidèles qui s'approche de la sainte table pour obtenir toutes les grâces que le Pape désire pour l'Eglise.

2° Tous les fidèles qui se font inscrire dans l'association, doivent communier une fois par mois le jour qu'ils ont choisi, en priant pour les besoins actuels de l'Eglise.

3° Pour être associé, on donne son nom à un promoteur de l'œuvre, avec l'indication du jour où l'on voudra faire la sainte communion. Le choix du jour peut se renouveler chaque mois, d'accord avec le promoteur.

4° Sont promoteurs ou promotrices ceux qui sont chargés d'agréger autant de confrères et de consœurs qu'il y a de jours dans un mois.

5° Lorsqu'un des agrégés est légitimement empêché de communier le jour qu'il a choisi, il peut changer de jour avec un des agrégés ou communier un autre jour du mois.

6° Cette association commencée par dévotion particulière en 1860, dans la paroisse de Saint-Laurent *in Damaso*, le vicaire du Pape l'a érigée canoniquement le 1er février 1862, et il en a nommé Directeur le chanoine curé *pro tempore*.

Par un rescrit du 8 mars, même année, cette association a obtenu la faculté d'agréger les paroisses, confréries, congrégations canoniquement érigées, sur la demande des curés ou supérieurs respectifs approuvée par l'ordinaire.

7. Les personnes qui vivent en communauté peuvent s'agréger collectivement, et, dans ce cas, est promoteur ou promotrice le supérieur ou la supérieure *pro tempore*.

8° Sa Sainteté par rescrit des 15 février et 8 mars 1862, a accordé l'indulgence plénière une fois par mois à tous les associés le jour de leur communion. Cette indulgence est applicable aussi aux âmes du Purgatoire.

---

## L'APOSTOLAT DE LA PRIÈRE

ASSOCIATION ENRICHIE D'INDULGENCES

*Par Sa Sainteté Pie IX et approuvée par un grand nombre d'Archevêques et d'Evêques.*

L'*Apostolat de la prière* est un des principaux exercices de la dévotion au Sacré-Cœur de Jésus. Il a pour but de pousser tous les cœurs chrétiens à s'unir à ce divin Cœur et à prier avec lui pour tous les grands intérêts pour lesquels il prie sans cesse lui-même.

L'Apostolat N'IMPOSE AUCUNE AUTRE PRATIQUE, que d'offrir au commencement de chaque journée ses prières, ses travaux, ses souffrances pour toutes les intentions du Cœur de Jésus, c'est-à-dire pour la conversion des infidèles, des hérétiques et des pécheurs, le progrès des justes et le triomphe de l'Eglise.

En remplissant cette condition si facile, les Associés de l'Apostolat obtiennent les plus précieux avantages.

1° Toutes leurs œuvres acquièrent un plus grand mérite et une efficacité vraiment apostolique.

2° Ils peuvent gagner toutes les indulgences accordées à l'Association du Sacré-Cœur établie à Rome, et sont affiliés à cette Association par le fait même qu'ils sont agrégés à l'Apostolat.

3° Ils gagnent de plus des indulgences considérables propres à l'Apostolat, entr'autres deux indulgences plénières par mois.

4° Ils ont une part spéciale aux prières et bonnes œuvres des Religieux de la Compagnie de Jésus, de la Société de Marie, des deux Sociétés des SS. Cœurs (dites Picpus), des Clercs réguliers Théatins et des Religieux et Religieuses de la Congrégation de la Grande-Trappe.

Pour être agrégé à l'*Apostolat de la Prière*, il suffit de se faire inscrire sur le registre de l'Œuvre, et de recevoir un billet d'agrégation. Les Communautés et Congrégations peuvent être inscrites collectivement. L'inscription est gratuite ainsi que l'envoi des diplômes et billets d'agrégation.

*S'adresser à l'un des Zélateurs de l'Apostolat, ou à* M. Ramière, prêtre, à Vals près le Puy (Haute-Loire).

FIN.

Lons-le-S., imp. de Gauthier frères.

### ANTIENNE.

Ec ce de di te in lu-cem gen-tium
ut sis salus mea, usque ad extremum
ter-ræ. De-di-te in fœdus po-puli,
ut suscita-res ter-ram et possi de-res
hæredita-tes dissipa-tas; ut di-ceres
his qui vincti sunt : ex-i-te; et his
qui in te-nebris : re-vela-mini.

**ANTIENNE AUX SAINTS MARTYRS JAPONAIS.**

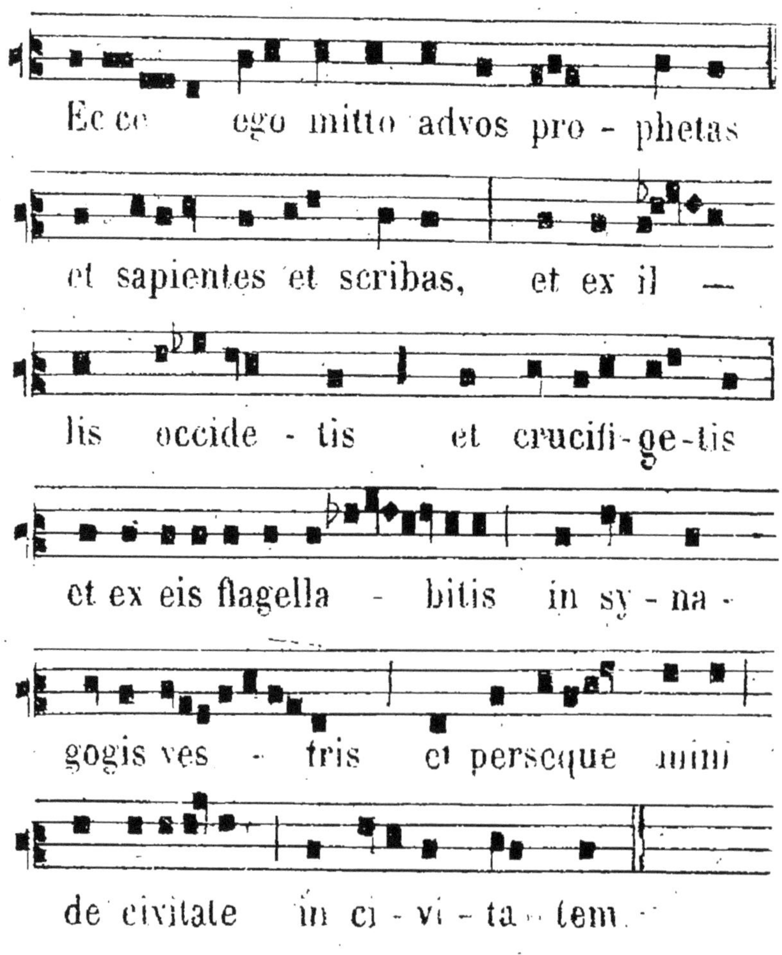

www.ingramcontent.com/pod-product-compliance
Ingram Content Group UK Ltd.
Pitfield, Milton Keynes, MK11 3LW, UK
UKHW020428200726
13857UKWH00002B/336